18. Juni 2021
Aktuell habe ich keine Träume
Ich wünsche mir wieder welche!

IHR TRAUM AUF DEM PRÜFSTAND

IHR TRAUM AUF DEM PRÜFSTAND

Zehn Fragen,
die Ihnen helfen Ihren Traum glasklar
zu sehen und zu verwirklichen

JOHN C. MAXWELL

entfalt media
Entfalt' dein Potenzial!

Titel der englischen Originalausgabe:
Put your dream to the test

Thomas Nelson, Inc.
Nashville, Tennessee
ISBN 978-0-7852-1412-0 (Hardcover)

Übersetzung aus dem Englischen: Yvonne Pilsl
Cover Design: Brandnavigation.com
Cover Bild: Library of Congress Prints and Photographs Division,
Washington, D.C. 20540 USA

entfalt media GmbH
Herrnfeldstraße 15
D-84036 Landshut-Kumhausen

www.entfalt.de

2. Auflage, April 2014

ISBN 978-3-941986-02-2

Ich widme dieses Buch meiner Traumfrau

Margaret Maxwell.

Wir haben am 14. Juni 1969 geheiratet und seit diesem Tag

leben wir unseren Traum gemeinsam.

Ein Leben ohne sie könnte ich mir nicht vorstellen!

Alles Gute zum 60. Geburtstag und zum

40. Hochzeitstag, liebe Margaret!

INHALTSVERZEICHNIS

DANKSAGUNG

Ich bedanke mich bei

Charlie Wetzel, meiner Schreiberin,

Stephanie Wetzel, meiner Lektorin,

Sue Caldwell, die das erste Manuskript tippte,

und Linda Eggers, meiner Assistentin.

EINLEITUNG

Was ist Ihr Traum?

Was ist Ihr Traum? Werden Sie ihn zu Lebzeiten erreichen? Ich bin mir sicher, dass Sie sich das wünschen. Ich bin mir sicher, Sie *hoffen* es. Aber werden Sie es auch wirklich tun? Welche Gewinnchancen würden Sie sich selbst geben? 1 zu 5? 1 zu 100? 1 zu 1.000.000? Wie können Sie wissen, ob die Chancen für Ihren Traum gut stehen oder ob Ihr Traum immer genau das bleiben wird – ein Traum? Sind Sie bereit, Ihren Traum auf den Prüfstand zu stellen?

Die meisten Menschen, die ich kenne, haben einen Traum. Ich habe wirklich Hunderte, wenn nicht Tausende nach ihrem Traum gefragt. Einige beschreiben diesen gerne, in allen Details und mit viel Enthusiasmus. Andere zögern, überhaupt darüber zu reden. Sie scheinen sich dafür zu schämen, ihren Traum laut auszusprechen. Diese Menschen haben ihren Traum noch nie auf den Prüfstand gestellt. Sie wissen nicht, ob andere sie auslachen würden. Sie wissen nicht, ob sie weit über das Ziel hinausschießen oder zu kurz landen würden. Sie wissen nicht, ob Ihr Traum etwas ist, das sie wirklich erreichen können, oder ob sie erfolglos bleiben würden.

Sie haben keine Ahnung davon, wie sie ihren Traum verwirklichen sollen. Sie besitzen einzig und allein eine vage Vorstellung davon, dass es etwas gibt, das sie eines Tages gerne tun würden, oder wie sie selbst gerne sein würden. Aber sie wissen nicht, wie sie von hier nach dort kommen. Wenn diese Beschreibung auf Sie zutrifft, dann werden Sie froh darüber sein, zu hören: Es gibt Hoffnung! Und ich glaube – dieses Buch kann Ihnen helfen!

KENNEN SIE DIE ANTWORTEN, SCHON BEVOR DER TAG DER PRÜFUNG KOMMT!

Versetzen Sie sich zurück in Ihre Schulzeit. Können Sie sich daran erinnern, wie Ihr Lehrer Sie auf bevorstehende Prüfungen vorbereitete und etwas sagte wie: „Passt jetzt gut auf, denn das wird auch in der Prüfung abgefragt!"? Ich kann mich erinnern. Die ermutigenden Lehrer, die ihre Schüler zum Erfolg führen wollten, haben ständig solche Sätze gesagt. Sie wollten, dass wir vorbereitet waren, sodass wir gute Leistungen bringen konnten. Sie stellten uns Prüfungsaufgaben, aber sie haben uns zuvor auf Erfolgskurs gebracht.

Ich möchte wie einer dieser ermutigenden Lehrer für Sie sein. Ich möchte Sie darauf vorbereiten, Ihren Traum auf den Prüfstand zu stellen, damit Sie ihn auch wirklich erreichen. Wie? Ich glaube, dass Sie eine sehr gute Chance haben, Ihre Träume zu verwirklichen, sofern Sie wissen, wie Sie sich selbst die richtigen Fragen stellen und wie Sie diese Fragen positiv beantworten. Je mehr Fragen Sie positiv beantworten können, desto größer sind die Erfolgschancen! Das ist der Grund, warum ich dieses Buch geschrieben habe.

DAS RICHTIGE UND FALSCHE BILD EINES TRAUMES

Ich beobachte erfolgreiche Menschen nun schon seit fast 40 Jahren. Ich habe Hunderte bekannter Menschen kennengelernt, die ihre großen Träume verwirklicht haben. Und ich habe einige eigene Träume erreicht. Was ich dabei herausfand war Folgendes: Viele Menschen haben eine falsche Vorstellung von ihren Träumen. Betrachten wir einmal einige Dinge, die die Menschen verfolgen und als ihre Lebensträume bezeichnen:

- **Tagträume** – Ablenkungen von der aktuellen Arbeit
- **Luftschlossträume** – wilde Ideen, die jeglicher Strategie oder Realität entbehren

- **Negativträume** – Sorgen, die zu Angst und Lähmung führen
- **Idealträume** – so würde die Welt aussehen, wenn sie das Sagen hätten
- **Stellvertreterträume** – Träume, die von anderen gelebt werden
- **Romantikträume** – der Glaube, dass eine Person glücklich macht
- **Karriereträume** – der Glaube, dass die Erfolgskarriere glücklich macht
- **Titelträume** – der Glaube, dass eine Position, ein Titel oder eine Auszeichnung glücklich macht
- **materielle Träume** – der Glaube, dass Reichtum oder Besitz glücklich macht

Aber wenn dies keine guten Träume sind – die wahrhaftig und es wert sind, sein Leben dafür zu geben – welche Träume sind es dann? Hier ist meine Definition eines Traumes, der den Prüfstand *über*- und *be*stehen würde: *Ein Traum ist ein inspirierendes Bild der Zukunft, das Ihren Verstand, Ihren Willen und Ihre Emotionen belebt und Ihnen die nötige Kraft gibt, alles dafür zu tun, es zu verwirklichen.* Ein Traum, der es wert ist, realisiert zu werden, ist immer ein Bild und Abdruck dessen, was die Berufung und das Potenzial einer Person ist. Oder wie es meine Freundin Sharon Hull ausdrückt: „Ein Traum ist der Same der Möglichkeiten, der in die Seele eines Menschen gepflanzt wird und diesen dazu veranlasst, den einzigartigen Weg zur Realisierung seiner Berufung zu gehen."

WAS HABEN SIE AUF DEM HERZEN?

Träume sind wertvolle Rohstoffe. Sie treiben uns an. Sie geben uns Energie. Sie wecken den Enthusiasmus in uns. Jeder sollte einen Traum haben! Aber was, wenn Sie sich nicht sicher sind, ob Sie einen Traum haben, den Sie wirklich erreichen möchten? Stellen wir uns dieser Frage.

Viele Menschen wurden nicht dazu ermutigt, zu träumen. Andere haben Träume, aber die Hoffnung aufgegeben und sie beiseitegelegt.

Ich möchte, dass Sie wissen – es gibt gute Nachrichten! Sie können Ihren Traum finden oder zurückerobern. Und es können große Träume sein. Es ist nicht so, dass ein Traum riesig sein muss, damit er es wert ist, gelebt zu werden. Er sollte einfach nur ein Stückchen größer sein, als Sie selbst. Wie die Schauspielerin Josie Bisset zu sagen pflegte: „Träume sind immer eine Nummer zu groß, damit wir in sie hineinwachsen können."

> *„Träume sind immer eine Nummer zu groß, damit wir in sie hineinwachsen können."*
>
> *Josie Bisset*

Wenn Sie die Hoffnung aufgegeben, Ihren Traum aus den Augen verloren haben oder noch nie mit etwas verbunden waren, das Sie als so wertvoll erachtet haben, um davon zu träumen und darauf zuzuarbeiten – dann hilft es Ihnen vielleicht von den fünf häufigsten Gründen zu erfahren, warum Menschen Probleme damit haben, ihren Traum zu identifizieren:

1. EINIGE MENSCHEN WURDEN DURCH ANDERE VOM TRÄUMEN ABGEHALTEN.

Vielen Menschen wurde ihr Traum einfach herausgerissen! Die Welt ist voller Traumzerstörer und Ideenvernichter. Einige Leute, die keinen eigenen Traum zu verwirklichen suchen, sehen es nicht gerne, wenn andere ihrem Traum folgen. Der Erfolg anderer veranlasst sie dazu, sich minderwertig oder unsicher zu fühlen.

Die Wirtschaftsexperten Gary Hamel und C. K. Prahalad berichteten über ein Experiment, das mit einer Gruppe Affen durchgeführt wurde.

Vier Affen wurden in einen Raum gesetzt, in dem sich in der Mitte ein langer Pfosten befand. Ganz oben an diesem Pfosten hing ein Bündel Bananen. Einer der hungrigen Affen begann, auf den Pfosten zu klettern und sich sein Essen zu holen, aber gerade als er nach einer Banane greifen wollte, wurde er mit eiskaltem Wasser übergossen. Kreischend flüchtete er wieder nach unten und wandte sich ab. Jeder Affe machte einen ähnlichen Versuch und jeder erlebte die kalte Dusche. Nach ein paar Versuchen gaben sie schließlich auf.

Dann entfernten die Forscher einen Affen aus dem Raum und ersetzten ihn durch einen anderen, neuen Affen. Als der Neuankömmling begann, den Pfosten hinaufzuklettern, hielten ihn die anderen Affen davon ab und zerrten ihn wieder auf den Boden. Nachdem der neue Affe ein paar Mal versucht hatte, auf den Pfosten zu klettern und immer wieder von den anderen hinuntergezogen worden war, gab er auf und versuchte nie wieder hinaufzuklettern.

Nacheinander ersetzten die Forscher die ursprünglichen Affen mit neuen und jedes Mal wurde der jeweils neue Affe von den anderen wieder hinuntergezogen, bevor er die Bananen erreichen konnte. Nach einiger Zeit waren nur noch Affen im Raum, die niemals eine kalte Dusche erlebt hatten, aber keiner von ihnen kletterte auf den Pfosten. Sie hielten einander davon ab und keiner wusste warum.[1]

Vielleicht wurden auch Sie von anderen im Leben hinuntergezogen, die Sie vom Träumen abgehalten haben. Vielleicht missfiel ihnen die Vorstellung, dass Sie aufwärts strebten oder etwas Außergewöhnliches in Ihrem Leben erreichen wollten. Oder vielleicht wollten sie versuchen, Sie vor Schmerz oder Enttäuschung zu bewahren. Wie auch immer, wenn Sie vom Träumen abgehalten wurden, nehmen Sie sich Folgendes zu Herzen:

Es ist nie zu spät, mit dem Träumen zu beginnen und Ihren Traum zu verwirklichen.

2. EINIGE MENSCHEN WERDEN VON VERGANGENEN ENTTÄUSCHUNGEN UND VERLETZUNGEN ZURÜCKGEHALTEN.

Enttäuschung ist die Kluft, die zwischen Erwartung und Realität existiert. Jeder von uns hat diese Kluft bereits vorgefunden. Wir alle machten schon völlig unerwartet schlechte Erfahrungen. Wir mussten mit unseren unerfüllten Wünschen und unserer verlorenen Hoffnung leben. Enttäuschungen können uns schwer zusetzen. Der Schriftsteller Mark Twain stellte fest: „Wir sollten gut darauf achten, dass wir aus einer Erfahrung nur die Weisheit behalten, die darin steckt – und es dabei belassen; sonst sind wir wie die Katze, die sich auf eine heiße Ofenplatte setzt. Sie wird sich nie wieder auf eine heiße Ofenplatte setzen – und das ist gut so; aber genauso wird sie sich auch nie wieder auf eine kalte setzen.“[2]

Enttäuschung ist die Kluft, die zwischen Erwartung und Realität existiert.

Haben Sie diese Wahrheit auch schon in Ihrem Leben vorgefunden? Wenn etwas schief läuft, sagen wir: „Das werde ich nie wieder tun!“ Was für ein fataler Fehler – besonders dann, wenn es um Ihren Traum geht! Fehlschläge sind der Preis, den wir bezahlen müssen, um unseren Traum zu erreichen. Einige Menschen müssen sogar wiederholt Fehlschläge einstecken, bevor sie auf dem Weg zu ihrem Traum vorwärtskommen. Margaret Thatcher, die frühere englische Ministerpräsidentin, behauptete: „Manchmal muss man eine Schlacht mehr als einmal führen, um zu gewinnen.“ Wir müssen uns das immer wieder ins Gedächtnis rufen und sicherstellen, dass wir den Kampf nicht zu früh aufgeben.

3. EINIGE MENSCHEN GEWÖHNEN SICH AN MITTELMÄẞIGKEIT UND VERWEILEN DORT.

Die Kolumnistin Maureen Dowd sagt: „In der Minute, in der wir uns mit weniger zufriedengeben, als wir verdienen, bekommen wir sogar weniger als das, mit dem wir zufrieden wären." Träume verlangen von uns, dass wir uns nach ihnen ausstrecken und über den Durchschnitt hinausgehen. Sie können nicht nach einem Traum greifen und gleichzeitig in der mittelmäßigen Sicherheitszone verweilen. Beides passt nicht zusammen.

Wenn uns unser Traum zu wenig inspiriert, wenn wir uns mit Mittelmäßigkeit zufriedengeben, dann sind wir vielleicht versucht, die Schuld dafür anderen in die Schuhe zu schieben – den Umständen oder dem System. Aber die Wahrheit ist: Mittelmäßigkeit ist immer eine persönliche Entscheidung. D. Bruce Lockerbie, Geschäftsführer der PAIDEIA, Inc., und früherer Gastprofessor der Thomas F. Staley Foundation an der Stony Brook School in New York, schreibt:

> „Mittelmäßigkeit ist ihrem Ursprung nach weder ein nationales Problem, auch kein gesellschaftliches oder institutionelles Problem noch irgendein branchenbezogenes Problem; Mittelmäßigkeit ist ein persönliches Problem. Die amerikanische Bildung ist kein Monolith, die amerikanische Bildung besteht aus Millionen Studenten, die von Millionen von Lehrern unterrichtet werden, unterstützt von Millionen von Mitarbeitern, ausgestattet von Millionen von Herstellern, Editoren und Lieferanten – die alle mit Milliarden Dollar bezahlt werden! Jede dieser Facetten der amerikanischen Bildung ist mit Individuen bevölkert. Deshalb ist die *amerikanische Bildung* nicht mittelmäßig; aber diejenigen von uns, die Entscheidungen treffen und über die angemessene Finanzierung entscheiden, waren vielleicht schludrig in ihrer Hingabe zu ihrer Arbeit.

Schulen sind nicht mittelmäßig, aber einige von uns, die dort die Verantwortung tragen oder Lehrer sind, und auch unsere Schüler, sind nur halbherzig bei der Sache, wenn es um Management, das Unterrichten oder auch das Lernen geht. Sie sehen, *Mittelmäßigkeit* ist in erster Linie ein persönlicher Charakterzug, eine persönliche Erlaubnis, weniger als unser Bestes zu geben. Eine individuelle, lethargische Resignation, die in die Welt ruft: ‚Ich denke ausreichend ist wirklich gut genug.' Bald breitet sich die Mittelmäßigkeit in der gesamten politischen Gesellschaft aus und verursacht, dass die gesamte Nation gefährdet ist; aber erinnern Sie sich immer daran: Mittelmäßigkeit beginnt bei *mir*!"[3]

Menschen, die keinen brennenden Traum in sich haben, laufen Gefahr, dass ihr Leben einfach so verstreicht. Zuerst werden ihre Tage eintönig und dann werden sie als Person wie die Tage. Der Autor Kenneth Hildebrand beschreibt den negativen Effekt einer solchen Existenz:

> „Der ärmste Mensch auf dieser Welt ist nicht der, dem nicht einmal ein Cent gehört, sondern der arme Kerl ohne Traum. … [Er ist wie] ein großes Schiff, das für die Weiten des Ozeans geschaffen wurde, aber versucht, in einem Teich zu navigieren. Er hat keinen Zielhafen, keinen emporsteigenden Horizont, keine wertvolle Fracht zu befördern. Seine Stunden werden durch endlose Routine und belanglose Dringlichkeiten verschlungen. Kein Wunder, dass er unzufrieden und gereizt wird und alles satt hat. Es ist eine der größten Tragödien, wenn eine Person sehr viel Potenzial hat, aber ihre Seele es nicht erkennt."[4]

Wenn Sie sich so fühlen, als ob Ihr Leben näher am Durchschnitt liegt, als Sie es sich wünschen, dann sollten Sie mehr träumen. Nichts reißt einen mehr aus der ewigen Tretmühle heraus als ein erstrebenswerter Traum!

4. EINIGEN MENSCHEN FEHLT DAS NOTWENDIGE SELBSTVERTRAUEN, UM IHRE TRÄUME ZU ERREICHEN.

Man braucht Selbstvertrauen, um über einen Traum zu sprechen – und noch mehr davon, diesen zu verfolgen. Und manchmal ist es einfach die Zuversicht, die die Menschen, die träumen und ihre Träume erreichen, von denen unterscheidet, die das nicht tun. In einer Forschungsarbeit der University of Wisconsin entdeckte Karen Greno-Malsch, dass Selbstvertrauen für den Erfolg lebensnotwendig ist. In einer Studie mit Kindern fand sie heraus, dass ein geringes Selbstwertgefühl zu 37 % weniger Durchsetzungswillen führt und zudem 11 % weniger Verhandlungsstrategien angewandt werden. Außerdem entdeckte sie: Je stärker das Selbstwertgefühl, desto größer ist die Bereitschaft, die Risiken einer ausgedehnten Diskussion einzugehen, und desto größer ist die Adaptionsfähigkeit. Mit anderen Worten: Je mehr Vertrauen Sie in sich selbst haben, desto weniger sind Sie bereit, das aufzugeben, was Sie haben möchten.[5]

Träume sind zerbrechlich. Und sie sind in größter Gefahr, wenn sie neu für Sie sind, wenn die Menschen, die Sie lieben und respcktieren, diese nicht befürworten und wenn Sie noch kein Erfolgserlebnis in der Vergangenheit hatten, das Ihnen Selbstvertrauen gibt. Aber auf der Realität basierendes Selbstvertrauen ist notwendig, um Ihren Traum anzustreben. Wie erlangt man also ein solches Selbstvertrauen? – Durch Selbst-Kenntnis. Wirtschaftsberaterin Judith M. Bardwick bekräftigt: „Wahres Selbstvertrauen resultiert daraus, dass man sich selbst kennt und akzeptiert – seine Stärken und Schwächen –, anstatt sich von den Meinungen Außenstehender abhängig zu machen." Deshalb glaube ich, dass *Ihr Traum auf dem Prüfstand* Ihnen helfen wird. Wenn Sie die Fragen positiv beantworten, wird Ihnen das mehr Selbstvertrauen geben, um Ihre Träume zu erreichen.

5. EINIGEN MENSCHEN FEHLT DIE VORSTELLUNGSKRAFT, UM ZU TRÄUMEN.

Wie entdecken Menschen ihre Träume? Indem sie träumen! Das mag vielleicht allzu einfach klingen, aber genau dort fängt alles an. Vorstellungskraft ist der Acker, der einen Traum zum Leben erweckt. Der Physiker und Nobelpreisträger Albert Einstein, ein Träumer und Denker, verstand den Wert der Vorstellungskraft. Er sagte: „Wenn ich mich selbst und meine Methoden des Denkens betrachte, dann komme ich zu dem Schluss, dass mir das Geschenk der Fantasie mehr bedeutet als mein Talent, positives Wissen aufzunehmen." Einstein nannte seine Vorstellungskraft eine „heilige Neugierde".

Vorstellungskraft ist der Acker, der einen Traum zum Leben erweckt.

Wenn Sie in Ihrem bisherigen Leben immer nur entmutigt wurden oder Sie sich selbst nicht für eine Person mit besonders guter Vorstellungskraft halten, verlieren Sie nicht den Mut. Sie können auch heute noch einen Traum entdecken oder entwickeln. Gott hat diese Fähigkeit in jeden von uns hineingelegt. Wenn Sie Kinder kennen und beobachten, werden Sie das bestätigen können. Jedes Kind träumt. Jedes Kind besitzt Vorstellungskraft. Meine Frau Margaret und ich haben fünf Enkelkinder und immer, wenn wir mit ihnen zusammen sind, erleben wir ihre lebendige Vorstellungskraft, die sie in eine Welt hineinzaubert, die sie sich selbst erschaffen.

Sie haben diese Fähigkeit zu träumen in sich! Der Autor Max Lucado – ein Freund von mir – ist sich in Bezug auf Ihre Möglichkeiten sicher: „Sie sind kein Unfall. Sie sind nicht Teil einer Massenproduktion. Sie sind keine Fließbandanfertigung. Sie wurden absichtlich erschaffen, mit eigenen Talenten ausgestattet und liebevoll vom Schöpfer auf dieser Erde platziert."[6] Darüber hinaus würden einige Menschen sogar behaupten, dass das Potenzial zu träumen umso größer ist, je holpriger der Start ins Leben war. Der Unternehmer Howard Schultz, der aus sehr bescheidenen Verhältnissen stammt, nutzte den fruchtbaren Boden seiner Vorstellungskraft, um die Idee von Starbucks zu formen und dieses Unternehmen zu gründen. Schultz sagt:

> „Eines ist mir bei Romantikern aufgefallen: Sie versuchen, aus der Farblosigkeit des alltäglichen Lebens eine neue und bessere Welt zu erschaffen. Das ist auch die Absicht von Starbucks. Wir versuchen, in unseren Filialen eine Oase, einen kleinen familiären Raum, zu erschaffen, wo man eine Pause machen, ein wenig Jazz hören oder über Allgemeines, Persönliches oder gar Verrücktes nachsinnen kann. Das alles bei einer Tasse Kaffee.
> Wer denkt sich einen solchen Ort aus?
> Aus meiner eigenen Erfahrung würde ich sagen: Je uninspirierender Ihre Wurzeln sind, desto einfacher wird es Ihnen fallen, Ihre Vorstellungskraft zu nutzen und Welten zu erfinden, in denen alles möglich erscheint.
> Das trifft sicherlich auf mich zu."[7]

Ich glaube daran, dass Gott möchte, dass wir träumen – und dass wir groß träumen. Weil er ein großer Gott ist, der große Dinge vollbringen möchte und dies möchte er durch uns tun. Mein Freund Dale Turner ist sicher: „Träume sind erneuerbar. Egal, wie alt oder in welcher Verfassung wir sind – es gibt immer noch unberührte Möglichkeiten in uns und neue Ideen, die darauf warten, geboren zu werden." Es ist nie zu spät, zu träumen.

SIND SIE BEREIT, IHREN TRAUM AUF DEN PRÜFSTAND ZU STELLEN?

Vielleicht sagen Sie sich jetzt: *Okay, ich habe einen Traum. Ich glaube, dieser ist es wert, gelebt zu werden. Was nun? Wie kann ich wissen, dass meine Chancen, ihn zu erreichen, auch gut stehen?* Dies bringt uns zu den Fragen, die die zehn Kapitel dieses Buches beinhalten. Hier sind sie:

1. Die Eigentums-Frage: Ist mein Traum wirklich *mein* Traum?
2. Die Klarheits-Frage: Sehe ich meinen Traum wirklich glasklar?
3. Die Wirklichkeits-Frage: Verlasse ich mich auf Faktoren, die ich selbst bestimmen kann, um meinen Traum zu erreichen?
4. Die Leidenschafts-Frage: Zwingt mich mein Traum, ihm zu folgen?
5. Die Navigations-Frage: Habe ich eine Strategie, um meinen Traum zu erreichen?
6. Die Personen-Frage: Bin ich mit den Menschen verbunden, die ich brauche, um meinen Traum zu realisieren?
7. Die Kosten-Frage: Bin ich bereit, den Preis für meinen Traum zu bezahlen?
8. Die Entschlossenheits-Frage: Komme ich meinem Traum näher?
9. Die Erfüllungs-Frage: Bringt es mir Erfüllung, an meinem Traum zu arbeiten?
10. Die Bedeutsamkeits-Frage: Wirkt sich mein Traum positiv auf andere aus?

Ich glaube, dass die Chancen für Ihren Traum sehr gut stehen, wenn Sie jede dieser Fragen wirklich unter die Lupe nehmen, sich selbst ehrlich hinterfragen und alle Fragen mit „Ja" beantworten können. Je mehr Sie mit „Ja" antworten, desto mehr sind Sie auf Kurs, Ihren Traum zu erfüllen. Ich glaube wirklich daran, dass jeder das Potenzial hat, sich einen erstrebenswerten Traum vorzustellen – und die meisten haben auch die Fähigkeit, diesen zu erreichen. Es ist ganz egal, wie groß oder wie scheinbar unverschämt Ihr Traum anderen vorkommen mag – solange die Antworten auf den Traum-Test „Ja" lauten.

„Erinnern Sie sich immer daran, dass es nur zwei Arten von Menschen auf dieser Welt gibt – die Realisten und die Träumer. Die Realisten wissen, wohin sie gehen. Die Träumer sind schon dort gewesen."

ROBERT ORBEN

Der Schreiber großer Reden und Komödiant Robert Orben sagte: „Erinnern Sie sich immer daran, dass es nur zwei Arten von Menschen auf dieser Welt gibt – die Realisten und die Träumer. Die Realisten wissen, wohin sie gehen. Die Träumer sind schon dort gewesen." Wenn Sie ein Träumer sind, der in seiner Vorstellung bereits dort war, dann ist der nächste Schritt, den Traum-Test durchzuführen. Auf den nächsten Seiten werden Sie diesen Traum-Test vorfinden. Er wurde entwickelt, um Ihnen dabei zu helfen, richtig einzuschätzen, wie vorbereitet Sie wirklich sind, um Ihren Traum zu erreichen. Ich lege es Ihnen ans Herz, diesen Test durchzuführen, bevor Sie das Buch weiterlesen. Je intensiver Sie daran arbeiten, Ihren Traum zu prüfen, und sich vor dem Start darauf vorbereiten, ihn zu erreichen, desto größer ist Ihre Chance, Ihren Traum wirklich wahr werden zu lassen.

DER TRAUM-TEST

Um Sie dabei zu unterstützen, Ihren Traum auf den Prüfstand zu stellen, habe ich den Traum-Test entwickelt. Kennzeichnen Sie jede der drei Aussagen zu den Fragen mit ‚*trifft zu*' oder ‚*trifft nicht zu*'. Sobald Sie den Test fertig haben, suchen Sie sich drei Personen, die Sie gut kennen und die bereit sind, Ihnen dabei zu helfen, sich selbst einzuschätzen. Wenn Sie ihnen noch nichts von Ihrem Traum erzählt haben – machen Sie es jetzt! Dann bitten Sie diese Personen darum, jede der Fragen so zu beantworten, wie sie es für Sie zutreffend finden. Zuletzt bitten Sie diese drei Menschen noch um eine generelle Einschätzung, wie hoch ihrer Meinung nach die Wahrscheinlichkeit ist, dass Sie Ihren Traum erreichen, auf einer Skala von 1 (keine Chance) bis 10 (100 %ige Chance).

1. Die Eigentums-Frage: Ist mein Traum wirklich *mein* Traum?

   a) Ich wäre der glücklichste Mensch der Welt, wenn ich meinen Traum endlich verwirklicht hätte.
   b) Ich habe über meinen Traum bereits offen mit anderen Menschen gesprochen, auch mit denen, die mir am nächsten stehen.
   c) Mein Traum wurde schon von anderen angefochten, aber ich halte immer noch daran fest.

2. Die Klarheits-Frage: Sehe ich meinen Traum wirklich glasklar?

   a) Ich kann den Wesenskern meines Traumes mit einem Satz zusammenfassen.
   b) Ich könnte nahezu jede Frage nach dem WAS (wenn nicht sogar das WIE) meines Traumes beantworten.

c) Ich habe bereits eine klare Beschreibung meines Traumes, einschließlich seiner Hauptbestandteile und Absichten, niedergeschrieben.

3. Die Wirklichkeits-Frage: Verlasse ich mich auf Faktoren, die ich selbst bestimmen kann, um meinen Traum zu erreichen?

    a) Ich kenne meine größten Talente und mein Traum basiert auf diesen.
    b) Meine aktuellen Gewohnheiten und täglichen Aktivitäten erhöhen die Erfolgschancen meines Traumes.
    c) Wahrscheinlich würde mein Traum sogar wahr, selbst wenn ich Pech hätte, wenn mich wichtige Menschen ignorierten oder ablehnten oder wenn ernsthafte Hindernisse auf mich zukämen.

4. Die Leidenschafts-Frage: Zwingt mich mein Traum, ihm zu folgen?

    a) Ich kann mir nichts vorstellen, das ich lieber täte, als meinen Traum zu verwirklichen.
    b) Ich denke jeden Tag an meinen Traum, wache in der Nacht oft auf oder denke beim Einschlafen daran.
    c) Dieser Traum ist schon seit mindestens einem Jahr gleichbleibend wichtig für mich.

5. Die Navigations-Frage: Habe ich eine Strategie, um meinen Traum zu erreichen?

    a) Ich habe einen schriftlichen Plan, wie ich meinen Traum erreichen möchte.

b) Ich habe mit drei Menschen, deren Meinung ich respektiere, über meinen Plan gesprochen und mir ihre Meinung eingeholt.
c) Ich habe meine Prioritäten und Arbeitsgewohnheiten deutlich verändert, um meinen Plan in die Tat umzusetzen.

6. Die Personen-Frage: Bin ich mit den Menschen verbunden, die ich brauche, um meinen Traum zu realisieren?

a) Ich umgebe mich mit Menschen, die mich inspirieren und die mit mir ehrlich über meine Stärken und Schwächen sprechen.
b) Ich habe Menschen mit unterschiedlichsten Fähigkeiten hinzugeholt, damit sie mir dabei helfen, meinen Traum zu erreichen.
c) Ich habe die Vision meines Traumes an andere weitergegeben und sie sind Teilhaber der Vision geworden.

7. Die Kosten-Frage: Bin ich bereit, den Preis für meinen Traum zu bezahlen?

a) Ich kann spezifische Kosten aufzählen, die ich bereits bezahlt habe, um meinem Traum näherzukommen.
b) Ich habe bereits ernsthaft darüber nachgedacht, was ich für die Realisierung meines Traumes eintauschen würde.
c) Ich werde bezüglich meiner Werte keine Kompromisse eingehen, werde meine Gesundheit nicht ruinieren oder meiner Familie schaden, um meinen Traum zu erreichen.

8. Die Entschlossenheits-Frage: Komme ich meinem Traum näher?

   a) Ich habe auf dem Weg zu meinem Traum bereits Hindernisse überwunden.
   b) Ich tue jeden Tag etwas – auch wenn es nur etwas Kleines ist –, um meinem Traum näherzukommen.
   c) Ich bin dazu bereit, außergewöhnliche, herausfordernde Dinge zu tun, um zu wachsen und mich zu verändern, damit ich meinen Traum erreichen kann.

9. Die Erfüllungs-Frage: Bringt es mir Erfüllung, an meinem Traum zu arbeiten?

   a) Ich bin bereit, meinen Idealismus aufzugeben, um meinen Traum Realität werden zu lassen.
   b) Ich bin bereit, Jahre oder sogar Jahrzehnte an der Verwirklichung meines Traumes zu arbeiten, da er mir so wichtig ist.
   c) Das Streben nach meinem Traum erfüllt mich mit so viel Freude, dass ich mein Leben sogar als erfüllt betrachten würde, selbst wenn mein Plan misslingt.

10. Die Bedeutsamkeits-Frage: Wirkt sich mein Traum positiv auf andere aus?

   a) Ich kann schon jetzt einige Namen aufzählen, für die mein realisierter Traum – außer für mich selbst – von Nutzen sein wird.
   b) Ich bin dabei, ein Team ähnlich denkender Menschen aufzubauen, um meinen Traum zu erreichen.
   c) Was ich heute tue, um meinen Traum zu verwirklichen, wird auch noch in 5, 20 oder 100 Jahren von Bedeutung sein.

Wenn Sie jede dieser Aussagen mit *‚trifft zu‘* beantworten konnten, dann stehen Ihre Chancen wirklich gut, dass Ihr Traum wahr wird. Wenn Sie eine oder mehrere Aussagen mit *‚trifft nicht zu‘* gekennzeichnet haben, dann prüfen Sie sorgfältig, ob Sie wirklich ehrlich mit sich selbst sind. Betrachten Sie kritisch, wo Sie bezüglich dieser Frage heute stehen. Nehmen Sie sich Zeit, um zu reflektieren und machen Sie die Übungen am Ende jedes Kapitels zu den einzelnen Fragen.

Sie sollten auch mit den drei Personen sprechen, die Sie um eine ehrliche Einschätzung gebeten haben. Stimmen deren Antworten mit Ihren eigenen Antworten überein? Wenn nicht, fragen Sie danach, warum sie so geantwortet haben. Betrachten Sie auch, wie Ihre generelle Chance eingeschätzt wurde. Wenn Ihnen weniger als eine 10 gegeben wurde, dann fragen Sie: „Was müsste ich verändern, um eine 10 zu bekommen?“ Hören Sie zu, machen Sie sich Notizen, fragen Sie nach Erklärungen – aber rechtfertigen Sie sich nicht. Wenn Sie die Antworten bekommen, suchen Sie nach sich wiederholenden Mustern und denken Sie daran, was Unternehmensberater Jack Rosenblum sagt: „Wenn eine Person Sie als ‚Pferd‘ bezeichnet, dann ist diese verrückt. Wenn drei Personen Sie als ‚Pferd‘ bezeichnen, dann ist eine Verschwörung im Gange. Wenn zehn Personen Sie als ‚Pferd‘ bezeichnen – dann ist es Zeit, sich einen Sattel zu kaufen.“

KAPITEL 1

Die Eigentums-Frage: *Ist mein Traum wirklich mein Traum?*

Was immer du denkst, sei sicher, dass du es denkst;
Was immer du willst, sei sicher, dass du es willst;
Was immer du fühlst, sei sicher, dass du es fühlst.

T. S. Eliot

Sein Vater wollte immer, dass er Polizist wird. Schließlich war sein Vater der Polizeipräsident in der kleinen Stadt, in der er aufgewachsen war. Seine Mutter hatte andere Vorstellungen. Sie glaubte, er solle Schreiner werden. Sie hatte gesehen, dass er während der Schulzeit kein großes Interesse oder Geschick für akademische Belange zeigte, und deshalb wollte sie, dass er einen handwerklichen Beruf erlernte. Ihr zuliebe begann Arnold also eine Ausbildung zum Schreiner, aber mit dem Herzen war er nie wirklich dabei.

WEM GEHÖRT DER TRAUM?

Viele junge Menschen befinden sich in einer ähnlichen Situation, wenn sie anfangen, erwachsen zu werden. Sie wissen nicht, worin sie gut sind. Sie wissen nicht, was sie tun möchten. Deshalb hören sie auf ihre Eltern oder Freunde und beginnen damit, ihr Leben in eine Richtung zu lenken, die die Sehnsüchte und Träume einer anderen Person widerspiegelt, aber nicht ihre eigenen. Und das sollte uns nicht überraschen.

Kinder sehen sich selbst zuerst durch die Augen ihrer Eltern und anderer Vorbilder. Sie haben keinen anderen Orientierungspunkt.

Die Psychologin Cecil G. Osborne schreibt in *The Art of Understanding Yourself*: „Der junge Mensch hat kein klares Selbstbild. Er sieht sich selbst als Spiegelbild der Bewertungen seiner Eltern. Ein Kind, dem man immer wieder sagt, dass es ein schlechtes Kind, faul, nicht gut, dumm, schüchtern, oder tollpatschig sei, wird dazu tendieren, diesem Bild, das ihm die Eltern oder andere Autoritätspersonen gegeben haben, zu entsprechen."[1]

Viele junge Menschen verlieren dadurch ihre eigene, sich gerade entwickelnde Identität aus den Augen – wer sie sind und was sie wirklich gerne machen würden. Sie adoptieren die Träume und Sehnsüchte eines anderen, weil sie sich Anerkennung wünschen oder einfach nicht wissen, was sie anderes machen sollen.

Fast immer, wenn Sie einen Menschen mittleren Alters dabei beobachten, wie er seine Karriere radikal verändert, können Sie sicher sein, dass diese Person den Traum einer anderen Person lebte und seinen eigenen Weg verloren hatte.

Wie viele Menschen werden Anwalt, weil es ihre Eltern so wollten? Wie viele heiraten, um ihrer Mutter zu gefallen? Wie viele suchen sich einen „guten Arbeitsplatz", anstatt sich um eine Karriere als Schauspieler oder beim Theater zu bemühen? Fast immer, wenn Sie einen Menschen mittleren Alters dabei beobachten, wie er seine Karriere radikal verändert, können Sie sicher sein, dass diese Person den Traum einer anderen Person lebte und seinen eigenen Weg verloren hatte. Egal, wie viel Unruhe eine solche Aktion mit sich bringt, derjenige hat es besser als eine Person, die ihre eigenen Träume niemals entdeckt und zu erreichen sucht.

Sogar ermutigende, positive und wohlwollende Eltern können ihre Kinder in eine falsche Richtung lenken. Das weiß ich, da ich selbst diese

Erfahrung im Kleinen gemacht habe, als ich sieben Jahre alt war. Meine Eltern waren davon überzeugt, dass ich musikalisches Talent besaß. Sie hatten mir ein Klavier gekauft und mich in einer Musikschule angemeldet. Einige Jahre lang mochte ich es, zu lernen und zu üben. Ich war nicht mit Leidenschaft dabei, aber ich spielte weiter, da es meiner Mutter und meinem Vater Freude machte.

Als ich in die fünfte Klasse kam, entschieden sich meine Eltern dazu, meinen musikalischen Horizont zu erweitern, und kauften mir eine Trompete. Mein Lehrer informierte meine Eltern, dass mein Mund nicht richtig geformt sei, um richtig Trompete blasen zu lernen – also versuchten sie es mit einer Klarinette. Der berühmte Klarinettenspieler Ted Lewis kam aus meiner Heimatstadt, Circleville in Ohio, und alle Freunde begannen zu sagen: „Vielleicht wirst du eines Tages der nächste Ted Lewis!“

Wohl eher nicht! Ich hatte nicht einmal genug Talent, um die erste Besetzung unsere Schulband zu sein. Ich spielte die *letzte* Klarinette!

In diesem Alter wollte ich liebend gerne Basketball spielen. Ich kann mich noch genau an den Druck und die Schwere erinnern, die ich spürte, als ich mich mit meinen Eltern zusammensetzte, um ihnen zu sagen, dass ich die Musik aufgeben und stattdessen lieber Sport machen würde. Und ebenso kann ich mich noch an die große Erleichterung erinnern, als sie den Traum, dass ich ein großer Musiker werden würde, aufgaben. Mit riesiger Freude legte ich meine Klarinette zur Seite und besorgte mir einen Basketball.

ARNOLDS TRAUM

Arnold war sich nicht sicher, was er gerne machen wollte, aber er wusste, dass es weder Gesetzeshüter noch Schreiner war. Es lag nicht daran, dass er nicht versuchte, seinen Traum zu finden. Er war sehr ambitioniert. Aber eines wusste er genau: Was auch immer er sich aussuchen würde, darin wollte er der Beste der Welt sein. Er liebte Sport, aber in seinen Teenagerjahren hatte er noch nicht die richtige Sportart gefunden. Er hatte vieles ausprobiert: Eislaufen, Boxen, Laufen und technische Disziplinen wie Speerwerfen oder Kugelstoßen. Fünf Jahre lang spielte er Fußball, aber ohne große Leidenschaft. Doch dann bat sein Fußballtrainer eines Tages alle Spieler des Teams, einmal in der Woche zum Gewichttraining zu gehen, um die Kondition zu verbessern. In diesem Moment begann sein Traum Gestalt anzunehmen.

„Ich erinnere mich immer noch an meinen ersten Besuch im Fitnessstudio", erinnert er sich. „Ich hatte zuvor noch nie jemanden Gewichte stemmen sehen. Diese Jungs waren ... gewaltig, wie Herkules. Und da sah ich es vor mir – mein Leben, die Antwort, die ich gesucht hatte. Es machte klick. Endlich hatte ich die Stecknadel im Heuhaufen gefunden und erreichte nach der wackeligen Hängebrücke wieder festen Boden unter den Füßen."[2]

Im Alter von 14 Jahren hatte Arnold Schwarzenegger seine Leidenschaft in einem Sportstudio gefunden. Sein Traum erwachte ein paar Monate später, als er eine Zeitschrift in einem Schaufenster entdeckte. Auf der Titelseite war das Bild eines Bodybuilders, der die Rolle des Herkules in einem Film spielte. Arnold erinnert sich, was als Nächstes geschah:

> „Ich kratzte meine letzten Pfennige zusammen und kaufte mir diese Zeitschrift. Es stellte sich heraus, dass dieser Herkules ein Engländer namens Reg Park war, der den Titel Mr. Universe im Bodybuilding gewonnen hatte. Diesen Erfolg wandelte er in eine Schauspielerkarriere um – nahm das Geld und baute sich ein Fitnessimperium auf. Bingo! Ich hatte mein Vorbild gefunden! Wenn er das konnte, dann kann ich das auch! Ich werde Mr. Universe. Ich werde ein Filmstar. Ich werde reich. Eins, zwei, drei – ich hatte meine Leidenschaft gefunden. Ich hatte mein Ziel."[3]

Nicht jeder verstand Arnolds Traum – besonders nicht seine Eltern oder die Freunde, mit denen er aufgewachsen war. Sein Vater hoffte, dass es bloß eine Phase sein würde, die wieder vorbeiginge.

„Nun Arnold, was möchtest du tun?“, hatte er gefragt. „Vater, ich werde ein professioneller Bodybuilder. Das wird mein Leben sein“, hatte Arnold ihm geantwortet.

„Ich merke schon, dass es dir ernst ist, aber wie möchtest du es anstellen?“[4]

Niemand verstand Arnolds Entscheidung, seine Leidenschaft und seine Vision.

„Ich hätte mir keine unbeliebtere Sportart aussuchen können“, erklärt Arnold. „Meine Schulfreunde erklärten mich für verrückt. Aber das machte mir nichts aus. ... Ich hatte ***das*** gefunden, wofür ich all meine Energie einsetzen wollte, und es gab für mich kein Halten mehr. Meine Motivation war ungewöhnlich; ich sprach anders als meine Freunde; ich war erfolgshungriger als jeder andere in meinem Bekanntenkreis.“[5]

Das ist die Kraft eines brennenden Traumes. Ein Traum ist ein inspirierendes Bild der Zukunft – es gibt dem Verstand, dem Willen und den Emotionen Kraft und beflügelt dazu, alles zu tun, um den Traum zu erreichen.

Als Arnold seinen eigenen Traum gefunden hatte, machte er sich unerbittlich an dessen Umsetzung. Er trainierte mehrere Stunden am Stück, sechs Tage in der Woche. Sein Traum war es, der am besten trainierte Mensch der Welt zu werden. Mit 18, als er gerade seinen Wehrdienst in der Österreichischen Bundeswehr leistete, gewann er mit dem Titel „Junior Mr. Europe“ seinen ersten großen Wettkampf. Im nächsten Jahr wurde er „Mr. Europe“. Er zog nach München und trainierte weiter. Dort wurde er auch Teilhaber an einem Studio. Und im Jahr 1967 gewann er den Titel „Mr. Universe“ in der Amateurklasse in London. Er war erst zwanzig Jahre alt und sein Sieg erstaunte jeden. Als er seine Eltern anrief und von seinem Erfolg erzählte, waren sie nur wenig begeistert.

„Wenn auf allen Titelseiten der Grazer Lokalzeitung gestanden hätte, dass ich nun Hochschulabsolvent bin, hätte es ihnen mehr bedeutet", erinnert sich Arnold. „Irgendwie berührte es mich schon, dass sie mich nicht verstanden. Ich dachte, dass sie zumindest hätten sehen müssen, was mir das alles bedeutete. Sie wussten, wie hart ich dafür gearbeitet hatte ... ich denke man tut immer Dinge, um von den eigenen Eltern anerkannt zu werden."[6]

Trotz der fehlenden Unterstützung bei der Wahl seiner Karriere gewann Arnold weiterhin weltweit jeden wichtigen Wettkampf im Bodybuilding. Unglaubliche siebenmal wurde er der angesehene „Mr. Olympia", zuletzt im Jahre 1980. Aber der erfolgreichste Bodybuilder der Welt zu werden – eine unglaubliche Leistung an sich –, war nicht Arnolds einziger Traum. Viele Menschen waren erstaunt, als es ihm gelang, seine Leistung als Bodybuilder erfolgreich in eine Schauspielerkarriere umzuwandeln. Jahre später waren sie verblüfft, als er sich als Gouverneur für Kalifornien zur Wahl stellte – und gewann. Was die meisten nicht wussten, ist, dass Arnold von all dem schon seit seinen jungen Jahren in Österreich geträumt hatte. Mit 20 sagte er zu einem Freund: „Ich möchte viele Male ‚Mr. Universe' werden, so wie Reg [Park, sein Vorbild]. Ich möchte ein Filmstar werden wie Reg. Ich möchte Milliardär sein. Und ich möchte in die Politik gehen."[7]

Arnold lebte seinen Traum. Er wurde viele Male „Mr. Universe" und „Mr. Olympia". Er drehte zahlreiche Filme, die mehr als 1,6 Milliarden Dollar einspielten![8] Er entwickelte sich zu einem sehr erfolgreichen Geschäftsmann. Seit seinen ersten Tagen in den USA ist er disziplinierter Sparer und investiert weise in Immobilien, Wertpapiere und Unternehmungen. (Er ist noch nicht ganz Milliardär; den Schätzungen nach beträgt sein Vermögen *nur* 800 Millionen Dollar.)[9] Heute ist er ein erfolgreicher Politiker. Arnold Schwarzenegger nahm seinen Traum in Besitz und das Resultat war, dass er sehr erfolgreich wurde.

„Schon von Beginn an wusste ich, dass Bodybuilding die perfekte Karrierewahl für mich ist", sagt Arnold. „Niemand schien mir zuzustimmen – zumindest nicht meine Familie oder meine Lehrer. Für sie war die einzig wahre Lebensart das Leben eines Bankiers, Sekretärs, Doktors oder Geschäftsmanns – im herkömmlichen Sinn etabliert zu sein, einen gewöhnlichen Beruf auszuleben, der einem durch das Arbeitsamt zugewiesen wurde – irgendetwas Legitimes. Mein Wunsch, Bodybuilder und ‚Mr. Universe' zu werden, überstieg ihre Vorstellungskraft."[10] Aber nicht Arnolds Vorstellungskraft oder seine Fähigkeit seinen Traum zu erreichen – er konnte die *Eigentums-Frage* positiv beantworten.

EIN TRAUM IST NUR DANN REALISIERBAR,
WENN ES IHR EIGENER IST.

Wie beantworten Sie die Eigentums-Frage? Ist Ihr Traum wirklich *Ihr* Traum? Sind Sie bereit, es zu überprüfen? Um vernünftig zu sein, ignorieren viele Menschen Ihre Wünsche. Sie wählen einen Beruf, um ihren Eltern, ihrem Partner oder anderen zu gefallen. Das macht sie vielleicht pflichtbewusst, aber keinesfalls erfolgreich. Sie können keinen Traum erreichen, den Sie nicht besitzen.

Sie können keinen Traum erreichen, den Sie nicht besitzen.

Denken Sie an Ihren eigenen Werdegang. Wie wurden Ihre Pläne, Ziele oder Wünsche von anderen bestimmt? Sind Sie sich darüber im Klaren, wie Ihre Vision für Ihr Leben beeinflusst wurde? Ist es möglich, dass Ihre Träume das Ergebnis dessen sind, …

… was Ihre Eltern über Sie denken?
… was andere über Sie denken?
… was Sie über sich selbst denken?

… oder sind sie das Ergebnis dessen,
wer Sie wirklich sind und wozu Sie bestimmt sind?

Es ist die persönliche Verantwortung eines jeden Einzelnen, die Antwort für sich selbst herauszufinden. Es ist sogar so, dass Sie *nur* dann Ihren Traum erfüllen und Ihre Berufung leben werden, *wenn* Sie sie herausfinden. Der Nobelpreisträger für Literatur, Joseph Brodsky, stellte fest: „Die allerwichtigste Aufgabe besteht darin, ein Leben zu führen, das *einem selbst* gehört. Eines, das nicht von außen diktiert oder vorgeschrieben wurde, egal, wie edel dieses Leben auch aussehen mag. Denn jeder von uns hat nur ein einziges Leben und wir wissen, wie es enden wird. Es wäre bedauerlich, wenn wir diese *eine* Chance als Kopie einer anderen Person oder aufgrund der Erfahrungen anderer vergeuden würden."[11]

Wie findet man nun heraus, ob man einen Traum verfolgt, der gar nicht wirklich der *eigene* ist? Hier sind einige Anregungen, die Ihnen dabei helfen, es herauszufinden:

Wenn Ihr Traum einem anderen gehört,

… passt er nicht 100 %ig.
… ist er wie eine Last.
… raubt er Ihnen Ihre Kräfte.
… wirkt er ermüdend auf Sie.
… bringt er Sie aus Ihrer Kraftzone.
… wird er für andere erfüllend sein, aber nicht für Sie.
… brauchen Sie andere, die Sie zwingen, es tun.

Wenn Sie Ihren Traum besitzen,

… fühlt es sich einfach richtig an.
… beflügelt es Ihren Geist.
… wird er Sie anzünden.
… hält er Sie sogar nachts wach.
… wird er Sie aus Ihrer Komfortzone herausholen.
… wird es für Sie eine Erfüllung sein.
… fühlt es sich an, als ob Sie dafür geschaffen wurden.

Wenn der Traum richtig für die Person ist und die Person richtig für den Traum, dann können diese beiden nicht getrennt werden.

Wenn der Traum richtig für die Person ist und die Person richtig für den Traum, dann können diese beiden nicht voneinander getrennt werden. Damit etwas wirklich Ihr Traum ist, müssen Sie all die Möglichkeiten vor sich sehen, die er mit sich bringt – und Sie müssen ihn besitzen! Der Philosoph Sören Kierkegaard sagte: „Eine Möglichkeit ist ein Wink Gottes. Man muss ihr folgen."

Der Eigentümer zu sein, ist der erste entscheidende Schritt zur Erfüllung eines Traumes. Es ist der Schlüssel, der alle anderen Türen auf dem Weg zum Traum öffnen kann. Wenn Sie Ihren Traum besitzen, wird das Bild davon dann nicht gleich viel klarer? Wenn Sie ihn besitzen, verlassen Sie sich dann nicht auf die Dinge, die in Ihrer Macht stehen, um ihn zu erreichen? Wächst nicht auch Ihre Leidenschaft und fällt es Ihnen nicht gleich viel leichter, eine Strategie zu entwickeln? Schließen Sie dann nicht andere ein und bezahlen den Preis dafür? Wenn Sie Ihren Traum besitzen, werden Sie nicht hartnäckiger und auf dem Weg erfüllter? Wächst nicht auch dessen Bedeutung? All die anderen Fragen zu Ihrem Traum sind viel leichter positiv zu beantworten, sobald Sie Ihren Traum in Besitz genommen haben.

ICH HABE EINEN TRAUM, ABER …

Die meisten Menschen leben ihre Träume nicht. Sie wünschen und warten. Sie haben Entschuldigungen parat. Sie hoffen auf das Beste. Wenn die Zeit vergeht und Ihre Träume unerfüllt bleiben, werden einige frustriert oder verbittert, andere geben auf. Der Autor und Denker Henry David Thoreau bemerkte: „Die Masse der Menschen lebt ein Leben der stillen Sehnsucht." Ich glaube, dass einer der Gründe, warum so wenige Menschen ihre Träume erfüllen, darin liegt: Sie übernehmen keine Verantwortung dafür.

Mein Bruder Larry erinnerte mich oft daran, wie wichtig es ist, für jedes Bestreben „etwas aufs Spiel zu setzen". Und mit „etwas aufs Spiel setzen" meint er Folgendes: etwas Wertvolles investieren! Immer wenn wir etwas investieren, steigt das Maß der persönlichen Verbindlichkeit stark an. Warum? Ganz einfach: Wenn man etwas besitzt, muss man Energie, Geld, Zeit und Verbindlichkeit hineinstecken. Wenn man etwas aufs Spiel gesetzt hat, dann ist einem der Ausgang dieser Sache nicht einfach egal. Schließlich hat man etwas investiert! Immer wenn Larry ein Geschäft mit einem neuen Partner abschließt, achtet er sehr genau darauf, dass beide Seiten etwas aufs Spiel setzen, oder er lässt das Geschäft platzen.

Sie müssen eine ähnliche Einstellung in Bezug auf Ihren Traum entwickeln. Sie müssen Standfestigkeit haben, um ihn zu besitzen. Wenn Sie diese haben, werden Sie fähig sein, alle gewöhnlichen Entschuldigungen, warum man einen Traum nicht realisieren kann, hinter sich zu lassen. Folgende drei Ausreden höre ich am häufigsten:

AUSREDE NR. 1: FÜR GEWÖHNLICHE LEUTE WERDEN TRÄUME NIEMALS WAHR.

Einige Menschen glauben, dass Träume nur für besondere Menschen da sind und alle anderen sich mit dieser Tatsache abfinden müssen. Aber mit dieser Geisteshaltung stimme ich nicht überein. Es ist wohl wahr, dass alle großen Personen der Geschichte Träume hatten. Die Gebrüder Wright wollten fliegen. Winston Churchill hatte die Vision eines freien Europas. Martin Luther King Jr. träumte von der Gleichberechtigung aller Völker. Trotzdem muss man keine weltberühmte Persönlichkeit sein, um einen Traum zu haben. Jeder kann einen Traum haben und diesen erreichen! In der Tat ist es oft das Streben nach einem Traum, das den Unterschied zwischen gewöhnlichen und außergewöhnlichen Personen ausmacht.

Gewöhnliche Menschen können ein außergewöhnliches Leben führen, wenn sie ihrem Traum folgen. Warum sage ich das? Weil ein Traum ein Katalysator ist, der den Menschen hilft, bedeutsame Veränderungen in ihrem Leben vorzunehmen. Man verändert nicht nur sich selbst, um seinen Traum zu leben. Man strebt nach seinem Traum und der *Prozess* verändert die Persönlichkeit und das, was man vollbringen kann. Ein Traum ist beides – sowohl ein Ziel als auch ein Katalysator.

AUSREDE NR. 2: WENN DER TRAUM NICHT GROSS IST, IST ER ES NICHT WERT, REALISIERT ZU WERDEN.

Ein Traum sollte nie nach seiner Größe beurteilt werden. Das bestimmt nicht seinen Wert. Ein Traum muss nicht groß sein. Er muss nur ein bisschen größer sein als Sie selbst.

Mein Freund Dan Reiland berichtete mir einmal von einem seiner Mitarbeiter, der seinen Kollegen erzählte: „Ich wollte mein Leben lang einfach ein guter Vater sein.“ Sie kritisierten ihn nicht dafür, dass er nicht nach den Sternen griff. Als er ihnen von seinem Herzenswunsch erzählte, rührte er alle zu Tränen. Das war kein großer Traum, aber ein kraftvoller Traum. Größer ist nicht immer besser und die Größe bestimmt nicht die Bedeutsamkeit.

AUSREDE NR. 3: ES IST NICHT DER RICHTIGE ZEITPUNKT, MEINEN TRAUM ZU VERWIRKLICHEN.

Die gewöhnlichste aller Ausreden, warum man einen Traum nicht verfolgt, ist das Thema Zeit. Einige sagen, es sei zu früh. Sie warten noch auf die Erlaubnis, ihren Traum realisieren zu dürfen – eine Erlaubnis, die sie sich nur selbst geben können. Währenddessen erkennen einige wenige, wie Arnold Schwarzenegger, ihren Traum, gehen ihm nach und bestätigen damit die Worte der Schriftstellerin Pearl S. Buck: „Die jungen Menschen wissen nicht genug, um vorsichtig zu sein, deshalb versuchen sie das Unmögliche und erreichen es. Generation für Generation."

„Die jungen Menschen wissen nicht genug, um vorsichtig zu sein, deshalb versuchen sie das Unmögliche und erreichen es. Generation für Generation."

PEARL S. BUCK

Andere befürchten, dass es für sie zu spät sei, und als Resultat geben sie auf. Ich glaube jedoch, dass der Romanautor George Eliot recht hat, wenn er sagt: „Es ist nie zu spät, das zu werden, was man hätte sein können."

Filmstar Jim Carrey erlebte in den ersten Tagen seiner Karriere als Komiker viele Herausforderungen und Enttäuschungen. Später erzählte er, dass er immer an Rodney Dangerfield dachte, wenn er gerade seinen Traum, es in der Unterhaltungsindustrie weit nach oben zu bringen, aufgeben wollte. Rodney Dangerfield kämpfte sich Jahrzehnte lang durch, bevor er der Beste auf seinem Gebiet wurde. „Ich trat 15 Jahre lang als Komiker in Clubs auf", erinnert sich Carrey, „und manchmal machte ich nur weiter, weil ich daran dachte, dass Rodney damit aufhörte, als er 30 war, aber mit 40 zurückkam und endlich den Durchbruch schaffte. Er kam ganz groß raus – und das in einer Branche, wo Jugend nahezu immer dem Talent vorgezogen wird. Er war … der absolute Beweis dafür, dass es nie zu spät ist, sich einen Namen zu machen. Vielleicht muss man eine Zeit lang aufhören und irgendeiner anderen Tätigkeit nachgehen, aber man darf seinen Traum nicht aufgeben".[12] Der Zeitpunkt wird nie perfekt sein, deshalb können Sie genauso gut heute damit beginnen, Ihren Traum zu realisieren. Wenn Sie es nicht tun, werden Sie nächstes Jahr ein Jahr älter sein, aber Ihrem Traum nicht einen Schritt näher.

WIE MAN SEINEN TRAUM IN BESITZ NIMMT

Wenn Sie dazu bereit sind, diesen Schritt zu machen – Ihren Traum wirklich in Besitz zu nehmen –, dann beginnen Sie mit Folgendem:

1. SEIEN SIE BEREIT, AUF SICH SELBST ZU SETZEN.

Sie können Ihr Ziel erreichen, auch wenn niemand an Sie glaubt, aber Sie werden Ihr Ziel nie erreichen, wenn Sie nicht an sich selbst glauben. Sie werden sich sogar sehr schwer damit tun, an *irgendetwas* zu glauben, wenn Sie nicht an sich selbst glauben. Sie werden in dieser Welt ohne Antrieb einfach so dahinleben. Also: Menschen, die Eigentümer ihres Traumes sind, glauben an sich selbst und wenn sie an sich glauben, sind sie auch bereit, auf sich zu setzen.

Sie können Ihr Ziel erreichen, wenn niemand an Sie glaubt, aber Sie werden Ihr Ziel nie erreichen, wenn Sie nicht an sich selbst glauben.

Einen Traum zu besitzen bedeutet: Der Glaube an sich selbst ist stärker als die Angst. Eine Szene des Films „Akeelah ist die Größte" veranschaulicht die Kraft des Glaubens an sich selbst und das Machbare. In der Geschichte geht es um Akeelah, ein Mädchen aus Los Angeles, das viele Hindernisse überwindet, um an einem Buchstabierwettbewerb teilzunehmen. Als ihr Lehrer, Dr. Larabee (gespielt von Laurence Fishburne), sie fragt: „Hast du Ziele? Was möchtest du werden, wenn du erwachsen bist? Eine Ärztin, eine Anwältin, eine Komikerin?", antwortet sie: „Ich weiß es nicht. Das Einzige, worin ich gut bin, ist Buchstabieren."

„Geh dort rüber", sagt er und zeigt auf eine Tafel, „und lies das Zitat an der Wand bitte laut vor".

Sie liest: „Unsere größte Angst ist nicht die, zu versagen. Unsere größte Angst ist die, voller unsagbarer Kraft zu sein. Wir fragen uns selbst: ‚Wer bin ich, dass ich brillant, großartig und sagenhaft sein sollte?' Doch: Wer bist du, es *nicht* zu sein? Wir sind dazu geboren, unser volles Potenzial auszuleben. Indem wir unser eigenes Licht scheinen lassen, werden wir anderen unbewusst die Erlaubnis geben, dasselbe zu tun."[13]

„Hat diese Aussage für dich irgendeine Bedeutung?", fragt Larabee. „Was bedeutet das?"

„Dass ich keine Angst haben sollte", antwortet sie.

„Angst vor was?"

„Angst vor … mir selbst?"[14]

Sie werden niemals an Ihren Traum glauben, wenn Sie nicht zuerst an sich selbst glauben. Ich kann mich bezüglich dieses Gedankens an folgende Interpretation erinnern:

> Ich entwickle großartige Ideen, weil ich glaube, dass ich es kann, nicht, weil ich so kreativ bin. An der Spitze der Pyramide angekommen hat man die Fähigkeit, alles zu erschaffen und allem Erschaffenen Wert zu geben. Mein Aufstieg begann schon als Kind, unterstützt von meinen Eltern und Lehrern, und setzte sich fort durch die Unterstützung meiner Mentoren, meiner Frau und meiner Kinder. All diese Menschen erweiterten mein psychologisches Vermögen. Schlussendlich bedeutet das: Ein gesunder Selbstwert schafft finanziellen Wohlstand.

Wenn Sie Erfolg haben möchten, müssen Sie daran glauben, dass Sie es schaffen können. Sie müssen auf sich selbst setzen, wenn Sie wollen, dass Ihre Träume Realität werden.

2. FÜHREN SIE IHR LEBEN, ANSTATT ES NUR EINFACH ZU AKZEPTIEREN.

Die Kraft der Entscheidung ist die größte Kraft des Menschen. Bedauerlicherweise akzeptieren aber viele Menschen einfach ihr Leben – sie führen ihr Leben nicht. Als Ergebnis davon, stehen sie sich selbst im Weg.

Die Entscheidung zu treffen, das Leben selbst in die Hand zu nehmen, anstatt es einfach zu akzeptieren, ist ausschlaggebend dafür, ob man einen Traum besitzt. Die Holocaustüberlebende Elie Wiesel schrieb in dem Buch *Souls on Fire*: „Wenn wir sterben und unserem Schöpfer gegenüberstehen, werden wir nicht gefragt werden, warum wir nicht ein Messias geworden sind oder ein Heilmittel gegen Krebs gefunden haben. Alles, was man von uns wird wissen wollen, ist: ‚Warum bist du nicht du selbst geworden? Warum hast du nicht dein ganzes Potenzial genutzt?'"

Sein gottgegebenes Potenzial voll auszuschöpfen, setzt voraus, dass ich Verantwortung für mich selbst und mein Leben übernehme. Es bedeutet, dass ich die aktive Führungsrolle in meinem Leben einnehme.

Wie Sie das machen? Indem Sie JA sagen – zu sich selbst, zur Hoffnung, zu Ihrem Traum. Jedes Mal, wenn Sie JA sagen, öffnen Sie sich selbst für Ihr Potenzial und für größere Möglichkeiten. Wenn Sie es gewohnt sind, NEIN zu sagen, werden Sie das womöglich schwierig finden. Zählen Sie zu diesen Menschen, dann seien Sie zumindest dazu bereit, VIELLEICHT zu sagen. Vergessen Sie nie, dass Sie ein absolutes Wunder sind, dass Sie einzigartig sind, Talente besitzen, Erfahrungen und Möglichkeiten, die kein anderer jemals hatte oder jemals haben wird. Es ist Ihre eigene Verantwortung, Ihr volles Potenzial zu erreichen, nicht nur zu Ihrem eigenen Vorteil, sondern auch zum Vorteil für alle anderen.

3. LIEBEN SIE, WAS SIE TUN, UND TUN SIE, WAS SIE LIEBEN.

Irving Berlin war einer der produktivsten und erfolgreichsten Komponisten der amerikanischen Geschichte. Er schrieb Lieder wie „God Bless America", „Easter Parade" und „I'm Dreaming of a White Christmas", das bis heute ein Dauerbrenner in den Musikläden ist. In einem Interview fragte Don Freeman einst Berlin: „Gibt es eine Frage, die Ihnen noch nie jemand gestellt hat, aber die Sie schon immer gern einmal gestellt bekommen hätten?"

„Nun ja, eine gibt es", antwortete Berlin. „‚Was halten Sie von all den vielen Liedern, die keine Hits geworden sind?' Meine Antwort wäre, dass ich sie immer noch für ganz wundervolle Lieder halte."[15]

Erfolgreiche Persönlichkeiten – solche, die Ihren Traum sowohl sehen als auch in Besitz nehmen – lieben das, was sie tun. Und sie tun, was sie lieben. Sie lassen sich von ihrer Leidenschaft und ihren Talenten führen. Warum? Weil Talent, Berufung und Potenzial immer Hand in Hand gehen. Ich glaube nicht daran, dass Gott Fehler macht. Er erschafft nicht Menschen, die auf einem Gebiet sehr talentiert, aber an einem ganz anderen Bereich interessiert sind. Talent und Leidenschaft werden sich immer ergänzen, wenn wir den Mut haben, unserer Berufung zu folgen und Risiken einzugehen.

Po Bronson, Autor des Buches *What Should I Do with My Life?*, schreibt:

> „Ich bin davon überzeugt, dass zukünftiger beruflicher Erfolg immer mit der Frage beginnt: ‚Was soll ich mit meinem Leben anfangen?' Ja, das ist richtig … Menschen werden nicht erfolgreich, nur weil sie einer Trendbranche (ein Schlagwort: Internet) beitreten oder indem sie einer bestimmten Erfolgsformel folgen (erinnern Sie sich an: Tschaka!), sondern sie blühen auf, indem sie sich auf die Frage konzentrieren, wer sie wirklich sind – und dies mit einer Tätigkeit verbinden, die sie

wirklich lieben (und weil sie das tun, setzen sie eine Produktivität und Kreativität frei, die sie sich nie hätten vorstellen können).“[16]

Viele erfolgreiche Menschen zitieren Bronsons Aussage. Carly Fiorina, die frühere Vorstandsvorsitzende von Hewlett-Packard, rät: „Lieben Sie Ihre Tätigkeit oder lassen Sie es sein. Treffen Sie nie eine Entscheidung – ob beruflich oder privat – einfach, weil es anderen gefällt oder weil jemand diese für besonders klug hält. … Treffen Sie eine Entscheidung im Einklang mit Ihrem Herzen und Ihrem Verstand. Treffen Sie eine Entscheidung, weil SIE komplett damit übereinstimmen.“[17] Werden Sie nicht der Sklave eines Traumes, der jemand anderem gehört. Warum? Weil der Traum, sobald Sie ihn besitzen, auch Sie besitzt. Der Sklave des Traumes einer anderen Person zu sein, wäre ein Albtraum.

4. VERGLEICHEN SIE SICH SELBST (ODER IHREN TRAUM) NICHT MIT ANDEREN.

Alle, die ich kenne, möchten erfolgreich sein, aber nahezu jede Person definiert *Erfolg* anders. Wie definieren Sie Erfolg? Stimmen Sie mit *Websters* (ein Wörterbuch) überein, dessen Definition lautet: „… das Erreichen von Reichtum, Berühmtheit, Status etc.?“[18] Wenn Sie das genauso sehen – wie viel Reichtum ist dann genug, um als erfolgreich zu gelten? Wie viel Berühmtheit? Sollten Sie sich ein willkürliches Ziel setzen? Sollten Sie sich mit anderen vergleichen? Was wäre, wenn Sie sich selbst dem Ziel hingeben, Kinder zu Persönlichkeiten zu erziehen oder Wohltätigkeit Ihre Leidenschaft ist? Bedeutet das, dass Sie weniger Erfolg haben als andere, die sich einen Namen gemacht haben oder finanziell alles erreicht haben? Ich glaube nicht.

Erfolg bedeutet, sein Bestes zu geben mit dem, was man hat – egal, wo man im Leben startet. Sie sollten niemals eine andere Person die Anforderungen definieren lassen oder versuchen, den Traum eines anderen zu leben. Der Vergleich mit anderen bringt uns weder einen

Nutzen noch bringt er uns näher dahin, unseren eigenen Traum zu leben. Wenn wir uns dem Vergleichsspiel hingeben, dann sind wir wie Kühe auf der Weide, die einen Milchwagen mit der Aufschrift „Pasteurisiert, homogenisiert, standardisiert." vorbeifahren sehen. Eine Kuh sagt zur anderen: „Da bekommt man irgendwie Minderwertigkeitskomplexe, oder?"

Erfolg bedeutet, sein Bestes zu geben mit dem, was man hat – egal, wo man im Leben startet.

Joyce Meyer, eine Autorin und Freundin, behauptet weise: „Gott wird dir dabei helfen, dein volles Potenzial zu entfalten, aber er wird dir nie dabei helfen, jemand anderer zu sein." Wenn Sie sich zu sehr auf das konzentrieren, was Sie im Vergleich mit anderen *nicht* sind, werden Sie die Sicht darauf verlieren, wer Sie werden sollten. Jetzt, wo ich die 60 überschritten habe, kann ich Ihnen mit Sicherheit sagen, dass in der 18/40/60-Regel sehr viel Weisheit steckt. Wenn man 18 ist, macht man sich darüber Gedanken, was andere über einen denken. Wenn man 40 ist, ist es einem egal, was über einen gedacht wird. Wenn man 60 ist, realisiert man, dass sich überhaupt nie jemand Gedanken über einen gemacht hat!

5. GLAUBEN SIE AN IHRE ZUKUNFTSVISION, AUCH WENN ANDERE NICHT AN SIE GLAUBEN.

Sie sind kein Unfall! Sie sind aus einem bestimmten Grund hier. Ralph Waldo Emerson sagt: „Selbst-Vertrauen ist der erste Schlüssel zum Erfolg – der Glaube daran, dass man von den Gewalten des Universums an diesen Platz gestellt wurde und das aus einem bestimmten Grund oder mit einer Aufgabe, die nur man selbst erfüllen kann. Solange man daran arbeitet, geht es einem gut und man ist erfolgreich."

Obwohl Sie großes Potenzial und das Samenkorn Ihrer Berufung in sich tragen, werden die anderen Sie nicht unbedingt verstehen. Wie Arnold Schwarzenegger sehen Sie vielleicht das Bild, wie Ihre Zukunft aussehen könnte, aber andere sehen eine arrogante oder anmaßende Person. Lassen Sie sich davon nicht abbringen, Ihren Traum in Besitz zu nehmen und danach zu streben.

Die Journalistin Anna Quindlen, die im Jahr 1992 den Pulitzerpreis gewann, hatte einen Traum in ihrem Herzen und eine Zukunftsvision, die sie auf Wege führten, die andere nicht verstehen konnten. In einer Rede vor einer Klasse des Sarah Lawrence College im Jahr 2002 erklärte Quindlen: „Als ich bei der *New York Times* kündigte, um in Vollzeit Mutter zu sein, erklärte mich die Welt für verrückt. Als ich die Zeitung erneut verließ, um Romanschriftstellerin zu werden, erklärte man mich wieder als verrückt. Wenn Sie Erfolg jedoch nicht selbst definieren, wenn es nur für die Welt gut aussieht, aber sich in Ihrer Seele nicht gut anfühlt, dann ist das einfach kein Erfolg.“[19]

Wenn Sie Ihren Traum wirklich besitzen, dann werden das mehr als ein paar Leute unerhört finden. Nun behaupte ich nicht, dass Ihr Traum die Realität einfach ignorieren kann – darauf werde ich im Kapitel der Wirklichkeits-Frage weiter eingehen (Kapitel 3) –, aber ich sage: Sie werden sich ohne Zweifel einigen Pessimisten stellen müssen, um Ihren Traum zu erreichen. Und wenn jemand versucht, Ihnen Ihre Hoffnungen zu nehmen oder Ihren Fortschritt auf dem Weg zu leugnen, dann ist diese Person vielleicht nicht länger ein Freund.

> *„Wenn Sie Erfolg nicht selbst definieren, wenn es nur für die Welt gut aussieht, aber sich in Ihrer Seele nicht gut anfühlt, dann ist das einfach kein Erfolg.“*
>
> ANNA QUINDLEN

Jeder hat das Potenzial, weit über dem Durchschnitt zu leben. Wie Robert Kriegel und Louis Patler in ihrem Buch *If It Ain't Broke … Break It!* schreiben: „Wir haben keine Ahnung davon, wo das Limit der Menschen erreicht ist. All die Prüfungen, Stoppuhren und Ziellinien der Welt werden niemals das menschliche Potenzial ermitteln. Wenn Menschen ihrem Traum folgen, werden sie weit über sich selbst hinauswachsen. Das Potenzial in uns ist unbegrenzt und großteils unberührt … wenn Sie an Grenzen denken, erschaffen Sie diese selbst."[20]

ERGREIFEN SIE IHREN TRAUM!

Träume haben gewaltige Kraft. Mary Shelley, Autorin von *Frankenstein*, führte aus: „Meine Träume waren alle meine eigenen. Ich lieferte niemandem Rechenschaft darüber ab. Sie waren meine Zuflucht, wenn ich niedergeschlagen war – meine größte Freude, als ich frei war." Wenn Sie einen Traum haben und nicht versuchen, ihn zu leben, dann sollten Sie den Grund dafür zuallererst in sich selbst suchen. Entweder nähren Sie einen Traum, der nicht wirklich Ihr eigener ist, oder Sie nehmen den Traum nicht in Besitz.

Gott hat einen Traum in Sie hineingelegt. Es ist Ihr Traum, nicht der eines anderen. Er zeigt Ihre Einzigartigkeit. Er beinhaltet Ihr Potenzial. Nur Sie können ihn auf die Welt bringen. Nur Sie können ihn leben. Wenn Sie ihn nicht entdecken, keine Verantwortung dafür übernehmen und nicht danach handeln, hat das nicht nur einen negativen Effekt auf Ihr eigenes Leben, sondern auch auf das Leben all derer, die von Ihrem Traum profitieren würden.

Der Dichter John Greenleaf Whittier schrieb: „Von allen traurigen Worten in Wort und Schrift, sind die traurigsten diese: ‚Es hätte sein können.'" Wenn Sie am Ende Ihrer Zeit auf Ihr Leben zurückschauen, werden Sie dann sagen, dass Sie Ihr Leben voll ausgekostet haben, danach strebten, Ihre Berufung zu erfüllen und Ihren Traum zu realisieren? Oder werden Sie sich so fühlen, als ob Sie lediglich die Erwartungen Ihrer

Eltern, Ihres Partners oder Ihrer Freunde erfüllt haben? Was werden Sie mit dem Geschenk Ihres Lebens angefangen haben? Wenn Sie denken, dass diese Frage am Ende Ihres Lebens wichtig sein wird, dann sollte sie Ihnen heute wichtig sein! Der erste Schritt, um diese Frage beantworten zu können ist der, den eigenen Traum in Besitz zu nehmen und anzufangen, darauf zuzugehen.

KÖNNEN SIE DIE EIGENTUMS-FRAGE POSITIV BEANTWORTEN?

IST MEIN TRAUM WIRKLICH MEIN TRAUM?

Wenn Ihre Antwort auf die Eigentums-Frage kein klares „Ja" ist, dann sollten Sie zwei Dinge tun: (1) Beschäftigen Sie sich mehr mit sich selbst und Ihren Träumen und (2) entwickeln Sie genug Selbstvertrauen, um ihren Traum in Besitz zu nehmen. Um sich selbst besser zu verstehen, beantworten Sie folgende Fragen:

Was würde ich tun, wenn ich keine Einschränkungen hätte?
Was würde ich tun, wenn ich nur mehr fünf Jahre Lebenszeit hätte?
Was würde ich tun, wenn ich unbegrenzte Ressourcen hätte?
Was würde ich tun, wenn ich wüsste, dass es nicht schiefgehen könnte?

Sobald Sie diese Fragen sorgfältig und ehrlich beantwortet haben, verbringen Sie einige Zeit in Ruhe und Reflektion, um Ihren Traum besser zu verstehen. Wenn Sie glauben, Ihren Traum entdeckt zu haben, lassen Sie sich von Menschen, denen Sie vertrauen, bestätigen, dass er mit Ihren Talenten, Fähigkeiten und Ihrer Geschichte konform ist. Seien Sie achtsam! Wenn Sie von negativen Menschen umgeben sind, die Ihr Potenzial nicht sehen, sind diese vielleicht keine angemessenen Ratgeber in Bezug auf Ihre Fähigkeiten.

Wenn Selbstvertrauen Ihr Problem ist, folgen Sie dem Rat des Sprechers und früheren Gouverneurs des Bundesstaates Ohio, Les Brown, in seinem Buch *Live Your Dreams*.

Er schlägt vor, dass Sie sich fragen:

Was sind meine Begabungen?
Welche fünf Dinge mag ich an mir?
Für welche Personen bin ich etwas Besonderes?
An welche persönlichen Erfolgserlebnisse kann ich mich erinnern?

Er glaubt, dass die Antworten auf diese Fragen das Selbstwertgefühl einer Person steigern. „Finden Sie heraus, was sie wirklich möchten, und folgen Sie dem nach, als ob Ihr Leben davon abhängt“, erklärt Brown. „Warum? Weil es das wirklich tut!“

KAPITEL 2

Die Klarheits-Frage: *Sehe ich meinen Traum wirklich glasklar?*

Gib uns eine klare Vision, damit wir wissen,
wo und wofür wir stehen sollen.

PETER MARSHALL

Im Sommer 2007 begleiteten mich Mike Hyatt und einige andere Freunde nach Irland, um ein paar Tage Golf zu spielen. Mike ist schon im Verlagswesen tätig, seit er das College verlassen hat und hat fast alles in dieser Branche Mögliche bereits zu dem einen oder anderen Zeitpunkt getan. Er war Autor, Agent, Verleger und sogar Verlagsgründer. Mike ist ein außergewöhnlicher Leader. Heute ist er Vorstandsvorsitzender von Thomas Nelson, Inc.

Ich genieße es, Golf zu spielen. Obwohl ich nur durchschnittlich Golf spiele, liebe ich es, an wunderschönen Plätzen zu sein, und ich mag das Training. Ich glaube auch, dass man beim Golfspielen wunderbare Beziehungen aufbauen und Geschäftliches besprechen kann. An jenem frühen Morgen in Irland sprach ich mit Mike und zeigte ihm mein erstes Skript für das Buch *Ihr Traum auf dem Prüfstand*. Nachdem er es gelesen hatte, sagte er sofort: „John, du musst dem Buch noch ein Kapitel über die Wichtigkeit einer klaren Vision hinzufügen. Wenn du keine Klarheit hast, hast du nichts." Dann erzählte er mir eine Geschichte aus seinem Erfahrungsschatz.

DIE CHANCE SEINES LEBENS

Im Juli 2000 kündigte ganz plötzlich Mikes Chef bei Thomas Nelson. Zu dieser Zeit war Mike gerade stellvertretender Verleger von Nelson Books, dem Bereich für den Buchhandel, und ihm wurde angeboten, die Stelle seines früheren Chefs als Abteilungsleiter und Verleger zu übernehmen.

„Ich wusste, dass es unserer Abteilung schlecht ging", erklärte Mike, „aber ich hatte keine Ahnung, wie schlimm es wirklich um uns stand, bis ich der Verleger wurde. Ich atmete tief durch und begann damit, die Realität einzuschätzen." Folgendes fand Mike heraus:

- *Seine Abteilung war die am wenigsten profitable aller 14 Abteilungen der Firma.* Sie hatte im letzten Jahr sogar Verlust gemacht. Die Leute in den anderen Abteilungen tuschelten darüber, wie seine Abteilung die gesamte Firma negativ beeinflusste.
- *Der Umsatzzuwachs der Abteilung stagnierte seit drei Jahren.* Dazu kam, dass sie gerade ihren größten Einzelautor an einen Wettbewerber verloren hatten, was die zukünftige Wachstumsrate nicht unbedingt steigern würde.
- *Seine Abteilung setzte das Investitionskapital bei Thomas Nelson am wenigsten gewinnbringend ein.* Prozentual gesehen hatten sie die höchsten Ausgaben für den Warenbestand und den Vorschuss für Lizenzgebühren in der Firma, aber sie brachten den Aktionären nahezu keinen Gewinn.
- *Jeder Mitarbeiter in der Abteilung war überlastet.* Die Abteilung brachte mit zehn Mitarbeitern 125 neue Titel jährlich auf den Markt. Jeder war überarbeitet und die Qualität der Arbeit spiegelte diesen Zustand wider.

Mike sagte: „Die Lage hätte nicht schlimmer sein können. Trotzdem erkannte ich als neuer Abteilungsleiter, dass die Dinge für mich nicht hätten besser sein können. Mir bot sich eine großartige Karrierechance! Wenn es mir gelänge, die Abteilung wieder ins Lot zu bringen, wäre ich ein Held. Wenn es mir nicht gelänge, wäre das auch okay. Schließlich war die Abteilung eine Schande, als ich sie übernahm. Ich hatte also nichts zu verlieren."

Die meisten Geschäftsführer hätten unter diesen Umständen wohl sofort eine größere Strategiesitzung einberufen, um den Karren wieder aus dem Dreck zu ziehen, aber nicht Mike. Durch jahrelange Erfahrung hatte er gelernt, dass die Menschen ihr Potenzial vergeuden, wenn sie zu früh über das WIE nachdenken. Das würde ihre Fähigkeit, zu träumen, hemmen und sie darin blockieren, groß zu denken. Er wusste, dass der Erfolg eines Traumes von der Klarheit der Vision abhängt.

„Was du brauchst, ist eine Vision, die so groß ist, dass sie unwiderstehlich ist", erklärte Mike, „nicht nur für andere, sondern für dich. Wenn sie nicht unwiderstehlich ist, wirst du nicht die Motivation haben, auf Kurs zu bleiben und andere zur Mithilfe zu bewegen. Beide, sowohl die Vision als auch die Strategie, sind wichtig, aber die Prioritäten müssen stimmen. Zuerst kommt immer die Vision. Immer! Wenn du eine klare Vision hast, wirst du irgendwann auch die richtige Strategie anziehen. Wenn du keine klare Vision hast, wird dich keine Strategie retten können. Das habe ich immer und immer wieder sowohl im beruflichen als auch privaten Leben beobachtet."

> *„Wenn du eine klare Vision hast, wirst du irgendwann auch die richtige Strategie anziehen. Wenn du keine klare Vision hast, wird dich keine Strategie retten können."*
>
> MIKE HYATT

Was hat Mike nun getan, um ein klares Bild von dem zu bekommen, was er erreichen wollte?

„Als Erstes zog ich mich für eine persönliche Klausurtagung zurück", sagte Mike. „Ich hatte ein einziges Ziel. Ich wollte mir meiner Vision glasklar bewusst werden. Was wollte ich, dass passierte? Wie sollte die Abteilung in drei Jahren aussehen? Ich machte mir keine Gedanken über die Strategie, ich war nur mit der Vision beschäftigt. Wenn ich erst an die Strategie gedacht hätte und nicht an die Vision, dann hätte ich gesagt: ‚Nun, ich kann keinen Weg erkennen, wie wir viel erreichen können. Die Situation ist aussichtslos. Wir haben nur wenige Ressourcen, mit denen wir arbeiten können. Lasst uns einfach nur versuchen, in diesem Jahr kostendeckend zu arbeiten. Vielleicht können wir unsere benötigten Betriebsmittel etwas senken, indem wir einige veraltete Lagerbestände verkaufen. Vielleicht können wir einige neue Autoren gewinnen und dadurch die Einkünfte steigern.‘

Denkst du, dass man damit irgendjemanden begeistern kann? Hätte diese Vision die richtigen Autoren angezogen? Hätte sie die richtigen Mitarbeiter bei der Stange gehalten? Hätte sie zusätzliche Kooperationsmöglichkeiten schaffen können? Ich denke nicht. Das Problem ist, dass die Menschen oft im WIE steckenbleiben. Sie sehen nicht, wie sie mehr erreichen können, also schrauben sie ihre Vision zurück, überzeugt davon, dass sie realistisch sein müssten – und was sie erwarten, wird auch ihre neue Realität werden."

Mike war sehr weise. Man muss erst die Zielscheibe identifizieren, bevor man versucht, diese zu treffen. Man muss zuerst wissen, wie eine Landschaft aussieht, um anderen ein Bild davon malen zu können. Man muss einen Traum erst glasklar sehen, bevor man versuchen kann, ihn zu erreichen. Wenn Sie Ihren Traum nicht klar sehen – oder wenn Sie sich in realen oder eingebildeten Grenzen verstricken –, limitieren Sie sich selbst. Wenn Sie schon träumen, können Sie genauso gut groß träumen. Und genau das hat Mike getan. Während seiner Auszeit arbeitete er an seiner Vision – etwas, das er begeisternd und bewegend fand. Wenn er selbst nicht völlig davon angesteckt sein würde, dann würde es auch niemand anderer in seiner Abteilung sein. Er gab sich selbst die Erlaubnis, sich die perfekte Zukunft vorzustellen. Dann schrieb er ein klares Bild seines Traumes nieder. Folgendes hat er geschrieben:

Zukunftsvision

Nelson Books ist der weltweit größte und bekannteste Verleger inspirativer Bücher.

1. Wir arbeiten mit zehn Autoren zusammen, deren neue Bücher innerhalb der ersten zwölf Monate eine Auflage von 100.000 verkauften Exemplaren erreichen.
2. Wir arbeiten mit zehn aufsteigenden Autoren zusammen, deren neue Bücher eine Auflage von 50.000 verkauften Exemplaren in den ersten zwölf Monaten erreichen.
3. Wir bringen jedes Jahr 60 neue Titel heraus.
4. Autoren empfehlen uns an andere Autoren, da sie so begeistert davon sind, mit uns zusammenzuarbeiten.
5. Die besten Agenturen bringen uns automatisch mit ihren besten Autoren und Angeboten zusammen, da unser Ruf Erfolg verspricht.
6. Mindestens vier unserer veröffentlichten Bücher erreichen die New York Times Bestsellerliste.
7. Von unseren Büchern stehen ständig mehr auf der christlichen Bestsellerliste als von unseren Mitbewerbern.
8. Wir erhöhen beständig unser Einkommen und unseren Bruttogewinn.
9. Unsere Mitarbeiter erhalten regelmäßig eine Gehaltserhöhung.

10. Wir sind die am schnellsten wachsende und profitabelste Abteilung in unserer Firma.

Mikes Bild von der Zukunft war höchst präzise. Das ist der Schlüssel, wie man Klarheit in einen Traum bringt!

Als Mike ins Büro zurückkehrte, berief er ein Meeting aller Mitarbeiter ein. Als Erstes beschrieb er die aktuelle Situation; dabei war er 100 %ig ehrlich und redete nichts schön. Dann teilte er seinen Traum mit ihnen und beschrieb ihn so detailliert wie möglich. Da seine Vision so klar war, konnten seine Mitarbeiter sie auch erfassen, und da sie absolut begeisternd und ansteckend war, fingen viele für die Vision schnell Feuer. Er konnte ihre Begeisterung spüren, die meisten waren sofort dabei.

Aber einfach nur alle mit einer Vision in Brand zu stecken, war nicht genug. Mike wusste, dass er die Vision in seinen Gedanken ständig präsent halten musste, deshalb las er sich täglich die Zukunftsvision durch. Er dachte ständig darüber nach. Er betete dafür und er träumte davon. Mike sagte: „Ich konzentrierte mich die meiste Zeit – ca. 90 % zu 10 % – viel mehr auf das WAS als auf das WIE."

Mike erwartete, dass die Wandlung seiner Abteilung mindestens drei Jahre in Anspruch nehmen würde. Aber erstaunlicherweise gelang ihm und seinem Team die 180-Grad-Wendung in gerade einmal 18 Monaten. Zu diesem Zeitpunkt hatten sie beinahe alle Aspekte der Vision übertroffen.

„All dies passierte nicht, weil wir eine großartige Strategie entwickelt hatten", erklärte Mike. „Es geschah, weil wir eine klare Vision von dem hatten, was wir erreichen wollten. So haben wir begonnen und genauso wirst auch du beginnen müssen, wenn du eine andere Realität als die, die du gerade hast, erleben möchtest. Dir muss absolut klar sein, was du willst."

Seit 2002 ist Nelson Books beständig die am schnellsten wachsende Abteilung bei Thomas Nelson, Inc. Sie beheimatet die erfolgreichsten Autoren der Firma und produziert einen Bestseller nach dem anderen.

Das war kein Zufall. Und es war auch kein Zufall, dass Mike vom Abteilungsleiter zum Vorstandsvorsitzenden der gesamten Organisation befördert wurde. Heute ist Thomas Nelson weltweit der größte Verleger inspirativer Medien und der sechstgrößte Verlag in den USA. Thomas Nelson ist weiterhin höchst erfolgreich, selbst wenn andere Firmen der Branche mit schwierigen Zeiten zu kämpfen haben. Warum? Weil der Traum, den Mike und die Mitarbeiter von Thomas Nelson für ihre Firma haben, glasklar ist!

HABEN SIE IHREN TRAUM FOKUSSIERT?

Sehen Sie Ihren Traum ganz klar? Ein klarer und begeisternder Traum hat schon viele strauchelnde Organisationen gerettet. Träume haben schon vielen Leben Bedeutung und Sinn gegeben. Alles, was Mike über klare Träume sagte, fand tief in mir Zustimmung. Jedes Mal, wenn ich in meinem Leben etwas Großartiges erreicht habe, war der Traum, den ich zuvor hatte, sehr klar. Ich wusste, wonach ich strebte.

Wenn Sie einen Traum realisieren möchten, wird Ihnen das nur gelingen, wenn Sie ihn ganz klar sehen. Die meisten Menschen können das nicht. Ihr Traum bleibt ein Traum – etwas Verschwommenes und Unpräzises. Das Ergebnis ist: Sie werden ihn nie erreichen.

Einem unklaren Traum nachzulaufen ist, als ob man Westernfilme liebt und einfach zu einer Reise in den Westen der USA aufbricht und darauf hofft, vielleicht auf etwas Interessantes zu stoßen, nur weil man in diese Richtung fährt. Stattdessen müsste die Person diese vage Vorstellung in Details umwandeln und Folgendes sagen: „Ich möchte das Nationale Cowboy- und Westernmuseum in Oklahoma City besuchen und dann nach Arizona reisen, um das O. K. Corral in Tombstone zu besichtigen. Außerdem will ich in Old Tucson vorbeischauen und den Drehort von *Rio Bravo*, meinem Lieblingswestern, sehen und schließlich dem Monument Valley einen Besuch abstatten, wo Filme wie *Stagecoach* und *Spiel mir das Lied vom Tod* verfilmt wurden." Das kann man umsetzen!

Wenn Sie Ihren Traum erreichen möchten, müssen Sie sich darauf fokussieren, und wenn Sie darauf zuarbeiten, sollten sie ein paar Dinge beherzigen:

1. EIN KLARER TRAUM LÄSST EINE EINFACHE IDEE SEHR PRÄZISE WERDEN.

Wenn ich jemanden bitte, seinen Traum zu beschreiben, erlebe ich oft, wie mein Gegenüber zu stottern und zu stammeln beginnt, um eine vage Vorstellung in Worte zu fassen, die zwar gehegt, aber niemals gepflegt wurde. Ein Traum, der nicht klar ist, wird Sie nirgends hinbringen.

Was wollen Sie erreichen? Was möchten Sie erleben? Welchen Beitrag möchten Sie leisten? Was möchten Sie *sein*? Mit anderen Worten: Wie sieht Erfolg für *Sie* aus? Wenn Sie das nicht definieren, wird es Ihnen nicht möglich sein, es zu erreichen.

Das klingt jetzt sehr einfach, aber der häufigste Grund, warum die meisten Menschen nicht das *bekommen*, was sie möchten, ist, dass sie nicht *wissen*, was sie möchten. Sie haben ihren Traum nicht mit klaren und begeisternden Details definiert. So wie der Schauspieler und Autor, Ben Stein, behauptet: „Der unverzichtbare erste Schritt, um im Leben das zu bekommen, was man möchte, ist: Entscheide dich, was du möchtest."

> *„Der unverzichtbare erste Schritt um im Leben das zu bekommen was man möchte ist: Entscheide dich, was du möchtest."*
>
> BEN STEIN

Sich zu entscheiden, was man möchte, erfordert Präzision und Messbarkeit der Ziele. Sehen Sie sich folgende Beispiele an, dann erkennen Sie, wie vage Vorstellungen eine klarere Form annehmen:

Einfache Idee

Ich möchte abnehmen.
Ich sollte meine Angestellten besser behandeln.
Ich möchte schuldenfrei werden.
Ich würde gerne eine Sprache lernen.
Ich sollte meine Kondition verbessern.
Ich muss an meinen Führungsfähigkeiten arbeiten.

Klares Ziel

Ich werde am 1. Juni 84 Kilo wiegen.
Ich werde jeden Montag beim Mitarbeitermeeting einer Person meine Anerkennung zeigen.
Ich werde bis zum 31. Dezember alle Kreditkartenschulden begleichen.
Ich werde in diesem Jahr jeden Tag eine Stunde Chinesisch lernen.
Ich werde jeden Tag eine Stunde schwimmen.
Ich werde jeden Monat ein Buch zum Thema Leadership lesen.

Ein Traum muss nicht kurzlebig sein. Selbst ein kühner Traum kann konkret sein. Anfang der 60er-Jahre machte Präsident John F. Kennedy einen großen Traum konkret, indem er sagte: „Diese Nation sollte sich dem Ziel verpflichten, noch vor Ende dieses Jahrzehnts, einen Menschen auf den Mond zu schicken." Albert Siepert, der frühere stellvertretende Direktor der Abteilung *Zukunftsprojekte* am Kennedy Space Center, sagte: „Der Grund, warum die NASA erfolgreich war, liegt darin, dass die NASA ein klares Ziel hatte und dieses Ziel auch deutlich machte." Wenn Sie damit beginnen, sich über Ihr Potenzial und die Möglichkeiten Ihrer Zukunft Gedanken zu machen, sollten Sie das ohne Hemmungen tun und groß denken. Aber wenn es Zeit wird, Ihren Traum in die Tat umzusetzen, müssen Sie ganz präzise werden.

Präzise zu sein, bedeutet nicht unbedingt, dass Sie jedes Detail ausgeplant haben müssen, bevor Sie damit beginnen, sich in Bewegung zu setzen. Das wäre ein Fehler. Die Basisvorstellung muss klar sein. Der Rest wird sich zeigen, wenn Sie darauf zugehen. Sie werden Kurskorrekturen vornehmen, während Sie sich bewegen, aber Sie sollten versuchen, so präzise wie möglich zu sein, wenn es um Ihren großen Traum geht.

Schon seit Jahren ermutige ich Führungspersönlichkeiten dazu, ihren Mitarbeitern Nutzen zu stiften, sie zu ermutigen und zu motivieren, um ihnen zu helfen, erfolgreich zu werden. Den Menschen Nutzen zu stiften – sie zu inspirieren und ihnen durch meine eigenen Erfahrungen weiterzuhelfen – ist ein natürliches Talent von mir. Für viele Menschen ist dies jedoch nicht so und ich beobachte, dass einige damit zu kämpfen haben. Da ich Menschen in genau diesem Bereich helfen wollte, erkannte ich, dass ich ganz präzise an diesen Bereich herangehen musste und darüber schreiben sollte. Das Resultat war ein Buch, das ich gemeinsam mit Les Parrott geschrieben habe. Der Titel lautet: *25 Ways to Win with People: How to Make Others Feel Like a Million Bucks*. Es zeigt Wege auf, wie ich anderen Menschen von Nutzen sein kann. Nun ermutige ich die Menschen nicht einfach nur dazu, anderen einen Nutzen zu stiften, sondern habe ihnen auch dabei geholfen, dies umzusetzen.

2. EIN KLARER TRAUM WIRD NICHT OHNE ANSTRENGUNG KLAR.

Wir können ohne jegliche Anstrengung unsere Gedanken dahinschweifen lassen und träumen. Doch es bedarf *großer* Anstrengung, unsere Gedanken mit der Aufgabe zu beschäftigen, einen klaren und begeisternden Traum zu entwickeln. Mike Hyatt erzählte, dass er sich einen ruhigen Ort suchte und nur einen Stift und sein Notizbuch mitnahm, als er seine Auszeit nahm, um eine klare Vision für seine Abteilung zu entwickeln. Er begann diesen Prozess, indem er die aktuelle Realität, der er gegenüberstand, niederschrieb. Er war sehr ehrlich mit sich selbst und schrieb alles auf, was er nicht mochte. Erst dann erklärte er in allen Details, wie er sich die Ereignisse in der Zukunft vorstellte - nicht nur die einfache Vorstellung des Traumes oder der Verbesserung -, er schrieb sogar in der Präsensform, um den Traum konkreter und glaubhafter zu machen.

Machen Sie sich die Mühe, Klarheit in Ihren Traum zu bringen, indem Sie Ihre eigenen Werkzeuge und Methoden nutzen. Wenn Sie wie Mike sind, dann suchen Sie sich einen ruhigen Ort und nehmen nur Stift und Papier mit. Im Gegensatz dazu benötige ich immer ein wenig Starthilfe, um meine Gedanken in die richtige Richtung zu lenken. Vielleicht hilft Ihnen das ja auch. Hier sind ein paar grundsätzliche Dinge, die ich gebrauche, um Klarheit in meinen Traum zu bringen:

> *Fragen.* Für mich beginnt der gesamte Prozess mit Fragen, die ich mir selbst stellen muss. Der Traum entspringt immer im Inneren des Träumers, aus seinen oder ihren Erfahrungen, Umständen, Talenten und Möglichkeiten. Ich frage deshalb:
>
> > Was fühle ich? – Was sagen mir meine Emotionen?
> > Was nehme ich wahr? – Was sagt mir meine Intuition?
> > Was sehe ich? – Was geschieht um mich herum?
> > Was höre ich? – Was sagen die anderen?
> > Was denke ich? – Was sagen mein Intellekt und mein Hausverstand?

Wenn ich eine gute Wahrnehmung davon habe, wo ich stehe, was ich weiß und wer ich bin, dann bin ich auf einem guten Weg, meinen Traum klarer werden zu lassen.

> *Hilfsmittel.* Ich versuche selten, in einem Vakuum zu denken, etwas zu kreieren oder zu träumen. Ich glaube fest daran, dass Hilfsmittel mir helfen. Manchmal bedeutet das, ein Buch zu

lesen, einen Vortrag auf CD zu hören, einen Film anzusehen oder Zitate zu studieren. Es kann auch bedeuten, ein Foto oder ein Objekt zu betrachten, um mich zum Träumen anzuregen. Schon öfter habe ich ein Foto für einige Zeit auf meinen Schreibtisch gestellt. Das hat mir geholfen, meinen Traum klar zu sehen.

Erfahrungen. Vor Jahren hatte ich den Traum, eine große Kirchengemeinde in Amerika aufzubauen. Ich bekräftigte und verdeutlichte diese Vision, indem ich zu Kirchen im ganzen Land reiste, die bereits einen positiven Nutzen für ihre Umgebung geschaffen hatten. Ich besuchte sogar historische Orte und den Heimatort eines meiner Vorbilder, um mich zu inspirieren. Diese Erfahrungen halfen mir, größer zu träumen – mit mehr Klarheit.

Menschen. Wenn ich träume, dann denke ich an Menschen, die bereits das erreicht haben, was ich erreichen möchte. Drei Jahre lang traf ich mich mit Leadern, die schon genau das taten, wovon ich träumte, um daraus Erkenntnisse zu gewinnen. Diese Begegnungen gaben mir Zuversicht, inspirierten mich, größer zu träumen, und schärften das Bild meines Traumes. Menschen zuzuhören, die über die Details ihrer eigenen Reise sprechen, kann sehr hilfreich sein, um die Details des eigenen Traumes zu entdecken.

Wenn Sie bereits einen Weg gefunden haben, Klarheit in Ihren Traum zu bringen – nutzen Sie diesen. Wenn Sie noch keinen gefunden haben, versuchen Sie einmal meinen oder versuchen Sie Mike Hyatts Art. Wie auch immer Sie die Aufgabe angehen, behalten Sie eines im Kopf: Gewöhnlich ist es ein Prozess. Es mag sein, dass man ein Bild seines Traumes plötzlich – wie in einer Art Erleuchtung – erhält, aber für die allermeisten Menschen funktioniert es nicht so. Die meisten Menschen müssen beständig daran arbeiten, ihn verdeutlichen, neu entwerfen. Wenn der Prozess schwierig erscheint, ist dies noch lange kein Grund, aufzugeben. Glauben Sie mir, sollte es *zu* einfach sein, dann träumen Sie vielleicht nicht groß genug. Arbeiten Sie einfach weiter daran, denn ein klarer Traum ist es wert, dafür zu kämpfen.

3. EIN KLARER TRAUM BESTÄTIGT IHRE BESTIMMUNG.

Wenn Sie die Eigentums-Frage beantwortet haben, um sich zu bestätigen, dass Ihr Traum wirklich Ihr Traum ist, dann wird die Anstrengung, Ihren Traum zu verdeutlichen, die bereits geleistete Arbeit bekräftigen. Wenn Sie Ihren Traum fokussieren, sollte sich dadurch das Gefühl verstärken, dass Sie in die richtige Richtung unterwegs sind und auf Ihre Berufung zugehen.

In meinem Leben hat sich das stets bewahrheitet. Bei jeder Anstrengung, meinen Traum klarer werden zu lassen, habe ich bemerkt, dass ich meine Bestimmung am deutlichsten erkennen konnte, je klarer ich meinen Traum erfassen konnte. Ich glaube, dass das so ist, weil der Traum jeder Person eng mit ihrer Bestimmung verbunden ist. Gott hat uns so geschaffen, dass wir das tun *wollen*, wozu wir am meisten fähig sind. Genau deshalb spürte ich, wie mein Herz zu hüpfen begann, als ich all die Kirchengemeinden besuchte, die wirklich viel für die Menschen in ihrer Umgebung taten. Als ich die Leiter dieser Kirchengemeinden interviewte, spürte ich, dass ich auch einer von ihnen werden konnte. Ich gab dem Feuer meiner Vorstellungskraft Nahrung, was meinen Traum noch größer machte und bestätigte, dass ich auf dem richtigen Weg war. Ich konnte das Bild meines Traumes sehen und ich konnte mich selbst in diesem Bild erkennen!

Bei jeder Anstrengung, meinen Traum klarer werden zu lassen, habe ich bemerkt, dass ich meine Bestimmung am deutlichsten erkennen konnte, je klarer ich meinen Traum erfassen konnte.

Wenn Ihr Traum und Ihre Bestimmung übereinstimmen, dann wissen Sie das. Das erfuhr auch Steven Spielberg. Als er noch in der High School war, träumte er davon, Regisseur zu werden. „Ich möchte Regisseur werden", erzählte er seinem Vater Arnold.

„Nun", begann sein Vater, „wenn du Regisseur werden möchtest, musst du ganz unten anfangen. Zuerst wirst du der Handlanger sein und dich dann nach oben arbeiten."

„Nein, Vater", entgegnete der junge Spielberg, „den ersten Film, den ich drehen werde, werde ich als Regisseur drehen." Und genau das hat er getan.

„Es sprengte all meine Vorstellungskraft", sagte sein Vater. „Das erfordert Mut." Arnold Spielberg war so angetan von der Ambition und dem Selbstvertrauen seines Sohnes, dass er Stevens ersten Film, *Firelight*, einen Science-Fiction-Thriller, der zum allerersten Mal in einem kleinen Kino in Phoenix, Arizona, gezeigt wurde, finanzierte. Während der Dreharbeiten erklärte der junge Spielberg den Mitwirkenden immer wieder: „Ich möchte der Cecil B. DeMille der Science-Fiction werden."[1] Das ist keine schlechte Beschreibung für das, was er wirklich wurde. Er produzierte und drehte Filme wie *Jurassic Park*, *Men in Black*, *Transformers*, *ET*, *Minority Report*, *Zurück in die Zukunft*, *Gremlins*, *Unheimliche Begegnung der dritten Art* und einige weitere Science-Fiction-Abenteuer. Spielberg sah seinen Traum glasklar und die Kraft dieser Klarheit half ihm dabei, ihn zu realisieren.

Wenn Sie Ihren Traum auf den Prüfstand stellen und danach streben, Klarheit hineinzubringen, dann wird das Ihr Leben verändern, wenn

Ihr Traum mit Ihrer Bestimmung einhergeht. Warum? Weil dadurch zum Vorschein kommt, warum Sie hier auf dieser Erde sind. Wenn Sie diese Übereinstimmung und die Bekräftigung Ihrer Bestimmung nicht erkennen können, dann müssen Sie vielleicht noch einmal zur Eigentums-Frage zurückkehren und sicherstellen, dass Ihr Traum wirklich Ihr Traum ist.

4. EIN KLARER TRAUM DEFINIERT IHRE PRIORITÄTEN.

Der Film *Die Brücke am Kwai* erhielt 1957 den Oscar für den besten Film und viele halten ihn für den besten Film, der jemals gedreht wurde. Die Hauptperson, Colonel Nicholson, der von Alec Guinness (der den Oscar als bester Schauspieler im selben Jahr bekam) gespielt wurde, ist ein perfektes Beispiel für falsch gesetzte Prioritäten. Nicholson ist ein angesehener Mann und tapferer Leader, der im Zweiten Weltkrieg von den Japanern gefangen genommen wird und sich plötzlich als ranghöchster Offizier in einem Gefangenlager in Burma wiederfindet. Die Japaner wollen ihn dazu zwingen, seine Mitgefangenen beim Bau einer Eisenbahnbrücke zu führen. Zu Beginn widersteht Nicholson heldenhaft, doch mit der Zeit wird er weich und beginnt das Bauprojekt. Schließlich ist er so stolz auf die Leistung, die seine Männer durch den Bau der Brücke vollbringen, dass er sein wahres Ziel – die Japaner zu bekämpfen und den Krieg zu gewinnen – aus den Augen verliert.

Am Ende des Filmes gibt es sogar einen Moment, in dem Nicholson beginnt, die Brücke vor dem Angriff eines verbündeten Offiziers zu beschützen, der sie sprengen möchte. Während seines letzten Atemzugs jedoch werden seine Gedanken klar und er sagt: „Was habe ich getan?" Daraufhin zündet er mit letzter Kraft den Sprengsatz und zerstört die Brücke.

Es ist leicht, sich so sehr vom Alltag gefangen nehmen zu lassen, dass man die Sicht auf das große Bild verliert. Aber wenn Sie Ihren Traum klar sehen, hilft es Ihnen auch, Ihre Prioritäten richtig zu setzen.

Obwohl ich dies seit Jahren lehre, gibt es Zeiten, in denen auch ich daran erinnert werden muss. Zum Beispiel im Dezember 2007, als ich mit Schwindelgefühlen ins Krankenhaus eingeliefert wurde. Nach zwei Tagen andauernder Untersuchungen war klar, dass ich unter Herzrhythmusstörungen litt.

Dr. Crandall, mein Kardiologe, besuchte mich im Krankenzimmer und sprach mit mir über meine Gesundheit. Ich wusste schon, was er mir sagen würde. Ich hatte schon seit einiger Zeit auf meine Ernährung geachtet. Deshalb bemühte ich mich, ihm zu zeigen, dass ich schon wusste, was nun kommen würde, und sagte: „Dr. Crandall, ich weiß, dass ich etwas auf mein Gewicht achten muss."

„Nein, Sie müssen nicht auf Ihr Gewicht achten", antwortete er zu meiner Überraschung. Einen Moment lang hatte ich Hoffnung. „Sie müssen *abnehmen*! John, Sie sind zu dick! Erst wenn Sie einiges an Gewicht verloren haben, *dann* können Sie auf Ihr Gewicht achten!" Während unseres 15-minütigen Gesprächs erzählte er mir nicht nur einmal, sondern ein Dutzend Mal, dass ich zu dick war. Er stellte sicher, dass ich auch wirklich *Klarheit* über meine Selbsteinschätzung gewann.

Nachdem ich nun mein Problem und den Traum, meine Gesundheit zu behalten, um noch lange Zeit mit meiner Familie verbringen zu können, fokussiert hatte, wurden auch meine Prioritäten klar. Ich würde tun, was nötig war, um ein gesundes Gewicht zu erreichen. Das bedeutete, meine Prioritäten zu ändern und neue Gewohnheiten zu entwickeln, die meine zukünftigen Handlungen bestimmen würden. Bis auf Weiteres würde ich nicht mehr als 1.600 Kalorien pro Tag zu mir nehmen und jeden Tag mindestens eine Stunde sportlich aktiv sein. Wenn ich meinen Traum von einem langen, gesunden Leben wirklich erreichen wollte, würde ich meine Lebensgewohnheiten an diesen Prioritäten ausrichten müssen.

Niemand kann alles haben. Wir lieben zwar diesen Gedanken, aber wir können es nicht. Wenn Sie Ihren Traum klar sehen – und wenn Sie sich diesen ständig präsent halten –, dann wird Ihnen das dabei helfen, zu verstehen, was Sie opfern müssen und wozu Sie sich selbst verpflichten müssen, um vorwärtszukommen.

Nur ein klares Bild davon, wer Sie sind und wo Sie hin möchten, kann Ihnen dabei helfen, dem, was dazu nötig ist, die richtige Priorität zu geben. Wir alle treffen Entscheidungen. Die Frage ist: Treffen Sie Entscheidungen, die Sie Ihrem Traum näher oder weiter davon weg bringen? Wenn Sie nicht genau wissen, was Ihr Traum ist, dann werden Sie auch nicht dazu imstande sein, die richtigen Entscheidungen zu treffen. Die Klarheit der Vision schafft auch Klarheit über die Prioritäten.

Die Klarheit der Vision schafft auch Klarheit über die Prioritäten.

5. EIN KLARER TRAUM IST WEGWEISER UND MOTIVATION FÜR DAS GANZE TEAM.

Ihr großer Traum wird zweifelsohne die Beteiligung anderer Menschen erfordern. Und wenn Sie Teil einer Gruppe mit Zielen und einer Vision sind, dann müssen Sie mit anderen zusammenarbeiten, um diese zu erreichen. Egal, wie Ihre Situation aussieht, Sie werden dazu fähig sein müssen, mit einem Team zusammenzuarbeiten. Das wiederum kann nur effektiv umgesetzt werden, wenn Sie ein klares Bild davon haben, was Sie erreichen möchten.

Jim Tunney, Autor und Schiedsrichter bei der NFL (National Football League), behauptet, dass viele Unternehmen das nicht erreichen, wonach sie streben, weil sie ihre Ziele nicht klar definieren. „Wenn Mitarbeiter die Unternehmensziele und den Plan nicht verstehen", fügt er hinzu,

„dann werden diese Ziele nicht erreicht." Er fährt fort und erklärt, dass es beim Football niemals Unklarheit gibt. „Hier sind die Ziele immer klar definiert", stellt Tunney fest. „Am Ende des Spielfeldes befindet sich die Torlinie. Warum nennen wir sie Torlinie? Weil das angreifende Team nur eine einzige Bestimmung hat: den Ball über diese Linie zu bringen. Jeder hat eine spezifische Aufgabe – der Quarterback, der Fänger, jeder Mann an der Linie –, jeder Spieler kennt seinen Auftrag ganz genau. Sogar das Team des Verteidigers hat seine Ziele – das angreifende Team davon abzuhalten, sein Ziel zu erreichen."

Der Pastor, Schriftsteller und Redakteur Ed Rowelll sagt: „Ein Traum ist die Vorstellung von einer besseren Zukunft – man braucht einen Architekten, der anderen zeigt, wie er Realität wird." Wenn Sie ein Leader sind, dann müssen Sie ein Architekt sein. Sie müssen den Traum erkennen und ein Bild davon malen können, nicht nur zu Ihrem eigenen Nutzen, sondern auch zum Vorteil anderer.

Ich war einmal in Dallas mit dem Architekten John Fleming zum Abendessen verabredet. Er erzählte mir: „Wenn man Architekt ist, kann man nicht mit dem Bau anfangen, bevor man das Projekt nicht bereits fertiggestellt hat." Mit dieser Aussage wollte er sagen, dass man als Visionär – als Leader – den Ausgang bereits kennen muss, bevor man anfängt, sein Team zu führen. Man muss ihn sehen können. Wenn man ihn nicht sieht, wird auch das Team niemals imstande sein, die Vision umzusetzen.

Als Leader und Mentor im Bereich Leadership denke ich ständig darüber nach, wie man eine „Vision" an andere weitergeben kann. Wenn Leader ein schwammiges Bild zeichnen, dann werden die Menschen ebenfalls nur auf schwammige Art und Weise folgen. Das Fehlen von Klarheit blockiert die Initiative, hemmt die Ausdauer und untergräbt die Nachhaltigkeit. Nachfolger geben niemals ihr Bestes für etwas, das sie nicht verstehen. Menschen bleiben nicht auf Kurs für etwas, das sie nicht sehen können. Niemand wird durch etwas motiviert, das er nur irgendwie oder vielleicht glaubt.

> *Nachfolger geben niemals ihr Bestes für etwas, das sie nicht verstehen. Menschen bleiben nicht auf Kurs für etwas, das sie nicht sehen können. Niemand wird durch etwas motiviert, das er nur irgendwie oder vielleicht glaubt.*

Folgende Geschichte liebe ich: Ein Trainer kommunizierte das Ziel für seine Läufer vor dem Rennen. Gerade bevor der Countdown begann, sagte er jedes Mal: „Halte dich links und komm so schnell wie möglich hierher zurück." Klarer als das, kann man es nicht in Worte fassen!

Immer wenn ein Team, eine Abteilung oder ein Unternehmen nicht ein gemeinsames, klares Bild davon vor Augen hat, was erreicht werden soll, wird es zwangsläufig vom Weg abkommen. Ich erkannte diese Wahrheit, als ich 1981 Pastor der Skyline-Wesleyan-Kirchengemeinde wurde. Obwohl die Mitgliederzahl in der Vergangenheit stets gewachsen war, stagnierte sie nun seit Jahren. Ich erkannte schnell, dass es im Bereich Leadership keine gemeinsame Richtung gab. Ich folgte meinem Instinkt und bat alle Vorstandsmitglieder, die Bestimmung dieser Gemeinde auf ein Kärtchen zu schreiben. Meine Vermutung bestätigte sich, als ich die Karten las und feststellte, dass die 17 Mitglieder 15 verschiedene Antworten aufgeschrieben hatten.

Die Aktionen der Kirchengemeinde hatten keinen Fokus und die Richtung war unklar. Warum? Die Leader der Organisation hatten keinen gemeinsamen Traum. Kein Wunder, dass es ihnen nicht gelang, zu wachsen. Die folgenden sechs Monate beschäftigten wir uns intensiv mit unseren Grundwerten und unserer gemeinsamen Vision. Als der Traum für unsere Kirchengemeinde immer klarer wurde, nahm die Energie des Leitungsteams wieder zu. Die neu fokussierten und motivierten Leiter gaben diese Qualitäten an den Rest der Kirchengemeinde weiter. Am Ende gelang es der Kirchengemeinde, Ihre Mitgliederzahlen innerhalb der nächsten zehn Jahre zu verdreifachen und einen positiven Einfluss auf den gesamten Stadtteil auszuüben – das war unser gemeinsamer Traum.

SIE MÜSSEN IHR ZIEL SEHEN, UM ES ZU ERREICHEN.

Die meisten Menschen lassen sich durchs Leben treiben. Sie haben keinen klaren Traum, kein klares Bild davon, wo sie ankommen möchten. Selbst wenn sich ihnen eine großartige Gelegenheit bietet, haben sie nicht die Fähigkeit, diese zu erkennen und einen Traum darauf zu bauen.

Im Jahr 1866 entdeckte ein Hobbygeologe, wie einige südafrikanische Kinder mit einem glitzernden Felsklumpen spielten. Listig fragte er die Mutter der Kinder, ob er diesen erwerben könne. Sie erklärte ihm, dass er sowieso nichts wert sei und gab ihm den Felsklumpen. Später, als er den Stein näher untersuchte, bestätigte sich seine Vorahnung: Es war ein Diamant. Er schätzte seine Masse auf etwa 21 Karat.[2]

Als andere davon erfuhren und von ähnlichen Entdeckungen hörten, wurde der schottische Mineraloge James Gregory ausgesandt, um der Sache auf den Grund zu gehen. Er berichtete, dass in Südafrika keine natürlichen Diamantenvorkommen existierten. Er mutmaßte, dass die früheren Funde dadurch zu erklären waren, dass Strauße die Edelsteine in entfernten Ländern gefressen und über ihren Dung in Südafrika ausgeschieden hatten.

Einige Tage, nachdem Gregorys Bericht veröffentlich worden war, wurde in der Gegend, die er besucht hatte, ein 83 Karat großer Diamant gefunden. Dieser ist heute als „Stern von Afrika“ bekannt und führte zur Entstehung der ersten Diamantmine. Und was wurde aus Gregory? Sein Name lebt weiter, aber nicht so, wie er sich es gewünscht hätte. In der Diamantenindustrie wird derjenige, der schlechtes Urteilsvermögen beweist, immer noch „Du Gregory“ genannt.[3]

Unter den Menschen, die im Diamantenrausch nach Südafrika aufbrachen, war auch Cecil Rhodes, ein junger Brite, der vom Erfolg träumte. Er und sein Bruder erkannten das Potenzial für eine Diamantmine in der Gegend und kauften so viel Land wie möglich. Außerdem erstanden sie in England eine Eismaschine, die sie mit nach Afrika nahmen, um das Eis dort an die von der Hitze geplagten Minenarbeiter zu verkaufen. Ihren Gewinn nutzten sie, um mehr Land zu kaufen. In den 1880er-Jahren gründete Rhodes schließlich „De Beers", ein Unternehmen, das heute der größte Diamantenproduzent und -händler weltweit ist.[4]

Wie würden Sie Ihre Vision beschreiben, wenn es um Ihren Traum geht? Akzeptieren sie blind den Status quo? Oder beobachten Sie Ihre Umwelt mit offenen Augen und suchen die größeren Möglichkeiten? Und wenn Sie eine entdecken, ist Ihnen Ihr Traum wichtig genug, dass Sie auch den Test bestehen, diesen klar zu definieren? Sind Sie bereit dazu, ihn bis ins kleinste Detail zu beschreiben, ihn auf Papier zu bringen und anderen davon zu erzählen?

Nur diejenigen, die ihren Traum sehen, sind dazu fähig, ihren Traum zu erreichen.

Wenn Sie nicht dazu bereit sind, verschaffen Sie sich selbst einen Nachteil. Nur diejenigen, die ihren Traum sehen, sind dazu fähig, ihren Traum zu erreichen. Wenn Sie die Klarheits-Frage mit einem „Ja" beantworten können, weil Sie Ihren Traum klar sehen, dann erhöhen Sie deutlich Ihre Chancen, dass Sie eines Tages noch viel mehr als Ihren Traum sehen werden – Sie werden ihn leben!

KÖNNEN SIE DIE KLARHEITS-FRAGE POSITIV BEANTWORTEN?

SEHE ICH MEINEN TRAUM GLASKLAR?

Nun ist es an der Zeit, Ihrem Traum Klarheit zu geben. Wenn Sie eine generelle Idee Ihres Traumes haben, sind Sie wahrscheinlich versucht, sofort eine Strategie zu entwickeln. Machen Sie das noch nicht. Wie uns Mike Hyatt erklärt hat, muss die Vision zuerst da sein. Beginnen Sie damit, eine detaillierte Beschreibung Ihres Traumes zu Papier zu bringen. Lassen Sie Ihrer Vorstellungskraft freien Lauf. Schreiben Sie so viele Teilelemente oder Bruchstücke auf, wie Ihnen einfallen. Hören Sie nicht damit auf, bis Sie mehr haben, als Sie benötigen.

Nun quantifizieren Sie alle Ideen soweit als möglich. Machen Sie die Dinge messbar. Machen Sie sich noch keine Gedanken darüber, wie Sie etwas erreichen. Seien Sie wagemutig. Seien Sie mutig. Träumen Sie groß!

Der nächste Schritt besteht darin, Ihren Traum kurz und bündig niederzuschreiben. Mike unterteilte seinen Traum in zehn klare, messbare Elemente. Machen Sie es mit Ihrem Traum ähnlich. Wieviele Punkte Sie definieren, ist nicht entscheidend, aber versuchen Sie, sich kurz zu halten.

Erwarten Sie nicht, dass Sie den gesamten Prozess an einem Nachmittag beenden. Für die meisten Menschen ist das unmöglich. Geben Sie sich etwas Zeit. Vielleicht möchten Sie sich an einen ruhigen Ort zurückziehen, um den Prozess in Gang zu bringen. Wenn es Ihnen gelingt, sich selbst für einige Tage aus dem Alltag und der üblichen Routine herauszunehmen, dann werden Sie den Großteil der Arbeit schaffen. Wenn nicht, dann gönnen Sie sich einen Tag, um zu träumen, und kehren Sie in den folgenden Wochen immer wieder für einige Stunden zu diesem Prozess zurück. Vergessen Sie nicht Ihr Ziel. Machen

Sie Ihren Traum so klar und spezifisch wie möglich. Und dann halten Sie ihn sich jeden Tag vor Augen, damit Sie ihn jeden Tag sehen können.

KAPITEL 3

Die Wirklichkeits-Frage: *Verlasse ich mich auf Faktoren, die ich selbst kontrollieren kann, um meinen Traum zu erreichen?*

Realität ... sie ist der Feind der Fantasie, aber nicht der Träume.

Rudy Rüttiger

Träume sollten – zumindest per Definition – nicht mit der Wirklichkeit beginnen. Sie sollten kreativ, unglaublich und außergewöhnlich sein, denn schließlich werden sie aus Hoffnung, Leidenschaft und Möglichkeiten geboren. Sie sind das Produkt unserer Vorstellungskraft und Kreativität. Genau das birgt auch eine Herausforderung. Denn: Ist es ein Traum wirklich wert, verfolgt zu werden, wenn er absolut *keine Chance* hat, Realität zu werden? Ich denke nicht.

Vielen Menschen wurde hinsichtlich ihrer Träume eine falsche Wahrheit verkauft. Sie haben ihre Eltern, Lehrer oder Motivationssprecher sagen hören: „Du wirst es so weit bringen, wie dich deine Träume tragen." oder „Wenn du es träumen kannst, kannst du es auch erreichen." Sie haben die Worte von Edmund O'Neil gelesen, der von Träumern behauptete: „Sie haben die Fähigkeit, alles zu erreichen, was immer Sie anstreben. In Ihnen liegt all das Potenzial, das Sie sich vorstellen können. Greifen Sie stets noch ein Stück höher, als Sie glauben greifen zu können. Sie werden oft feststellen, dass Sie jedes Ziel erreichen können."

Was für eine Lüge! Ich denke nicht so über Ihre Träume und auch nicht über meine eigenen. Ja, es ist nötig, dass wir unsere Ziele hoch stecken. Dennoch haben wir nicht die Fähigkeit, zu erreichen, *was auch immer* wir anstreben. Ich glaube nicht daran, dass ich *jedes* Ziel erreichen kann. Das entspricht nicht der Realität.

Der Schriftsteller Richard Bach stellt einfach fest: „Ihnen wird niemals ein Wunsch gegeben, ohne dass Ihnen auch die Fähigkeit gegeben wird, diesen zu realisieren." Wenn Sie über diese Aussage auch nur einen Moment lang rational nachdenken, wissen Sie, dass das nicht wahr ist – zumindest irgendwann einmal –, denn fast jedes Kind träumt davon, wie ein Vogel fliegen zu können. Wäre das nicht großartig? Aber es wird niemals passieren, egal, wie klar wir es uns vorstellen.

DIE FALSCHE EINSTELLUNG ZUM ERFOLG

Wenn Sie irgendeinen Zweifel an dieser Tatsache haben, dann brauchen Sie sich nur einmal Castingshows wie „American Idol" (oder „Deutschland sucht den Superstar") im Fernsehen anzusehen. Kennen Sie diese Art von Shows? Wenn ja, dann werden Sie wissen, wovon ich spreche. Zehntausende versuchen, in die Show zu kommen, aber nur die Besten – und der absolut Schlechteste – bekommen die Chance, vor dem Publikum und der Jury aufzutreten und um einen Plattenvertrag zu wetteifern.

Einige der Kandidaten haben eine völlig falsche Selbsteinschätzung von sich und den eigenen Fähigkeiten. Sie treffen keine Töne, kreischen, grölen oder heulen. Sie erzählen jedem, wie stolz sie auf ihr Können und wie überzeugt sie von ihrem Talent sind – sogar diejenigen, die noch niemals zuvor vor Publikum gesungen haben. Wenn ihnen die Jury – ein professioneller Musikproduzent, ein erfolgreicher Musiker und der Geschäftsführer einer Plattenfirma (die zusammen über 60 Jahre Erfahrung haben) – dann mitteilt, dass sie nicht gut genug sind, dann überfällt diese Möchtegernstars die Wut. Sie schleudern Schimpfworte um sich und erklären: „Das ist nur *Ihre* Meinung! Ich bin großartig."

Ich muss zugeben, dass einige dieser Selbstversuche sehr unterhaltsam sind, dennoch frage ich mich, wo die Freunde und Familienmitglieder dieser jungen Menschen stecken. Hat ihnen nie jemand die Wahrheit über sie gesagt? Hat ihnen nie jemand den Spiegel der Realität vorgehalten? Jeder hat einfach nur angenommen, dass der Kandidat schon wisse, dass er total unqualifiziert dafür ist, seinen Traum zu erreichen!

Einfach nur an einen Traum zu glauben, ist nicht genug. Diesen verzweifelt haben zu wollen, ist nicht genug. Sind diese Kandidaten leidenschaftlich? Ja. Haben sie sich ihrem Traum gegenüber verpflichtet? Ja, zumindest in diesem Moment. Werden sie ihren Traum – die Show zu gewinnen – erreichen? Nein! Und warum nicht? Weil ihr Traum und die Wirklichkeit niemals übereingestimmt haben.

TALENT, HARTE ARBEIT UND EIN TRAUM

Vergleichen Sie das nun mit der Geschichte von Andy Hull, dem Sohn von John Hull, dem Geschäftsführer von EQUIP und INJOY Stewardship Services. Andy hatte schon immer Musik geliebt. Seine Mutter Sharon sagt, dass Andy schon sang, bevor er das Sprechen lernte. Und während andere Eltern normalerweise alle Hebel in Bewegung setzen müssen, damit ihre Kinder für den Musikunterricht üben, musste Sharon ihn dazu zwingen, mit dem Üben *aufzuhören*.

Andy bekam seine erste Gitarre, als er zwölf war. Er begann ganz natürlich zu spielen und brachte sich die ersten Akkorde selbst bei. Dann erlernte er noch weitere Instrumente, wie zum Beispiel Trompete und Klavier. Sharon erzählt, dass er eine ganz spezielle Begabung für Saiteninstrumente hatte. Es war also keine Überraschung, als er in der 6. Klasse seine erste eigene Band zusammenstellte. Er und seine Freunde spielten gewöhnlich in einem kalten Raum mit Wänden aus Beton in der

Nähe seines Elternhauses in Toronto. Mit 13 schrieben er und ein Freund regelmäßig eigene Songs, während sie miteinander telefonierten. Sie nutzten einen Kassettenrecorder, um ihre Kreationen einzufangen.

Als Andy gerade am Anfang der 11. Klasse stand, hatte er bereits die Nase voll von der Schule. Er war bereit, alles hinzuschmeißen und eine Musikkarriere anzustreben. Sein Vater fragte ihn: „Wie schaut dein Plan aus?" Andy dachte darüber nach und kam dann mit folgendem Vorschlag auf seine Eltern zu: Er wollte die Highschool verlassen, sich das letzte Schuljahr zu Hause selbst erarbeiten und gleichzeitig seine erste Platte aufnehmen. Andy veranschlagte zwei Stunden am Tag, um seine Schularbeiten zu erledigen. Das würde ihm genug Zeit lassen, Songs zu schreiben, eine Band zusammenzustellen, das Geld aufzubringen, das er für die Zeit im Aufnahmestudio brauchte und ein Album aufzuzeichnen. Seine Eltern gaben ihm die Erlaubnis und er legte los. Seine Einschätzung war richtig. Er brauchte nicht länger als angenommen für die Schule und erreichte in diesem Jahr auch das Ziel, sein erstes Album aufzuzeichnen – mit der Hilfe eines Musikmagazins, das ihm auch die Aufnahmen im Studio sponserte.

Obwohl er sein Album nicht veröffentlichte, hatte Andy durch den Prozess viele Erfahrungen gemacht. Er festigte seine Band, die er „Manchester Orchestra" nannte, lernte viel über das Musikgeschäft und entwickelte einen Plan für das weitere Vorgehen. Die meisten jungen Musiker sind so begeistert über ihren ersten Plattenvertrag, dass sie all ihre Rechte verkaufen und dadurch die Kontrolle über ihre Musik verlieren, nur um schnell Geld zu verdienen. Die Plattenfirma gibt ihnen einen großen Vorschuss und dann wird von der Band erwartet, hart zu arbeiten, um das Geld wieder zu erwirtschaften. Tritt der von der Plattenfirma erwartete Erfolg durch die Band nicht ein, lässt sie die Band einfach fallen, von der man danach wahrscheinlich nie wieder etwas hört.

Andy hatte ganz andere Ideen. Er wollte gar keinen großen Plattenvertrag und sich von diesem Hamsterrad gefangen nehmen lassen. Stattdessen wollte er seine Musik online veröffentlichen und so ein

Publikum für eine spätere Tournee aufbauen. Er wollte auch seine eigene Plattenfirma gründen und vorantreiben. Die Firma nannte er „Favorite Gentleman“, ein Name, zu dem er durch seine Lieblingsspieler beim Atlanta-Braves-Baseballteam inspiriert worden war.

Er lehnte einige Angebote von Plattenfirmen ab, bis er das fand, was er für passend hielt - eine Partnerschaft mit einer Firma, die nicht nur die Band unter Vertrag nahm, sondern auch das Plattenlabel Favorite Gentleman. Mit Sony fand Andy schließlich diesen Partner. Teil der Übereinkunft war es, dass er viel weniger Geld am Anfang erhalten würde, dafür aber mehr Kontrolle über seine Musik behielt. Außerdem bekam er von Sony Geld, um andere Künstler für seine Plattenfirma unter Vertrag zu nehmen. Andys Vision war es nämlich, eine „Künstlergemeinschaft“ zu erschaffen. Der Geschäftsführer einer Plattenfirma sagte einmal zu Andy, dass er den besten Businessplan habe, den er jemals von einem 19-Jährigen gesehen hätte.

Während ich nun dieses Buch schreibe, ist Andy 21 Jahre alt, der Geschäftsführer seiner eigenen Plattenfirma und hat 10 Bands unter Vertrag, die bereits 15 Aufzeichnungen veröffentlicht haben. Manchester Orchestra hat ebenfalls das erste Album aufgezeichnet und veröffentlicht: *I'm Like a Virgin Losing a Child*. Die Band trat bereits in *The Late Show with David Letterman* und *Late Night with Conan O'Brien* auf. Im Jahr 2007 erreichte Manchester Orchestra ihr Ziel von 250 Auftritten innerhalb eines Jahres und für das Frühjahr 2008 plante die Band ihre vierte Tournee durch England. Außerdem arbeiteten sie an ihrem zweiten Album.

Sharon, Andys Mutter, sagt, dass alles Realität wurde, was Andy sich gewünscht hatte und dass er bereit dazu ist, über seinen nächsten großen Traum nachzudenken. Ich habe keinen Zweifel daran, dass er fähig ist, diesen zu erreichen.

WENN SIE SICH AUF DAS GLÜCK VERLASSEN, DANN KANN ICH NUR SAGEN: „VIEL GLÜCK!"

Ich habe gelesen, dass der Physiker Niels Bohr ein Hufeisen an seine Wand nagelte. Ein Besucher bemerkte: „Ein Wissenschaftler wie Sie hält doch sicherlich nichts von diesem Aberglauben." Bohr antwortete: „Sicherlich nicht, aber mir wurde gesagt, dass es Glück bringt, ob ich nun daran glaube oder nicht."

Wenn Ihr Traum vom Glück abhängig ist,
dann haben Sie ein Problem.

Wenn er vollständig vom Glück abhängt,
dann leben Sie in der Welt der Fantasie.

Wenn Ihr Traum vom Glück abhängig ist, dann haben Sie ein Problem. Wenn er *vollständig* vom Glück abhängt, dann leben Sie in der Welt der Fantasie. Der Urheber der römischen Maxime, Publius Syrus, erklärte: „Es ist etwas sehr Schlechtes, wenn man sich an das gute Glück gewöhnt." Die schlimmsten Traumtänzer – wie zum Beispiel der schlechteste *American-Idol*-Kandidat – verlassen sich fast nur auf das Glück, um ihren Traum zu verwirklichen. Sie handhaben es wie mit einem Lotteriespiel. Sie glauben, dass Sie nur zur richtigen Zeit am richtigen Ort die richtige Nummer abziehen müssen und schon ginge es los! Und ihre Fantasie würde wahr.

Wäre es nicht schön, wenn es so einfach wäre? Aber das ist es natürlich nicht. Der Philosoph Ralph Waldo Emerson stellte fest: „Nur der Schwache glaubt an Glück … der Starke glaubt an Ursache und Wirkung."

Wenn Sie auf dem Weg zu Ihrem Traum vorankommen möchten, dann müssen Sie sich die Wirklichkeits-Frage stellen: Verlasse ich mich auf Kriterien, die ich selbst kontrollieren kann, um meinen Traum zu erreichen? Menschen, die ihren Traum auf der Realität aufbauen, wählen einen ganz anderen Ansatz als die Menschen, die sich in der Welt der Fantasie befinden. Sehen Sie sich einmal an, wie dieser andere Ansatz zur Realisierung des Traumes aussehen kann:

Traumtänzer ...

... verlassen sich auf das Glück.
... konzentrieren sich auf das Ziel.
... hegen ungesunde Erwartungen.
... unterschätzen den Wert der Arbeit.
... suchen nach Ausreden.
... schaffen Trägheit.
... züchten Isolation.
... warten.
... vermeiden persönliches Risiko.
... schieben die Verantwortung auf andere.

Traumverwirklicher ...

... verlassen sich auf Disziplin.
... konzentrieren sich auf den Weg.
... entwickeln eine gesunde Unzufriedenheit.
... maximieren ihr Arbeitspotenzial.
... führen zur Aktion.
... erzeugen Schwung.
... fördern die Teamarbeit.
... legen los.
... gehen – falls nötig – Risiken ein.
... übernehmen Verantwortung.

> *„Nur der Schwache glaubt an Glück …
> der Starke glaubt an Ursache und Wirkung."*
>
> Ralph Waldo Emerson

Menschen, die auf Dauer erfolgreich sind, überlassen nicht einfach alles dem Zufall. Sie konzentrieren sich auf das, was sie selbst tun können – und tun es. Eines meiner Vorbilder ist John Wooden, der frühere, extrem erfolgreiche Basketballtrainer der UCLA (University of California). Er ist das perfekte Beispiel für diese Herangehensweise ans Leben. Trainer Wooden überließ nichts dem Zufall. Vor jedem Training schrieb er auf Karteikärtchen genau auf, was seine Spieler im Detail tun würden. Er begann schon damit, als er Trainer am South Bend Central College war und führte das auch bei der Indiana State University und der UCLA fort. Warum machte er sich all die Mühe? Er wollte keine Zeit verschwenden und er wollte den Erfolg seines Teams nicht dem Zufall überlassen. Er wollte seine Ziele mit der richtigen Vorbereitung erreichen.

Wooden sagte dazu: „Ich begrüße das Glück wie jeder andere auch. Aber ich arbeitete stets hart daran, Situationen zu vermeiden, in denen Glück nötig wird, um ein passables Ergebnis zu erreichen, oder wo das Glück des Gegners uns besiegen könnte. Für mich kann das Sahnehäubchen der Planung – das Glück – auch wichtig sein. Viel wichtiger ist aber natürlich der richtige Plan."[1] Als wir uns letztens zum Essen verabredet hatten, drückte er es noch einmal anders aus. Er sagte: „John, wir haben niemals unsere Augen vom Basketball abgewandt und damit begonnen, auf die Trophäe zu starren." Wenn Sie Ihren Traum leben möchten, müssen Sie eine ähnliche Einstellung entwickeln. Sie müssen sich darauf konzentrieren, was *Sie* tun können – nicht darauf was andere, das Schicksal oder das Glück *für* Sie tun müssen, damit Sie Erfolg haben.

LESEN SIE DAS KLEINGEDRUCKTE

Die Kolumnistin Ann Landers schrieb: „Eine rosarote Brille bietet immer nur ein Spektrum. Niemand möchte das Kleingedruckte der Träume lesen." Was bedeutet „das Kleingedruckte" in Bezug auf Ihren Traum? Das Kleingedruckte ist die Wirklichkeit. Wenn Sie Ihren Traum umsetzen möchten, dann müssen Sie das sprichwörtlich „Kleingedruckte" lesen. Wenn Sie dies tun, gebe ich Ihnen hier schon ein paar kleine Hinweise auf das, worauf Sie stoßen werden:

Die Reise wird länger dauern, als Sie hofften.
Es wird mehr Herausforderungen geben, als Sie glaubten.
Die Rückschläge werden härter sein, als Sie erwarteten.
Die Tiefs werden tiefer sein, als Sie sich vorstellten.
Der Preis wird höher sein, als Sie annahmen.

Mit all diesem Gegenwind ist es zwingend erforderlich, dass Sie sich auf Faktoren verlassen, die Sie selbst kontrollieren können, um Ihren Traum zu realisieren!

Genau wie jemand, der einen bindenden Vertrag unterschreibt, es sich nicht leisten kann, das Kleingedruckte zu übersehen oder zu ignorieren, kann ein Träumer es sich nicht leisten, die Wirklichkeit zu übersehen oder zu ignorieren. Wenn Sie es dennoch tun, dann sind die Chancen hoch, dass es Sie irgendwann auf dem Weg zu Ihrem Traum kalt erwischt und Sie nicht mehr fähig dazu sind, auch nur einen Schritt voranzukommen.

> *„Eine rosarote Brille bietet immer nur ein Spektrum. Niemand möchte das Kleingedruckte der Träume lesen."*
>
> ANN LANDERS

WIE REAGIEREN SIE AUF DIE WIRKLICHKEIT?

Eine der großen Ironien des Lebens ist die Tatsache, dass man sich mit der Wirklichkeit vertraut machen muss, ohne dass dadurch der Traum erschüttert wird. Abhängig davon, wer Sie sind und wie Ihr Traum aussieht, kann diese Aufgabe schwer oder leicht sein. Jede Person ist anders.

Der Schriftsteller und Humorist Sam Levenson betrachtete die Erfahrungen seiner Eltern, die von der Auswanderung nach Amerika träumten. Er sagte: „Meine Familie sind Immigranten und sie glaubten an das Versprechen der amerikanischen Legende, dass die Straßen mit Gold gepflastert seien. Als mein Vater schließlich hier ankam, fand er drei Dinge heraus: 1. Die Straßen waren nicht mit Gold gepflastert. 2. Die Straßen waren überhaupt nicht gepflastert. 3. Er sollte das Pflastern übernehmen."

Levensons Eltern traf die Realität hart, als Sie nach Amerika kamen. Die gute Nachricht ist: Als sie mit der Wirklichkeit konfrontiert wurden, haben sie nicht einfach versucht, ein Ticket in ihr altes Heimatland zu bekommen. Sie gingen weiter, nahmen die Arbeit auf und schufen sich ihr eigenes Leben. Ich hoffe, dass Sie dasselbe tun werden.

Nicht jeder tut das. Der Schriftsteller Mark Twain vertrat die Auffassung: „Kläre erst die Fakten, dann kannst du sie dir zurechtbiegen, wie du willst." Unglücklicherweise haben Träume oft diese Auswirkung auf viele von uns. Unsere Sehnsucht kann so stark sein, dass sie unser Bild von der Realität völlig verzerren. Genau das passiert mit vielen, die sich als Kandidat bei *American Idol* bewerben. Anstatt sich selbst oder ihren Traum zu verändern, glauben sie, dass sich die Wirklichkeit an sie anpassen wird.

Je unrealistischer Ihr Traum ist, desto mehr werden Sie versucht sein, sich auf Dinge zu verlassen, die außerhalb Ihres Kontrollbereichs liegen, damit er Realität wird. Die Kunst besteht darin, die Balance zwischen der Kühnheit des Träumens und der Wirklichkeit Ihrer aktuellen Situation zu finden. Sie müssen weit über das hinauszielen, wozu Sie denken, dass sie fähig sind. Dennoch müssen Sie zur gleichen Zeit Ihr Tun auf Ihren Stärken und den anderen Faktoren innerhalb Ihrer Kontrolle aufbauen. Je mehr Sie sich mit Dingen beschäftigen, die *außerhalb* Ihrer Kontrolle liegen, desto weniger werden Sie dafür tun, die Dinge zu verbessern, *die* Sie kontrollieren können. Und wenn Sie damit angefangen haben, dann beginnen Sie, in einer Fantasiewelt zu leben.

Je unrealistischer Ihr Traum ist, desto mehr werden Sie versucht sein, sich auf Dinge zu verlassen, die außerhalb Ihres Kontrollbereichs liegen, damit er Realität wird.

WERFEN SIE EINEN BLICK AUF SICH SELBST

Um Ihren Traum zu erreichen, müssen Sie nicht nur hart daran arbeiten, Sie müssen auch sicherstellen, dass er Ihren Stärken entspricht. Das bedeutet einfach, zu wissen, was Sie können und was nicht. Als die Professorin für Marketing und Öffentlichkeitsarbeit, Catherine B. Ahles, Vizepräsidentin für die Studentenarbeit am Macomb Community College war, beobachtete sie: „Wenn wir 20 sind, verbringen wir die meiste Zeit damit, die zahlreichen Möglichkeiten zu entdecken, was wir alles sein könnten. Wenn wir zum Alter von 30 heranreifen, beginnen wir damit, zu entdecken, was wir alles nie sein werden. Wenn wir nun die 40 und die Jahre darüber hinaus erreichen, besteht die Herausforderung darin, alles zusammenzuführen – unsere Fähigkeiten zu kennen und unsere Grenzen richtig einzuschätzen – und der oder die Beste zu sein, der oder die wir sein können.“[2]

Ich hoffe, dass Ihnen dieses Kapitel hilft, die Realität Ihrer Fähigkeiten und Grenzen richtig einzuschätzen, und dass dies wiederum Einfluss auf Ihre Anstrengungen hat, wenn Sie Ihren Traum entwerfen und ihn dann auf den Prüfstand stellen.

Je mehr Sie sich mit Dingen beschäftigen, die außerhalb Ihrer Kontrolle liegen, desto weniger werden Sie dafür tun, die Dinge zu verbessern, die Sie kontrollieren können.

IST IHR TRAUM AUF IHREN WAHREN STÄRKEN AUFGEBAUT?

Der erste Schritt, der Wirklichkeit ins Auge zu blicken ist der, sich selbst richtig einzuschätzen – sich selbst so zu sehen, wie man wirklich ist. Nathaniel Branden, ein Psychiater und Experte im Bereich des Selbstwerts, hat behauptet: „Es gibt keinen Faktor in der psychologischen Entwicklung und Motivation einer Person, der entscheidender ist als der, welches Urteil man über seinen eigenen Wert fällt." Weiter sagt er, dass die Art der Selbsteinschätzung einen gravierenden Effekt auf die Werte, Glaubenssätze, Denkprozesse, Gefühle, Bedürfnisse und Ziele einer Person hat.

Wenn Ihnen erzählt wurde, dass Sie *zu allem fähig* sind, worauf Sie sich einstellen – und Sie das geglaubt haben –, dann sind Sie nicht realistisch mit sich selbst. Wenn Ihnen aber im Gegensatz dazu gesagt wurde, dass Sie *niemals etwas zustande bringen* werden – und Sie das geglaubt haben –, dann sind Sie ebenfalls nicht realistisch. Sie müssen anerkennen, in welchen Bereichen Sie kein Talent oder die nötige Fähigkeit besitzen, *und* Sie müssen in Ihrem Stärkenbereich Ihr wahres Potenzial erkennen. Kennen Sie Ihre Stärken? Können Sie sich schon vorstellen, wie Sie diese Stärken nutzen, um Ihren Traum wahr werden zu lassen?

Auf einer seiner vielen Konzerttourneen durch Amerika, wurde der polnische Pianist Ignace Paderewski von einer ambitionierten jungen Dame besucht, die dem berühmten Musiker erzählte, dass auch sie musikalisch außergewöhnlich begabt sei. Nach langer Überredung durfte sie ihm etwas vorspielen. Paderewski lehnte sich zurück und lauschte ihrer stümperhaften, mittelmäßigen Vorstellung und versuchte seine Langeweile zu verbergen.

Als die junge Dame mit ihrem Spiel fertig war, fragte sie: „Was mache ich nun?"

Paderewski seufzte und antwortete: „Heirate!"

Sein Kommentar mag in der heutigen Zeit sexistisch erscheinen, aber sein Standpunkt war klar. Es war egal, wie viele Stunden sie geübt hatte, sie würde niemals das Niveau einer Konzertpianistin erreichen. Der begabte Herr Paderewski erkannte das sofort. Wenn das Talent einer Person nicht für ihren Traum ausreicht und sie dies nicht erkennt, dann wird die Person für immer daran arbeiten, aber nie gewinnen.

Der erste Schritt, Ihren Traum und Ihr Talent in Übereinstimmung zu bringen, wird darin bestehen, auf Ihre Stärken zu bauen. Dieser Prozess braucht etwas Zeit. Ich muss zugeben, dass ich selbst am Anfang meiner Karriere etwa sechs Jahre damit verbrachte, meinen Fokus immer wieder anzupassen und damit zu beginnen, auf meine Stärken zu bauen. Mit der Versuch-und-Irrtum-Methode und der Unterstützung weiser Menschen fand ich schließlich die richtige Richtung, sodass ich meine besten Träume erkannte. Mein späterer Erfolg lässt sich direkt damit in Verbindung bringen, dass ich damals diese Anpassungen vorgenommen habe. Ich habe niemals Menschen getroffen, die erfolgreich wurden, indem sie sich darauf konzentrierten, Dinge zu tun, die sie hassten oder in denen sie nicht gut waren. Menschen, die Erfolge erzielen, lieben das, was sie tun und tun das sehr gut.

Wenn das Talent einer Person nicht für ihren Traum ausreicht und sie dies nicht erkennt, dann wird die Person für immer daran arbeiten, aber nie gewinnen.

Konzentrieren Sie sich darauf, die Dinge zu tun, die Sie lieben? Bauen Sie auf Ihre Stärken? Ihren Traum auf Ihren Stärken aufzubauen ist essenziell wichtig. Hier sind die Gründe dafür:

1. WER AUF SEINE STÄRKEN BAUT, AKTIVIERT DAS GESETZ DER GERINGSTEN ANSTRENGUNG.

Wenn Sie auf Ihre Stärken bauen, dann werden Ihnen die Aktivitäten, bei denen Sie diese Stärken einsetzen, leichtfallen. Kürzlich stolperte ich in dem Buch *You've Got to Read This Book!* von Farrah Gray, einem jungen Unternehmer und Autor, über ein interessantes Kapitel. Darin erzählt er, dass ein Kapitel des Buches *Die sieben geistigen Gesetze des Erfolgs* von Deepak Chopra zum Gesetz der geringsten Anstrengung ihn besonders berührt hatte. Gray schreibt:

„Beim Gesetz der geringsten Anstrengung geht es darum, Ihre wahre Bestimmung und Ihren wahren Stärkenbereich zu finden. Als ich selbst zum ersten Mal über dieses Gesetz las, fühlte ich mich angegriffen. Ich sagte: ‚So ein Narr! Ich sah meine Mutter ihr Leben lang hart arbeiten. Wie kann er es wagen, zu behaupten, dass es nicht um harte Arbeit geht!' Aber in der Tat begann mein größter Erfolg erst, als ich das Gesetz der geringsten Anstrengung umsetzte.

In dem Buch hieß es, dass das Gesetz der geringsten Anstrengung dann in Kraft tritt, wenn Sie authentisch sind – Ihrer eigenen ‚Natur' folgen. Wenn Sie dies wissen und beherzigen, wird es Ihnen leichtfallen, Ihrer Berufung zu folgen. Darüber dachte ich nach und mir kamen ein paar Fragen in den Sinn, die mir geholfen hatten, es herauszufinden: Was fällt mir leicht, aber anderen schwer? Was könnte ich mir vorstellen für sehr lange Zeit zu tun – auch wenn ich nie dafür bezahlt werden würde? Und auf der Basis dieser Antworten: Was könnte ich tun, um anderen zu helfen?"[3]

Auf seine Stärken zu setzen, hat für Gray ganz offensichtlich funktioniert. Er wurde schon als Jungunternehmer Millionär und mit 22 Jahren gründete er Reality Pros mit einem verwalteten Vermögen von 30 Millionen Dollar.[4]

Die Unterhaltungskünstlerin Pearl Bailey stellte fest: „Es gibt zwei Arten von Talenten: antrainiertes Talent und gottgegebenes Talent. Für das antrainierte Talent muss man ständig hart arbeiten. Das gottgegebene Talent wird nur hin und wieder geübt." Was würden Sie vorziehen? Kämpfen, um Fähigkeiten zu entwickeln, für die Sie wenig Begabung mitbringen, oder die Talente einsetzen, die Gott Ihnen mitgegeben hat, um zu sehen, wie weit Sie kommen können?

> *„Es gibt zwei Arten von Talenten: antrainiertes Talent und gottgegebenes Talent. Für das antrainierte Talent muss man ständig hart arbeiten. Das gottgegebene Talent wird nur hin und wieder geübt."*
>
> PEARL BAILEY

Das habe auch ich mein ganzes Leben lang versucht. Ich bin zum Beispiel für meine Tätigkeit als Sprecher weit bekannt. Immer wieder werde ich gefragt, ob ich nervös bin, wenn ich vor einer großen Menschenmenge spreche – wahrscheinlich deshalb, weil das „Sprechen vor Menschen" auf der Liste mit den zehn Dingen steht, vor denen die Menschen am meisten Angst haben. Wenn ich verneine, sind die meisten ganz erstaunt. Wenn ich jedoch spreche, bin ich entspannt. Für mich ist es eine der Tätigkeiten, die ich wirklich genieße. Ich genieße es, mit Menschen in Verbindung zu treten; ich werde sehr oft durch neue Ideen inspiriert, wenn ich auf der Bühne bin. Ich liebe es, zu lehren und anderen einen Nutzen zu stiften. Die Fähigkeit zur Kommunikation ist eines meiner gottgegebenen Talente. Glauben Sie mir, ich habe Schweißausbrüche, wenn ich etwas tun muss, worin ich nicht gut bin. Wenn Sie mich bitten würden, Ihren DVD-Player anzuschließen oder die Tintenpatrone in Ihrem Drucker zu wechseln – vergessen Sie es! Ich wäre Ihnen keine Hilfe.

Wenn Menschen ihren Stärken folgen und das tun, was sie gerne tun, dann ist ihre Arbeit einfach und leicht. Wenn sie sich jedoch auf einen Bereich ihrer Schwächen konzentrieren, dann ist ihre Tätigkeit schwierig und aufwendig. Um Ihren Traum zu erreichen, müssen Sie daher auf Ihre Stärken bauen.

2. WER AUF SEINE STÄRKEN BAUT, SCHAFFT DIE GRUNDLAGE FÜR KONTINUIERLICH GUTE ERGEBNISSE.

Träume werden nicht wahr, nur weil eine Person ab und zu etwas gut umsetzt. Erfolg ist kein Ereignis – er ist ein Lebensstil. Träume erfüllen sich, wenn jemand Tag für Tag Höchstleistungen bringt, aber das passiert nur, wenn jemand im Bereich seiner Stärken tätig ist.

Ich zum Beispiel liebe Golf, aber es ist keine Stärke von mir. Von Zeit zu Zeit gelingt mir zwar ein genialer Schlag und ich kann mich sogar noch an ein solches Erlebnis im Jahre 1987 erinnern! Aber ich wäre ein Narr, wenn ich versuchen würde, mit Golf meinen Lebensunterhalt zu bestreiten. Mir würde es so ergehen wie einem Homerun-Star einer Schulmannschaft, der zum Sommertrainingslager eines Major League Teams (1. Liga Baseball) eingeladen worden war. Nach der ersten Woche schrieb er nach Hause: „Liebe Mama, ich bin der führende Schläger. Die anderen Schläger hier sind nicht so gut." In der nächsten Woche prahlte er: „Nun treffe ich schon jeden zweiten Ball und es schaut so aus, als ob ich im Innenfeld als Stammspieler beginnen werde." Doch in der dritten Woche schrieb er: „Heute haben sie damit begonnen, angeschnittene Bälle zu werfen. Ich werde morgen zu Hause sein."

Ohne Kontinuität können Sie keinen Erfolg haben. Und Sie können keine Kontinuität erreichen, wenn Sie nicht Ihren Stärken folgen. Sie werden all Ihr Talent einsetzen müssen, um Ihren großen Traum zu realisieren. Wenn Sie diesem Talent folgen, werden Sie die größte Chance haben, Ihre Tätigkeit kontinuierlich gut auszuführen.

3. AUF SEINE STÄRKEN ZU BAUEN, BRINGT DIE HÖCHSTE RENDITE.

Greer Garson, die Gewinnerin des Oscars als beste Schauspielerin 1943, bemerkte: „Etwas zu beginnen, bloß um Geld zu verdienen, ist der größte Fehler, den man im Leben begehen kann. Tun Sie das, was Sie denken ‚im Blut' zu haben, und wenn Sie das gut genug tun, wird das Geld schon kommen."

> *„Etwas zu beginnen, bloß um Geld zu verdienen, ist der größte Fehler, den man im Leben begehen kann. Tun Sie das, was Sie denken ‚im Blut' zu haben, und wenn Sie das gut genug tun, wird das Geld schon kommen."*
>
> GREER GARSON

Erfolgreiche Menschen investieren ihre Zeit, ihre Energie und ihre Ressourcen immer in ihre Stärken, da sie hier die höchste Rendite bekommen. Wenn sie gelegentlich davon abweichen, wie es Michael Jordan tat, um statt Basketball Baseball zu spielen, endet das im Mittelmaß. Basketball war Jordans Leidenschaft – das, was ihm *immer* die höchste Rendite bringen würde – und die meisten behaupten sogar, dass er der beste Spieler aller Zeiten war. Als Baseballspieler spielte er ein Jahr, kam nie über die zweite Liga hinaus, traf nur jeden fünften Ball und beendete seine Karriere mit elf Spielfehlern.[5] Dafür möchte er sicherlich nicht in Erinnerung bleiben.

Der Mensch kann ein Talent nur bis zu einem bestimmten Punkt steigern. Ich habe beobachtet, dass wir das Potenzial unseres Talents nur ungefähr um zwei Punkte erhöhen können. Gehen wir davon aus, dass es insgesamt zehn Punkte gibt, dann bedeutet das: Wenn ich in einem Bereich Durchschnitt bin – sagen wir einmal ich habe fünf Punkte –, dann gelingt es mir, durch harte Arbeit sechs oder sieben Punkte zu erreichen. Vielleicht schafft es eine außergewöhnliche Person, ihr Talent um drei Punkte zu steigern und acht Punkte zu erreichen. Doch es ist offensichtlich, dass Menschen ihre Träume nicht in Bereichen realisieren, wo sie von Natur aus nur vier oder fünf Punkte haben. Wenn Sie einen Traum erreichen möchten, dann sollten Sie das in einem Bereich tun, wo Sie mit sieben oder acht Punkten starten. Dann können Sie – durch Fleiß – auch wirklich außergewöhnlich werden!

Folgendes weiß ich ganz sicher: Sie haben großartige Stärken, die Sie einzigartig machen und Ihnen wundervolle Möglichkeiten für die Zukunft eröffnen. Sie müssen sie einfach nur finden. Ich habe an einem Geschäft einmal folgenden Spruch gelesen: „Wir haben es – wenn Sie es finden." Diesen Spruch kann man ebenso auf Ihr Leben anwenden. Sie haben es in sich – aber Sie müssen es finden.

IST IHR TRAUM AUF IHRE WAHREN GEWOHNHEITEN AUFGEBAUT?

Wenn Sie die Wirklichkeits-Frage beantworten, müssen Sie damit beginnen, auf Ihre Stärken zu bauen. Das ist allerdings nur der erste Schritt. J. Paul Getty, Philanthrop und Gründer der Getty Oil Company, erklärte: „Jeder Mensch, der hoch erfolgreich werden möchte, muss die Macht und Kraft der Gewohnheit anerkennen. Er sollte schnell darin sein, mit den Gewohnheiten zu brechen, die ihn zerstören können – und sich zügig die Gewohnheiten aneignen, die ihm dabei helfen, den ersehnten Erfolg zu erreichen." Diese Aussage ist vollkommen richtig – und zwar nicht nur in der Geschäftswelt, sondern bei jeder Bestrebung. Ein Traum wird als Ergebnis unserer Aktionen Realität und unsere Aktionen werden zu einem großen Anteil von unseren Gewohnheiten bestimmt.

Ich habe gelesen, dass Psychologen davon ausgehen, dass bis zu 90 % des menschlichen Verhaltens aus Gewohnheiten besteht - 90 %! Die meisten Dinge, die Sie tun, werden von Routine bestimmt. Denken Sie einmal darüber nach, wie Sie in die Tage dieser Woche gestartet sind. Sie haben wahrscheinlich geduscht, sich angezogen, gegessen und sind immer auf demselben Weg zur Arbeit gefahren. Wahrscheinlich haben Sie, wie die meisten von uns, nicht viel Energie darauf verschwendet, darüber nachzudenken, wie Sie diese Dinge tun. Sie haben sie einfach getan. Sie beginnen Ihren Arbeitstag, putzen Ihr Haus, gehen Einkaufen und lesen die Zeitung immer auf die gleiche Weise. Sie haben eine Routine, gewisse Gewohnheiten. Und Ihre Gewohnheiten beeinflussen jeden Lebensbereich, von der Gesundheit, über Ihren Wohlstand bis hin zu den Beziehungen.

Das Gute daran ist: Gewohnheiten können uns dabei helfen, Dinge schneller umzusetzen und ein Gedankenwirrwarr zu verhindern, damit wir über wichtigere Dinge nachdenken können. Das Schlechte daran ist: Gewohnheiten können auch schädlich für unsere Gesundheit sein oder uns in eine ganz andere Richtung als in die unserer Träume führen. Stellen Sie sich einmal einen Menschen vor, der den Traum hat, einen Marathon zu gewinnen, aber jeden Tag zwei Päckchen Zigaretten raucht; oder eine Person, die gerne Model werden möchte, aber jeden Tag 6.000 Kalorien in sich hineinschaufelt und keinen Sport treibt; oder einen Geschäftsmann, der davon träumt, ein erfolgreiches Team zu führen, aber aus Gewohnheit seine Mitarbeiter beleidigt und kleinmacht.

Der griechische Philosoph Aristoteles sagte: „Wir sind das, was wir immer wieder tun. Deshalb ist Spitzenleistung keine Handlung, sondern eine Gewohnheit." Ihre täglichen Gewohnheiten werden das Ergebnis Ihres Lebens bestimmen. Und der Schlüssel zum Erfolg lässt sich in Ihrem Tagesablauf finden. Erfolgreiche Menschen treiben nicht einfach so auf den Erfolg zu. Menschen, die Ihre Träume erreichen, realisieren sie nicht per Zufall. Je länger Sie gute Gewohnheiten auf positive, disziplinierte und fokussierte Weise ausüben, desto größer ist die Chance, dass Ihre Zukunft positiv sein wird. Je länger Sie sich schlechten Gewohnheiten hingeben, desto größer ist die Chance, dass sie negativ sein wird.

> *„Wir sind das, was wir immer wieder tun. Deshalb ist Spitzenleistung keine Handlung, sondern eine Gewohnheit."*
>
> ARISTOTELES

Je älter ich werde, desto öfter beobachte ich genau das in den Leben der Menschen. Gewohnheiten haben einen verstärkenden Effekt – aber die Ergebnisse werden oft erst sehr viel später im Leben sichtbar. Wenn die Gewohnheiten schlecht sind, ist es oft schon zu spät, das Ergebnis zu verändern, wenn der Schaden sichtbar wird. Deshalb ist es wichtig, dass Sie die Kontrolle über Ihre Gewohnheiten bei der ersten Gelegenheit übernehmen!

Der Sprecher und Autor Robert Ringer erläutert in seinem Buch *Million Dollar Habits* die Kraft der positiven Gewohnheiten: „Die Welt ist voll mit intelligenten, sehr gut ausgebildeten, außerordentlich talentierten Menschen, die ständige Frustration erfahren, weil sie erfolglos bleiben. Millionen anderer verbringen ihr Leben mit harter Arbeit, nur um arm wie eine Kirchenmaus zu sterben." Seine Lösung? Die richtigen Gewohnheiten entwickeln und sie regelmäßig anwenden, sagt Ringer.

„Erinnern Sie sich daran: Das Leben ist nicht mehr als die Summe vieler erfolgreicher Jahre; ein erfolgreiches Jahr ist nicht mehr als die Summe vieler erfolgreicher Monate; ein erfolgreicher Monat ist nicht mehr als die Summe vieler erfolgreicher Wochen; eine erfolgreiche Woche ist nicht mehr als die Summe vieler erfolgreicher Tage. Und genau deshalb ist der tägliche Einsatz erfolgreicher Gewohnheiten der sicherste Weg, auf lange Sicht zu gewinnen."[6]

Gewohnheiten sind wichtig, um Träume zu realisieren. Sie nehmen Sie mit in eine bestimmte Richtung. Sie müssen Ihr Leben selbstkritisch betrachten, um festzustellen, in welche Richtung Sie gerade mitgenommen werden. Wenn Ihre Gewohnheiten nicht zu Ihrem Traum passen, dann müssen Sie entweder Ihre Gewohnheiten ändern oder Ihren Traum. Wenn Sie an Ihrem Traum festhalten möchten, dann machen Sie sich auf einen Kampf gefasst: denn eine schlechte Gewohnheit geht nie von allein.

Wenn Ihre Gewohnheiten nicht zu Ihrem Traum passen, dann müssen Sie entweder Ihre Gewohnheiten ändern oder Ihren Traum.

Es ist unbequem und fühlt sich vielleicht unnatürlich an, etwas *anders* als auf die gewohnte Weise zu tun. Um zu veranschaulichen, was ich meine, versuchen Sie einmal Folgendes:

- Falten Sie Ihre Hände zusammen. Wenn Menschen das tun, legen sie *immer* denselben Daumen nach oben. Falten Sie nun Ihre Hände nochmals zusammen, aber so, dass der andere Daumen oben ist. Fühlt sich das nicht komisch an?
- Verschränken Sie Ihre Arme. Wieder legt jede Person immer denselben Arm nach oben, wenn sie das tut. Verschranken Sie Ihre Arme erneut mit dem anderen Arm oben.
- Klatschen Sie in die Hände. Ganz selbstverständlich werden Sie eine Hand als die klatschende und die andere als die empfangende einsetzen. Nun versuchen Sie es umgekehrt.

Wenn jemand Sie bitten würde, diese drei Dinge von heute an genau andersherum zu machen, als sie es bisher gewohnt waren, würde sich das unbequem und komisch anfühlen. Es würde auch Ihre ständige Aufmerksamkeit erfordern, diese Kleinigkeiten zu ändern. Und genauso werden Sie sich fühlen, wenn Sie daran arbeiten, die Gewohnheiten in Ihrem Leben zu ändern. Sie müssen diese Veränderung wirklich wollen. Aber ist es nicht all die Mühe wert, wenn Sie wissen, dass Ihre neuen Gewohnheiten Sie am Ende der Straße Ihrem Traum näher bringen werden? Sehen Sie es einfach als Ihr „Ich-ändere-mich-selbst-Projekt".

BASIERT IHR TRAUM AUF IHREM WAHREN POTENZIAL?

Letztendlich müssen Sie Ihre Stärken auf Ihrem wahren Potenzial aufbauen. Im Leben sucht sich niemand die Startposition selbst aus. Sie stehen, wo Sie gerade stehen – das ist Tatsache. Das Beste, das Sie tun können, ist, fleißig daran zu arbeiten, selbst zu gestalten, wo Sie enden werden. Wenn Sie am Ende Ihrer Reise Ihren Traum verwirklicht haben möchten, dann müssen Sie sicherstellen, dass Sie Ihre Stärken, Ihre Gewohnheiten und Ihr Potenzial in Übereinstimmung gebracht haben. Wenn diese nicht in dieselbe Richtung zeigen – auf Ihren Traum hin –, dann haben Sie ein Problem.

Heute sind meine Stärken für mich und andere ziemlich offensichtlich. Ich bin gut darin, zu führen, zu kommunizieren, zu kreieren und im Networking. Nur in diesen vier Bereichen kann ich Höchstleistungen bringen. In allen anderen Bereichen bin ich durchschnittlich oder schlecht. Ich habe genügend Schwächen und sie sind genauso offensichtlich für mich wie für andere. Um das auszugleichen, habe ich mir ein Team von Menschen zusammengestellt, die mich ergänzen, und ich habe Systeme und Gewohnheiten entwickelt, die mir helfen, auf meinen Stärken aufzubauen. Diese entscheidenden Gewohnheiten habe ich angewandt, um meinem Traum näher zu kommen:

- Ich lese jeden Tag etwas zum Thema Leadership.
- Ich sammle jeden Tag etwas zum Thema Leadership.
- Ich schreibe jeden Tag etwas zum Thema Leadership.

- Ich spreche jeden Tag über das Thema Leadership.
- Ich stelle jeden Tag Fragen zum Thema Leadership.
- Ich lehre jeden Tag andere Menschen etwas zum Thema Leadership.
- Ich denke jeden Tag über das Thema Leadership nach.
- Ich stifte jeden Tag im Bereich Leadership anderen einen Nutzen.
- Ich spreche jeden Tag mit Führungspersönlichkeiten über das Thema Leadership.
- Ich versuche jeden Tag, gute Beziehungen zu Führungskräften zu pflegen.
- Ich arbeite jeden Tag daran, den Respekt anderer Führungskräfte zu verdienen.
- Ich versuche jeden Tag, für Führungskräfte von Nutzen zu sein, ohne eine Gegenleistung zu erwarten.

Obwohl ich diese Dinge jeden Tag tue, habe ich nach ein paar Tagen, Wochen oder Monaten noch nicht viel vorzuweisen – aber nach einigen Jahren schon! Und wenn erst einmal ein paar Jahrzehnte vergangen sind, dann zeigt es sich *wirklich*! Warum muss ich mir all die Mühe machen? Weil es mein Traum ist, anderen Führungskräften von Nutzen zu sein, die diesen Nutzen wiederum an andere weitergeben. Meine aktuelle Situation, meine Stärken, meine Gewohnheiten und mein Potenzial stimmen alle überein.

Es ist mir nicht möglich, Ihnen zu sagen, welche Gewohnheiten Sie entwickeln müssen, um Ihren Traum zu erreichen, da ich weder Ihren Traum noch das Potenzial kenne, das Gott in Sie hineingelegt hat. Aber Folgendes weiß ich sicher: Wenn Sie Ihre Stärken kennen und darauf bauen, indem Sie das tun, was nötig ist, um Ihren Traum zu realisieren, und Sie daraus eine Gewohnheit machen, dann stehen die Chancen gut, dass Sie Ihren Traum erreichen. Die meisten Menschen begegnen ihren Grenzen nicht im Außen, sondern in ihrem Inneren.

Die meisten Menschen begegnen ihren Grenzen nicht im Außen, sondern in ihrem Inneren.

MACHEN SIE DIE REALITÄT ZU IHREM VERBÜNDETEN!

Er wollte immer schon Dirigent sein, doch sein Stil war gelinde gesagt sonderbar. Wenn er sanfte Passagen dirigierte, setzte er sich. Wenn die Musik nach einem Crescendo verlangte, sprang er juchzend in die Luft. Einmal sprang er sehr hoch, um den Einsatz für eine dramatische Passage zu geben, doch die Musiker reagierten nicht. Er hatte den Faden verloren und war zu früh gesprungen. Die Musiker sahen oft auf die erste Geige anstatt auf ihn.

Sein Gedächtnis war nicht sonderlich gut. Während eines Konzerts versuchte er das Orchester durch ein Musikstück zu dirigieren, das sie auf seine Anordnung hin auslassen sollten. Als sie die Passage nicht spielten, hörte er ganz mit dem Dirigieren auf und schrie: „Stopp! Das war falsch! Das geht so nicht! Wir wiederholen! Wir wiederholen!"

Eine gewisse Ungeschicklichkeit umgab ihn. Als er ein Klavierkonzert dirigierte, das er selbst geschrieben hatte, versuchte er das vom Klavier aus, während er spielte, und stieß dabei die Kerzen auf dem Klavier um. Bei einem anderen Konzert stieß er einen der Chorjungen um.

Die Musiker flehten ihn an, seinen Traum vom Dirigieren aufzugeben. Schließlich tat er das auch. Von da an gab Ludwig van Beethoven das Dirigieren auf und schenkte seine volle Aufmerksamkeit dem Komponieren.

Wie geht es Ihnen mit der Wirklichkeits-Frage? Versuchen Sie etwas zu tun, was gar nicht zu Ihnen passt? Haben Sie Ihre Fähigkeiten,

Gewohnheiten, Ihr Potenzial und Ihre Sehnsucht in Übereinstimmung gebracht, damit Sie große Erfolgschancen haben? Oder verlassen Sie sich auf das Glück oder andere Personen, um Ihren Traum zu erreichen? Wenn dem so ist, dann ist es an der Zeit, Veränderungen vorzunehmen.

Die Realität ist niemals der Feind des Traumes – solange Sie die Wirklichkeits-Frage positiv beantworten können: Verlasse ich mich auf Faktoren, die ich selbst kontrollieren kann, um meinen Traum zu erreichen?

KÖNNEN SIE DIE WIRKLICHKEITS-FRAGE POSITIV BEANTWORTEN?

VERLASSE ICH MICH AUF FAKTOREN, DIE ICH SELBST KONTROLLIEREN KANN, UM MEINEN TRAUM ZU ERREICHEN?

Kontrollieren Sie lieber noch einmal, ob Ihre Ausrichtung stimmt, um sicherzugehen, dass Sie Ihren Traum erreichen. Beantworten Sie jede der folgenden Fragen:

1. **Was ist mein Traum?** Wenn Sie Ihren Traum noch nicht niedergeschrieben haben, dann holen Sie das jetzt nach.

2. **Wie sieht meine Startposition aus?** Definieren Sie, wo Sie heute stehen. Vielleicht haben Sie das auch schon beschrieben, als Sie die Anleitung in Kapitel 2 durchgegangen sind.

3. **Was sind meine Stärken und Schwächen?** Beschreiben Sie drei bis fünf Ihrer stärksten Fähigkeiten. Jeder Traum, den Sie herbeisehnen, sollte auf diesen Stärken aufbauen. Wenn es Ihnen hilft, dann zeichnen Sie einen Kreis um die obersten drei bis fünf Dinge auf Ihrer Liste. Alles, was nicht in diesem Kreis steht, ist eine Schwäche! Es reicht, wenn Sie nur auf diese paar Fähigkeiten bauen, um Ihren Traum zu erreichen. Alles andere würde von Ihnen verlangen, sich auf Faktoren außerhalb Ihrer Kontrolle zu verlassen. Nehmen Sie in Bezug darauf die nötigen Änderungen an Ihrem Traum vor.

4. **Was sind aktuell meine positiven und negativen Gewohnheiten?** Machen Sie drei Spalten. In die erste Spalte schreiben Sie alles, wovon Sie denken, dass es Ihren Traum positiv unterstützt. In die zweite schreiben Sie alle Angewohnheiten, die Ihren Fortschritt untergraben. In die dritte schreiben Sie die neuen Angewohnheiten, die Sie sich aneignen müssen, um auf Ihren Traum zuzugehen. Wenn Sie sich bei diesem Schritt unsicher sind, suchen Sie Rat bei einem Mentor oder einer anderen Person, die in Ihrem Interessensbereich Erfahrung hat.

5. **Wie lange muss ich diese Gewohnheiten ausüben, um mein Potenzial zu erreichen?** Schätzen Sie ein, wie sehr Sie daran werden arbeiten müssen, die Person zu werden, die ihren Traum erreichen kann. Lassen Sie sich diese Selbsteinschätzung von einem Mentor oder Berater, dem Sie vertrauen, bestätigen.

KAPITEL 4

Die Leidenschafts-Frage: *Zwingt mich mein Traum, ihm zu folgen?*

Wenn man an etwas wirklich Aufregendem arbeitet, an etwas, das einem wirklich wichtig ist, braucht man keinen Tritt in den Hintern. Man wird von der Vision angezogen.

STEVE JOBS

Waren Sie jemals auf einem Fest oder einem Jahrmarkt und haben das Automatenspiel „Der Leidenschafts-Messer“ gesehen? Dieses Instrument soll messen, wie romantisch Sie sind. Normalerweise besteht es aus einer Frontplatte mit blinkenden Lichtern und einem Griff aus Metall, den man umfasst, während ein leichter Stromstoß davon ausgeht. Je länger und stärker man den Griff umfassen kann, desto besser schneidet man ab.

Wäre es nicht schön, wenn die Leidenschaft für unseren Traum so einfach zu messen wäre? Man wirft einfach einen Euro in eine Maschine, drückt den Griff und es wird einem vorausgesagt, wie die Chancen für den Erfolg stehen! Aber das echte Leben ist nicht so. Die Leidenschafts-Frage „*Zwingt mich mein Traum, ihm zu folgen?*“ kann sehr schwer zu beantworten sein. Wie kann ich wissen, ob meine Leidenschaft ausreicht, um mich bis zur Realisierung meines Traumes zu beflügeln?

Die Leidenschaft ist ein entscheidendes Element für jeden, der einen Traum verfolgt. Warum? Weil sie der Ausgangspunkt jeder Handlung ist. Ich habe noch nie eine Person kennengelernt, die zu irgendeiner Zeit, irgendetwas Bedeutsames erreicht hat ohne einen Funken leidenschaftlicher Sehnsucht! Leidenschaft spendet die nötige Energie, die Träume wahr werden lässt. „Aber warum", fragen Sie sich vielleicht, „haben Sie dieses Thema dann nicht zum ersten Kapitel des Buches gemacht?" Ich verrate es Ihnen: Zu viele Menschen behaupten, dass die Leidenschaft das A und O in Bezug auf unsere Träume ist. Das stimmt jedoch nicht. Leidenschaft allein reicht nicht aus, damit Sie einen Traum erreichen. Die Leidenschafts-Frage ist nur eine von zehn Fragen, die Sie positiv beantworten müssen, um erfolgreich zu sein. Auf der anderen Seite geht Ihnen wahrscheinlich die Luft aus, bevor Sie Ihren Traum erreichen, wenn Sie genau diese Frage *nicht* positiv beantworten können.

Die Leidenschaft ist ein entscheidendes Element für jeden, der einen Traum verfolgt. Warum? Weil sie der Ausgangspunkt jeder Handlung ist.

Der Weg zu jedem Traum ist gepflastert mit Umwegen, Herausforderungen und Enttäuschungen. Leider haben viele Menschen damit so große Schwierigkeiten, dass ihr Traum dort abstirbt. Deshalb ist Leidenschaft von so großer Bedeutung. Sie hält den Traum lebendig, auch in schwierigen Zeiten. Sie inspiriert. Deshalb sagt der dänische Philosoph Sören Kierkegaard: „Wenn ich nur einen Wunsch frei hätte, sollte ich mir nicht Reichtum oder Macht wünschen, sondern einen leidenschaftlichen Scharfsinn und ein wachsames Auge für Potenzial. Denn vergängliche Vergnügungen enttäuschen; Möglichkeiten nie."

DIE KRAFT DER LEIDENSCHAFT

Was ist Leidenschaft? Sie ist die Art Begeisterung, die einem nicht nur Energie und Fokus für die Gegenwart gibt, sondern auch die Kraft, in der Zukunft stetig vorwärtszugehen. Sie gibt einem immer wieder Nahrung, um den eigenen Traum zu erreichen. Um mit den Worten von Will Hobbs zu sprechen: „Die Leidenschaft weckt Sie morgens, egal wer

Sie sind, wo Sie sind, wie alt Sie sind und treibt Sie aus dem Bett, weil es etwas gibt, das Sie gerne tun, woran Sie glauben, worin Sie gut sind – etwas, das größer ist als Sie selbst und das Sie kaum erwarten können, heute wieder anzupacken."

Mit einfachen Worten lässt sich sagen, dass die Leidenschaft in uns drei wesentliche Dinge bewirkt:

1. DIE LEIDENSCHAFT ZIEHT UNS HOCH – BEFÄHIGT UNS, ALLE WIDRIGKEITEN ZU BESIEGEN.

Immer wenn Sie versuchen, etwas Wertvolles zu bewegen, werden Sie mit Widrigkeiten zu kämpfen haben. Leidenschaft kann Ihnen dabei helfen, durchzuhalten. Im Juli 2007 sprach ich für „Maxima Global Consulting" in Johannesburg, Südafrika. Obwohl die Reise nach Johannesburg lang war, empfand ich die Tagung als ein sehr angenehmes Erlebnis. Am Tag danach hatte ich die Gelegenheit, mit den Organisatoren zusammenzusitzen und mit ihnen darüber zu sprechen. Thalita Boikhutso, die Geschäftsführerin der Firma und schon seit zehn Jahren im Bereich der Persönlichkeitsentwicklung tätig, war für die gesamte Zusammenstellung der Tagung verantwortlich. Als wir uns unterhielten, wiederholte sie immer wieder, dass „ein Traum wahr geworden war". Als ich sie bat, das zu erläutern, sagte sie, dass sie im vergangen Jahr ein neues Konzept zur Entwicklung der Leadership für das Unternehmen entwickelt habe: eine internationale Leadership-Tagung.

„Ich habe im Jahr 2006 entschieden", sagte sie, „dass ich jedes Jahr mindestens ein großes Event veranstalten werde, das nicht nur mir dabei hilft, zu wachsen, sondern auch vielen anderen Menschen in meinem Land. Was war meine Definition von *groß*? Für mich war es etwas, wovon ich glaubte, dass es unmöglich wäre – etwas mit großem Risiko. Sie, Dr. Maxwell, dazu zu bewegen, zu dieser großen Veranstaltung nach Südafrika zu kommen, war mein höchstes Ziel für 2007 – und ich war fest entschlossen es möglich zu machen."

Dann beschrieb sie, welche Herausforderungen sie überwinden musste, um die Tagung abhalten zu können. So konnte sie zum Beispiel ihren Geschäftspartner nicht dafür gewinnen, bis sie ihm anbot, eventuelle Verluste des Unternehmens aus eigener Tasche zu erstatten. Als es ihr nicht gelang, weitere Firmensponsoren zu finden, gab sie nicht auf. Ihre *Leidenschaft* hatte sie hindurchgetragen und schließlich konnte sie das ganze Team gewinnen.

„Vor der Tagung wussten viele, was dieses Ereignis für mich und mein Unternehmen bedeutete", sagte Thalita, „aber nur sehr wenige verstanden, was es auch für sie und ihre eigenen Unternehmungen bedeuten würde. Am Ende der Tagung wünschten sich viele, dass sie Freunde, ihre Familien und mehr Menschen aus ihrer Organisation eingeladen hätten, viele wünschten sich, dass es eine ähnliche Tagung in naher Zukunft geben würde und viele fassten ihren Gesamteindruck in einem Wort zusammen: *fantastisch*. Der Weg war lang, aber das Ergebnis von all dem – unbezahlbar. Das ist der Traum, der für mich wahr wurde!"

Der am meisten inspirierende Teil eines Traumes ist sein Ursprung. Wir alle haben schon den Nervenkitzel der Geburt eines Traumes erlebt. Wir sehen die Möglichkeiten. Wir fühlen den Reiz dessen, was sein könnte. Wir verbildlichen uns eine positive Zukunft. Vielleicht erfahren wir auch die Bestätigung unserer Freunde, die uns Erfolg wünschen – und dann … fangen wir an. Doch schnell erkennen wir, dass zwischen Traum und Wirklichkeit harte Arbeit liegt! So wie jedes junge Elternpaar herausfindet, dass es viel mühevoller ist ein Baby großzuziehen, als eines zu zeugen.

Zwischen Traum und Wirklichkeit liegt harte Arbeit!

Was beflügelt uns in herausfordernden Zeiten? Was gibt uns die Kraft, Widrigkeiten zu überwinden? Leidenschaft! Der Dichter William Arthur Ward schlägt uns folgenden Schlüssel zum Erfolg vor:

Glaube – während andere zweifeln.
Plane – während andere spielen.
Lerne – während andere schlafen.
Entscheide – während andere zögern.
Bereite dich vor – während andere tagträumen.
Beginne – während andere aufschieben.
Arbeite – während andere wünschen.
Spare – während andere verschwenden.
Höre hin – während andere sprechen.
Lächle – während andere seufzen.
Lobe – während andere kritisieren.
Halte durch – während andere aufgeben.[1]

Was wird Ihnen die Energie geben, um zu glauben, zu planen, zu lernen, zu entscheiden, vorzubereiten, zu beginnen, zu arbeiten, zu sparen, hinzuhören, zu lächeln, zu loben und durchzuhalten? Die Antwort ist: Leidenschaft!

2. LEIDENSCHAFT TREIBT UNS HINAUS – GIBT UNS INITIATIVE.

Um im Leben erfolgreich zu sein, müssen wir in unserer Kraftzone bleiben, aber unsere Komfortzone ständig verlassen. Denken Sie darüber nach. Haben Sie jemals etwas Bedeutsames erreicht, während Sie in Ihrer Komfortzone geblieben sind? Ich wette, die Antwort darauf ist Nein.

> *Um im Leben erfolgreich zu sein, müssen wir in unserer Kraftzone bleiben, aber unsere Komfortzone ständig verlassen.*

Die meisten von uns verlassen die Komfortzone nicht gerne. Wir wehren uns sogar. Wir lieben das Gefühl der Sicherheit und Geborgenheit. Wir wollen nicht komisch wirken oder auf die Nase fallen. Je älter wir werden, desto mehr neigen wir ganz selbstverständlich dazu, selbstzufriedener zu werden. Das ist ein Problem, denn Selbstzufriedenheit tötet jegliche Leidenschaft. Sie stutzt unsere Flügel und hält uns vom Fliegen ab, egal wie sehr wir es wünschen. Sie lässt unsere Träume unerreichbar werden.

Man braucht Initiative, um erfolgreich zu sein, um einen Traum zu erreichen. Es wird von uns verlangt, ein Risiko einzugehen. Der Dramatiker George Bernard Shaw erklärt: „Ich habe die *vernünftigen* Leute so satt: Sie haben immer einen Grund, nichts zu tun." Leidenschaft macht uns *un-vernünftig*. Sie drängt uns dazu, unsere Komfortzone zu verlassen und die Schwelle unserer Zweifel zu überschreiten. Sie treibt uns aus der Tür, damit wir zu unserer Reise aufbrechen können – hin zu unseren Träumen.

3. LEIDENSCHAFT BRINGT UNS IN EINE GUTE POSITION – GIBT UNS DIE GRÖSSTEN ERFOLGSCHANCEN.

Der Missionsarzt Albert Schweizer beobachtete: „Erfolg ist nicht der Schlüssel zum Glücklichsein. Glücklichsein ist der Schlüssel zum Erfolg. Wenn Sie das, was Sie tun, lieben, werden Sie Erfolg haben." Wenn wir Leidenschaft besitzen und uns selbst erlauben, ihr nachzugehen, dann wird sie uns im Leben richtig positionieren. Sie bringt uns auf Erfolgskurs. Wenn wir unserer Leidenschaft nicht folgen, werden wir uns in einer schwierigen Situation wiederfinden, einer, die nicht wirklich zu uns passt. Deshalb empfahl Richard Elder:

> „Ein Leben in Sicherheit führt meist später im Leben zu Reue. Uns allen wurden Talente und Träume gegeben. Manchmal passen die beiden nicht zusammen. Aber viel öfter kommt es

vor, dass wir bei beidem Kompromisse eingehen, bevor wir es jemals herausfinden konnten. Später, egal wie erfolgreich wir sind, werden wir sehnsuchtsvoll auf die Zeit zurückschauen, in der wir unseren wahren Träumen und Talenten hätten folgen sollen. Lassen Sie sich nie dazu überreden, zu denken, dass Ihre Träume oder Talente nicht gut genug seien. Sie wurden nie dazu geschaffen gut genug zu sein. Sie sollten Ihnen Freude und Erfüllung in Ihr Leben bringen.“[2]

„Erfolg ist nicht der Schlüssel zum Glücklichsein. Glücklichsein ist der Schlüssel zum Erfolg. Wenn Sie das, was Sie tun, lieben, werden Sie Erfolg haben.“

ALBERT SCHWEITZER

Die meisten Menschen auf dieser Welt folgen nicht ihrer Leidenschaft. Das Ergebnis ist, dass sie frustriert und unglücklich sind. Das sieht man daran, wie sie ihr Leben führen. Der Verleger Malcolm Forbes stellte fest: „Der größte Fehler, den die Menschen machen, ist der, nicht zu versuchen, ihren Lebensunterhalt mit dem zu verdienen, das sie lieben.“ Als Resultat davon versuchen sie einfach, ihr Arbeitsleben zu ertragen, anstatt das Beste daraus zu machen. Sie leben für die Wochenenden. Sie versuchen bis zur Rente durchzuhalten. Das ist wirklich eine Schande, denn die Erfolgschancen eines Menschen sind proportional damit verbunden, wie viel Freude er aus dem schöpft, was er tut. Wenn er hier stehen bleibt, bringt er sich selbst in eine sehr angespannte, schwierige Situation. Wenn er seiner Leidenschaft folgt, bringt er sich jedoch in eine gute Ausgangsposition.

Tommy Lasorda, der ehemalige Trainer der Los Angeles Dodgers, zeigte seine Leidenschaft für Baseball während eines Radiointerviews, das er im Anschluss an eine entmutigende Niederlage in der National-Liga gab. Trotz der Niederlage sprach er immer noch enthusiastisch über das Spiel. Der Moderator war erstaunt und fragte ihn, wie er nach einer Niederlage in einem solch wichtigen Spiel so euphorisch sein könne.

„Der beste Tag in meinem Leben ist der, an dem ich mein Team zum Sieg führen kann", antwortete Lasorda, „und der zweitbeste Tag in meinem Leben ist der, an dem ich mein Team bei einer Niederlage begleite." Die absolute Leidenschaft des Trainers war Baseball und jeder Tag, an dem er an einem Spiel beteiligt war, war ein Tag, an dem er seinen Traum lebte.

Träume werden wahr, wenn Begabungen mit dem Feuer der Leidenschaft entzündet werden. Der beste Erfolgstipp für Ihre Karriere ist der: Entdecken Sie Ihre Leidenschaft und folgen Sie ihr! Wenn Sie Ihren Traum zum Beruf machen, werden Sie an den meisten Tagen Ihres Lebens Erfüllung erfahren. Der Autor Logan Pearsall Smith fand heraus: „Es gibt zwei Dinge im Leben, nach denen wir streben sollten: erstens, das zu bekommen, das wir uns wünschen, und zweitens, es anschließend zu genießen. Nur die weisesten Menschen erreichen das Zweite."[3]

„Es gibt zwei Dinge im Leben nach denen wir streben sollten:
erstens, das zu bekommen, das wir uns wünschen,
und zweitens, es anschließend zu genießen.
Nur die weisesten Menschen erreichen das Zweite."

LOGAN PEARSALL SMITH

DER GITARRENMANN

Ein Mensch, der bekommen hat, was er wollte, und es sicherlich auch genießt, ist Bob Taylor. Ich traf Bob Anfang der 80er-Jahre, als ich Leiter der Skyline Kirchengemeinde in San Diego war. Bob spielte in der dortigen Musikgruppe Gitarre. Mein erster Eindruck damals war, dass er ein sehr netter Mann war. Er war zielstrebig und trotzdem völlig entspannt – außer wenn es um ein Thema ging: Gitarren. Nun müssen Sie verstehen, dass Bob der Gründer und Geschäftsführer von Taylor Guitars ist und es sein Lebenswerk und seine absolute Leidenschaft ist, Gitarren herzustellen.

Seit seiner Kindheit hatte Bob nur zwei Interessen. Zum einen wollte er immer wissen, wie die Dinge funktionierten. So erzählt er, dass schon als kleines Kind zu seinen Spielsachen immer ein Schraubenzieher und ein Mutternschlüssel gehörten. Egal, was er zu Weihnachten geschenkt bekam – am zweiten Weihnachtsfeiertag war es auseinandergebaut.

Bob sagt: „Für mich war eine elektrische Eisenbahn nur interessant, wenn ich durch sie lernen konnte, wie elektrische Motoren funktionierten. Ich sah einfach keinen Sinn darin, dem Zug beim Herumfahren einfach nur zuzusehen."

Zum anderen galt sein Interesse den Gitarren. Er kaufte seinem Freund die erste akustische Gitarre für drei Dollar ab, als er neun war. Schon kurz darauf bastelte er an ihr herum. Als er zehn war, sägte er den Gitarrenhals ab und versuchte, damit eine elektrische Gitarre herzustellen. Es funktionierte nicht, aber schon in diesem jungen Alter hatte er den Wunsch, aus wenigem etwas Neues zu schaffen.

In der Highschool war Bob ein wahrer Künstler im Fach Werken und gewann zweimal hintereinander mit Metallprojekten die „California State Industrial Art Exposition". In der 11. Klasse wandte er sich jedoch der Holzarbeit zu und begeisterte sich für ein Projekt, das nicht einmal sein Lehrer umsetzen konnte: eine zwölfsaitige Gitarre. Er brauchte fast das gesamte Jahr, aber schließlich schaffte er es.

Im nächsten Jahr konstruierte Bob zwei weitere Gitarren in seiner Freizeit. Danach wusste er, womit er sein Leben verbringen wollte. Er überraschte seine Eltern mit der Ankündigung, er wolle nicht mehr aufs College gehen, sondern stattdessen Gitarrenbauer werden. Seine Mutter weinte. Sie befürchtete, dass er keinen Erfolg haben würde. Man muss jedoch nicht einem gewöhnlichen Pfad folgen, um Erfolg zu haben. Man muss seiner Leidenschaft folgen.

Im September 1973, nur drei Monate nachdem er die Highschool abgeschlossen hatte, arbeitete Bob in einem kleinen Hippiegeschäft, das

Gitarren herstellte und „American Dream" hieß. Jeder Arbeiter war hier halb selbstständiger Subunternehmer. Bob fiel sofort auf. Ein Mitarbeiter sagt über Bob: „Er kam gerade frisch aus der Highschool und schon überragte er uns andere, was die Geschwindigkeit und die Qualität seiner Arbeit betraf. Alles, was er tat, war, sich hinzusetzen und loszulegen … er hatte einen solchen Drang zur Spitzenleistung, wie ich es noch nie zuvor erlebt hatte."[4]

Bob machte sich an die Arbeit und benutzte einige Werkzeuge des Geschäftseigentümers und andere, die er im Werkunterricht der Highschool selbst hergestellt hatte. Er sammelte Wissen, gewann an Geschwindigkeit und Erfahrung.

„Ich brauchte einen Monat, um die erste Gitarre zu bauen", erinnert sich Bob, „und das war viel zu lange. Ich verdiente an jeder Gitarre nur ein paar Hundert Dollar und ich würde nicht davon leben können, wenn ich nur zwölf Gitarren im Jahr baute. In dieser Zeit hielt ich mein handwerkliches Können und meine Gedanken für die Werkzeuge, die am meisten Verbesserung nötig hatten. Deshalb arbeitete ich an meiner Geschicklichkeit und meiner Einstellung. Ich begann, zu lernen, wie ich die Gitarren mit meinen bloßen Händen schneller und besser bauen konnte. Später in meiner Karriere begann ich, Werkzeuge einzusetzen, um den Konstruktionsprozess zu beschleunigen."[5]

Bob arbeitete hart und experimentierte immer weiter mit neuen Konstruktionstechniken. Sein Verlangen danach, exzellente Gitarren zu bauen, wuchs mit jedem Projekt.

Das alles fand er absolut fesselnd: „Nichts fühlt sich auch nur annähernd so an, wie der Verkauf einer selbstgebauten Gitarre."[6]

VOM GITARRENBAUER ZUM GESCHÄFTSINHABER

Ein Jahr nachdem Bob angefangen hatte, entschloss sich der Eigentümer, der niemals Geld mit seinem Geschäft verdient hatte, es zu verkaufen. Zwei junge Männer, die sich mit der Nacharbeit der Gitarren beschäftigten, entschieden sich dafür, das Angebot zu unterschreiben. Einer von ihnen, Kurt Listug, erhielt von seinem Vater den Rat, eine dritte Person dazuzuholen, die wirklich wusste, wie man Gitarren baut. Bob war bereits der Beste im ganzen Unternehmen, deshalb fragte Kurt, ob er dabei sein wolle. Im Oktober 1974 erwarben die drei das Unternehmen und eröffneten ihr Geschäft. Da Bob der Gitarrenbauer war, entschieden sie, dass der Name Taylor auf den Instrumenten stehen solle.

Im nächsten Jahr arbeiteten alle hart und fleißig. Bob war der Gitarrenbauer und der Designer. Er kaufte das Holz, das für die Gitarren in Stücke gesägt wurde. Er entwickelte neue Bautechniken und Designs, wie zum Beispiel einen angeschraubten Hals. Er stellte sogar seine eigenen Werkzeuge her, wenn das nötig war, und er sprach mit jedem Gitarrenbauer und Spezialisten für Reparaturen, den er finden konnte. Er war ständig dabei, zu lernen.

Währenddessen versuchte Kurt Listug das Geschäft zu führen und gleichzeitig im Laden zu helfen. Es war jedoch ein ständiger Kampf, vor allem in finanzieller Hinsicht. Zehn Jahre lang dümpelten sie dahin und nahmen mehrmals Kredite auf, um die laufenden Kosten zu decken. In den ersten Jahren zahlten sie sich nichts aus. Es kostete Bob viel Überwindung, als die Geschäftspartner 1977 beschlossen, sich selbst einen Lohn von 15 Dollar die Woche zu bezahlen. Leider wurden die Lohnschecks von ihnen oft nicht eingelöst, da sie wussten, dass nicht genug auf dem Konto war, um sie zu decken. 1983 kauften Bob und Kurt die Anteile des dritten Partners, da dieser nicht länger den Enthusiasmus für ihr Unternehmen teilte.

Trotz der mehr als horrenden finanziellen Belastung war Bob begeistert. Wenn er im Unternehmen war, baute er Gitarren. Wenn er woanders war, dachte er daran. „Ich war angesichts des fehlenden Geldes angespannt", erklärt Bob, „aber ich war auch sehr glücklich in diesen Tagen, weil ich wirklich Gitarren baute und meinen Traum lebte. Der einzige Grund, warum diese Gitarren – aus meiner Sicht – verkauft werden mussten, war der, dass ich weiterhin Gitarren herstellen konnte

… Ich hatte einfach Angst davor, dass wir das Unternehmen aufgeben müssten und ich einer Tätigkeit nachgehen müsste, die ich hasste."[7]

LEIDENSCHAFT ZAHLT SICH SCHLIESSLICH FINANZIELL AUS

Mitte der 80er-Jahre wendete sich plötzlich das Blatt, obwohl akustische Gitarren zu dieser Zeit in der Musikszene aus der Mode waren. Ihr Unternehmen produzierte bis zu 22 Gitarren pro Woche. Kurt Listug konnte erfolgreich erste Musikläden gewinnen, die ihre Gitarren kauften. Zum ersten Mal machten sie Gewinn. Was sie bis hierher beflügelt hatte, war ihre Leidenschaft! Sie gab ihren Träumen kontinuierlich Nahrung. Der Gitarrenvirtuose, Chris Proctor, sagt: „Bob wacht morgens auf und möchte noch bessere Gitarren bauen. Kurt wacht morgens auf und möchte das Unternehmen besser machen."[8]

Heute gehört Taylor Guitars zu den erfolgreichsten Instrumentenherstellern weltweit. Das Unternehmen ist für seine Innovationen in Design und Konstruktion seiner Instrumente bekannt. Durch Bobs Leidenschaft, sein unglaubliches Wissen über Gitarren und seine Fähigkeit, Werkzeuge zu entwerfen und zu bauen, wurde das Unternehmen Pionier im Gebrauch computergesteuerter Fräsmaschinen, erfand umweltfreundliche Lacke und entwickelte Bautechniken, die den Bestand von bedrohten exotischen Holzarten sicherten. Währenddessen produzierten die Mitarbeiter Gitarren von exzellenter Qualität und unglaublicher Beständigkeit. Das Unternehmen ist enorm gewachsen. Heute beschäftigt Taylor über 450 Mitarbeiter und produziert mehr als 72.000 Instrumente pro Jahr.[9]

Was allerdings noch viel bemerkenswerter ist: Taylor Guitars ist auch dafür bekannt, dass es sein Wissen an andere Hersteller weitergibt. Warum? Bob liebt Gitarren und die Menschen, die sie herstellen. Er erinnert sich daran, wie offen und hilfsbereit andere Gitarrenbauer waren, als er am Anfang stand und gerade begann, zu lernen.

„Seit damals habe ich immer gespürt, dass ich mit meinem Wissen so großzügig sein sollte, wie die anderen Gitarrenbauer damals zu mir", sagt er.[10] „Ich denke, ich werde damit zufrieden sein, wenn die Leute sich eines Tages an mich erinnern, indem sie sagen: ‚Er hat die Welt der Gitarren besser zurückgelassen, als er sie vorfand.' Ich denke, es wäre toll, so in Erinnerung behalten zu werden."[11]

SO LIESST MAN DEN „LEIDENSCHAFTS-MESSER"

Also, wie viel Leidenschaft haben Sie für Ihren Traum? Wachen Sie morgens mit dem Gedanken daran auf und schlafen abends mit demselben Gedanken an Ihren Traum ein – so wie Bob? Sind Sie dazu bereit, Ihrem Traum zu folgen, auch wenn Sie nicht davon leben könnten? Sind Sie bereit dazu, sich abzurackern, Ihre Fähigkeiten und Ihre Einstellung mehr als ein Jahrzehnt lang zu verbessern, bevor andere Sie dafür anerkennen? Sogar heute, als wahrscheinlich erfolgreichster Gitarrenproduzent weltweit, versucht Bob Taylor immer noch, bessere Wege zu finden, um eine noch besser Gitarre herzustellen. Er ist unerbittlich. In den vergangen Jahren hat das Unternehmen, das immer akustische Gitarren gebaut hat, damit angefangen, innovative, elektrische Gitarren zu produzieren. Was zudem wirklich bemerkenswert ist, ist die Tatsache, dass Bob trotz seiner Leidenschaft und seiner Fokussierung auch ein starker Familienmensch ist, der schon mehr als 30 Jahre verheiratet ist!

Menschen, die ihre Träume erreichen, beantworten die Leidenschafts-Frage mit „Ja". Sie fühlen sich *gezwungen*, ihrem Traum zu folgen. Sie kümmern sich nicht darum, ob das normal erscheint oder praktisch. Selbst in der Highschool, als Bob an seiner allerersten Gitarre arbeitete, dachten die Menschen, er sei komisch und sie versuchten, ihn zu entmutigen.

„Hey, Taylor, was baust Du da?", fragten sie.

„Eine Gitarre", gab er zur Antwort.

„Bestimmt nicht. Er bildet sich ein, eine Gitarre zu bauen, aber das wird nichts. Er wird das niemals schaffen", hänselten sie ihn.

„Okay, ich baue keine", antwortete Bob und baute einfach weiter.

„Es war ein komisches Gefühl, aber es hat mir nicht so viel ausgemacht, weil ich es gewohnt war, für alle der Dumme zu sein und Dinge allein zu tun", sagt Bob.[12]

Wie schätzen Sie Ihre Leidenschaft ein? Denken Sie noch einmal an den „Leidenschafts-Messer" zurück. Wie viele Punkte würden Sie erzielen, wenn es um Ihren Traum ginge? Schauen Sie sich die Tabelle unten an, die man dazu nutzen kann, die Einstellung einer Person in einem beliebigen Bereich abzuschätzen:

DIE LEIDENSCHAFTS-SKALA

10. Meine Leidenschaft ist so brennend, dass sie andere Personen ansteckt.
9. Ich kann mir ein Leben ohne meinen Traum nicht vorstellen.
8. Ich opfere bereitwillig andere wichtige Dinge dafür.
7. Ich bin von meinem Traum angesteckt und meine Gedanken sind ständig damit beschäftigt.
6. Ich finde daran Gefallen, da er eines meiner vielen Interessen ist.
5. Ob ich den Traum erreiche oder nicht, ist zweitrangig.
4. Ich bevorzuge es, nicht darüber nachzudenken.
3. Ich gebe mir Mühe, ihn zu meiden.
2. Ich habe ihn auf die Liste der am wenigsten geliebten Aktivitäten gesetzt.
1. Ich hätte lieber eine Wurzelbehandlung ohne Betäubung.

Beim Versuch, Bob Taylors Leidenschaft für Gitarren einzuschätzen, erkannte ich sofort, dass er die volle Punktzahl erreichte. Ich bin kein Musiker, aber wenn Bob mit mir über Gitarren spricht, dann begeistert er sogar *mich*. Seine Leidenschaft ist mitreißend.

Was ist meine eigene Leidenschaft? Führungskräften einen Nutzen zu stiften. Daran denke ich die ganze Zeit. Ich habe in vielen anderen Bereichen meines Lebens Opfer gebracht, um etwas über Leadership zu lernen. Darauf habe ich mich in den letzten 20 Jahren meines Lebens konzentriert. Wenn ich heute darüber spreche, stecke ich andere damit an. Es ist das, was ich liebe und wofür ich lebe. Wenn ich über Leadership lehre, dann kann ich nicht anders, als zu denken: *Genau dafür wurde ich geschaffen*!

Denken Sie an Ihren Traum. Nun sehen Sie sich die Leidenschafts-Skala noch einmal an. Welcher Satz trifft auf Sie zu? Bereit zu sein, Opfer zu bringen, ist gerade erst der *Einstieg*, um genug Leidenschaft dafür zu besitzen, einen Traum auch zu erreichen. Alles darunter würde wahrscheinlich nicht ausreichen, um Sie voranzutragen. Hier kommen wir an einen weiteren wichtigen Punkt der Leidenschaft: Ausdauer. Für seinen Traum entzündet zu sein, reicht nicht aus, wenn man das Feuer nicht am Brennen hält. Wenn es Ihnen wie den meisten anderen ergeht, dann werden Sie Ihrer Leidenschaft erst einmal sehr lange folgen müssen, bevor Sie dafür Anerkennung von außen erfahren.

> *Wenn es Ihnen wie den meisten anderen ergeht, dann werden Sie Ihrer Leidenschaft erst einmal sehr lange folgen müssen, bevor Sie dafür Anerkennung von außen erfahren.*

WIE MAN DAS FEUER SCHÜRT

Wenn Ihre Leidenschaft acht, neun oder zehn Punkte erreicht, sind Sie gut gerüstet. Aber was, wenn nicht? Bedeutet das, dass Sie zum Scheitern verurteilt sind? Wenn Sie sich noch nicht so sehr davon angesteckt fühlen, Ihrem Traum zu folgen, werden Sie dann niemals seine Erfüllung erleben? Nicht unbedingt. Es besteht natürlich die Möglichkeit, dass Sie noch nicht den richtigen Traum entdeckt haben und zur Eigentums-Frage und zur Wirklichkeits-Frage zurückkehren müssen. Sie könnten jedoch auch auf dem richtigen Weg sein und einfach noch nicht genug Nahrung dafür besitzen. Wenn Sie sich hier wiederfinden, dann seien Sie gewiss, dass Sie einiges dafür tun können, um das Feuer Ihrer Leidenschaft zu schüren. Versuchen Sie einmal folgende Dinge, die Ihnen mehr Energie zum Voranschreiten schenken können:

1. BERÜCKSICHTIGEN SIE IHR NATURELL.

Jeder ist anders. Vielleicht sind Sie von Natur aus eher der melancholische (Sie möchten, dass die Dinge richtig getan werden) oder phlegmatische (Sie schätzen die Friedlichkeit) Typ; vielleicht sind Sie nicht von Natur aus enthusiastisch oder initiativ. Das ist völlig in Ordnung. Sie müssen das nur berücksichtigen. Mein Lektor, Charlie Wetzel, besitzt beide Charakterzüge. Deshalb ist er nicht der Typ, der großes Aufheben macht und alle um sich herum für die Dinge begeistert, von denen er selbst begeistert ist. Dennoch setzt er sich mit unendlicher Beharrlichkeit für diese Dinge ein. Er hat mit mir in den letzten 14 Jahren an über 45 Büchern gearbeitet. Niemand tut das ohne Ausdauer. Wenn Sie wie Charlie sind, dann können Sie sich wahrscheinlich mit der gleichen konsequenten Nachhaltigkeit hingeben, die Teil dieser Persönlichkeitsstruktur ist.

Im umgekehrten Fall sind Sie vielleicht eher Sanguiniker (Sie möchten Spaß haben) oder Choleriker (Sie möchten die Dinge auf Ihre Art tun), dann sind Sie wahrscheinlich sehr leidenschaftlich für *alles*, das Ihnen wichtig ist. Sie laufen jedoch auch Gefahr, schnell das Interesse an einer Sache zu verlieren. Ihr Feuer brennt lichterloh, aber es hält nicht lange an. Das ist zum Beispiel mein Persönlichkeitsprofil. Ich bin schnell begeistert von etwas, aber ich gehe auch gerne schnell zum nächsten großen Ereignis über. Das müssen Sie ebenfalls berücksichtigen.

Das ist die Quintessenz: Die Leidenschaft zu erhalten ist wie Kochen. Ein Stück Rinderfilet gelingt am besten, wenn man es für kurze Zeit sehr heiß anbrät. Ein anderes Stück Fleisch, wie zum Beispiel Hähnchen, wird am besten für längere Zeit bei geringerer Hitze gegart. Auf beide Arten erhält man ein wohlschmeckendes Gericht. Sie müssen nur wissen, welche Art von Fleisch Sie vor sich haben und wie man es zubereitet.

2. BEHALTEN SIE IM AUGE, WAS IHNEN WICHTIG IST.

In einem der – meiner Ansicht nach – besten Bücher über Leadership, *The Leadership Challenge* von James Kouzes und Barry Posner, fragten die Autoren John H. Stanford, den Generalmajor der US-Armee, wie er Führungskräfte hervorbringt. Stanford antwortete:

„Auf diese Frage antworte ich immer gleich: Ich habe das Erfolgsgeheimnis des Lebens gefunden. Das Erfolgsgeheimnis ist: verliebt bleiben. Wenn man verliebt bleibt, gibt es einem das Feuer, um andere Menschen anzuzünden, in das Herz anderer Menschen hineinzusehen und ein größeres Verlangen danach zu haben, Dinge zu bewegen, als es andere Menschen haben. Eine Person, die nicht verliebt ist, spürt nicht diesen Reiz, der einem hilft vorwärtszukommen und andere zum Erfolg zu führen. Ich kenne kein anderes Feuer oder irgendetwas Ähnliches im Leben, das belebender oder ein besseres Gefühl ist als die Liebe.“[13]

Stanford hatte erkannt, dass seine Leidenschaft – die Liebe für die Menschen – die Oberhand behalten musste. Täte sie dies nicht, dann wäre er unfähig, sie gut zu führen. Viele Menschen machen genau das nicht. Sie verlieren das aus den Augen, das ihnen wirklich wichtig ist, und als Ergebnis erlischt ihr Feuer.

Wenn Sie keine Leidenschaft für Ihren Traum empfinden, dann erinnern Sie sich an das, was Ihnen wichtig ist und was in erster Linie der Grund ist, warum Sie Ihren Traum erreichen möchten. So lange Sie sich das vor Augen führen, wird es Ihnen leichter fallen, das Feuer am Brennen zu halten.

3. ÜBERWINDEN SIE DIE ANGST DAVOR, ANDERS ALS ANDERE ZU SEIN.

Ich habe bereits erwähnt, dass Bob Taylor anders als seine Mitschüler war. Diese Kinder haben ihn oft nicht verstanden. Aber Sie sind vielleicht überrascht darüber, dass er im „American Dream", dem Gitarrenladen, wo er mit 19 zu arbeiten begann, auch nicht richtig dazu passte. Greg Deering, der schon dort arbeitete, als Bob anfing, erinnert sich: „Bob war anders als alle anderen. Er war der Einzige, abgesehen von mir und Sam [dem Besitzer], der kein langhaariger Hippie war."[14] Bob war egal, dass er anders war. Er folgte seinem Traum.

Am Anfang meiner eigenen Karriere fühlte auch ich mich wie ein Außenseiter. Ich hatte nie das Gefühl, dass ich zu den anderen Menschen, die ich im Bereich der Missionsarbeit kannte, gehörte. Ich war nie „einer von ihnen". Zu Beginn hat mich das gestört. Ich glaubte jedoch an das, was ich tat, und ich wollte eine Kirchengemeinde aufbauen, die etwas bewegte. Ich strebte nach vorn. Es dauerte zwar viele Jahre, aber schließlich gelang es mir. Und dann – zu meiner Überraschung – begannen die Menschen, mich um Rat zu fragen.

Menschen, die ihre Träume erreichen, fallen auf. Sie können nicht Teil der Masse sein und gleichzeitig Ihren Traum realisieren. Wenn Sie ein außergewöhnliches Leben führen und außergewöhnliche Dinge tun möchten, müssen Sie Ihrer Leidenschaft folgen und sich nicht darum kümmern, was andere über Sie denken.

Menschen, die ihre Träume erreichen, fallen auf. Sie können nicht Teil der Masse sein und gleichzeitig Ihren Traum realisieren.

4. TROTZEN SIE DER GLEICHGÜLTIGKEIT, DIE OFT MIT DEM ALTER ZUNIMMT.

Kinder sind von Natur aus leidenschaftlich und enthusiastisch. Sie lieben das Leben und haben große Träume. Manche behalten diesen Enthusiasmus und diese Energie ihre ganze Kindheit hindurch bis ins frühe Erwachsenenalter. Irgendwo auf diesem Weg verlieren jedoch die meisten Menschen ihren Enthusiasmus für ihr Leben und die Gleichgültigkeit wächst. Vielleicht kommt es daher, weil sie ihren Idealismus verlieren. Oder vielleicht werden sie durch Konflikte oder die Herausforderungen des Alltags entmutigt. Egal wie – sie verlieren ihre Leidenschaft. Viele schaffen sich ein bequemes, aber unbefriedigendes Hamsterrad und geben auf.

Lassen Sie nicht zu, dass es Ihnen genauso ergeht. Egal, welche Enttäuschungen oder Schwierigkeiten Sie erlebt haben, lassen Sie davon nicht Ihre Leidenschaft auffressen. Sogar Menschen, die harte Schicksalsschläge erleben mussten, können in diesen einen Sinn finden. In jeder Altersklasse und auf jeder Stufe des Lebens gibt es Hindernisse und Chancen, Strapazen und Siege. Es liegt an Ihnen das Beste aus dem Positivem zu machen und sich nicht von dem Negativem nach unten ziehen zu lassen. So fand ich zum Beispiel irgendwann nach meinem 60. Geburtstag heraus, dass ich weniger Energie zur Verfügung hatte, als ich es gewohnt war. Am Anfang ärgerte ich mich sehr darüber, da ich nicht kürzertreten wollte. Jetzt mache ich einfach das Beste aus meiner Freizeit und genieße die Zeit mit meiner Familie und meinen fünf Enkelkindern. Ich genieße diesen Lebensabschnitt mehr als jeden anderen.

Wie beantworten Sie nun die Leidenschafts-Frage? Zwingt Sie Ihr Traum, ihm zu folgen? Falls nicht, sind Sie dann bereit, zu tun, was nötig ist, um Ihre Leidenschaft zu entfachen, damit sie Ihnen über Hindernisse hinweghilft und sie für lange Zeit davon beflügelt werden?

Leidenschaft allein reicht nicht aus, um Ihren Traum zu realisieren. Mir fallen allerdings nur sehr wenige Dinge ein, die wichtiger sind als Leidenschaft. Das zu tun, was Sie lieben, und das zu lieben, was Sie tun, gibt Ihnen Nahrung, die Sie kontinuierlich antreiben kann. Das wird die Art Ihres Denkens verändern, Ihre Art zu arbeiten und die Art, wie Sie mit anderen umgehen. Leidenschaft hat die Kraft, Sie zu verändern. So wie der Autor und Kritiker John Ruskin feststellte: „Wenn Liebe und Können aufeinandertreffen, dann kann man ein Meisterwerk erwarten."

Möchten Sie nicht genau das für Ihr Leben?

„Wenn Liebe und Können aufeinandertreffen, dann kann man ein Meisterwerk erwarten."

JOHN RUSKIN

KÖNNEN SIE DIE LEIDENSCHAFTS-FRAGE POSITIV BEANTWORTEN?

ZWINGT MICH MEIN TRAUM, IHM ZU FOLGEN?

Falls Ihnen die Leidenschaft, nach Ihrem Traum zu streben, fehlt, dann müssen Sie den Knoten lösen, um in diesem Bereich Ihres Lebens erfolgreich zu sein:

- *Fehlt Ihnen die Leidenschaft, weil Sie Ihren Traum nicht besitzen?* Wenn dem so ist, dann nehmen Sie sich Zeit zur Reflektion und zur Nachforschung. Kehren Sie zur Eigentums-Frage zurück und finden Sie heraus, ob Ihr Traum wirklich *Ihr* Traum ist.

- *Fehlt Ihnen die Leidenschaft, weil Sie Ihren Traum nicht klar genug sehen?* Sollte das das Problem sein, dann stellen Sie sich ein klares Bild Ihres Traumes vor und fangen Sie es schriftlich ein.

- *Fehlt Ihnen die Leidenschaft, weil Ihr Traum nicht mit Ihren Talenten und Fähigkeiten übereinstimmt?* Es ist schwer, die Leidenschaft für etwas aufrechtzuerhalten, worin man keinen Erfolg haben *kann.* Stellen Sie sicher, dass Ihr Traum auf Ihren Gaben basiert und auf Faktoren, die in Ihrer Kontrolle liegen.

- *Verschleiert Ihr Naturell Ihre Leidenschaft?* Wenn Sie der Typ Mensch sind, der sich nicht spontan begeistert, dann versuchen Sie, sich an dem zu orientieren, mit dem sie anderen Menschen durch Ihre Talente den größten Nutzen stiften. Dadurch bleiben Sie fokussiert und machen sich Ihre natürliche Ausdauer zunutze; dadurch halten Sie Ihre Leidenschaft am Brennen.

- *Wird Ihre Leidenschaft durch die Angst, anders zu sein, unterdrückt?* Falls Sie sich darüber Sorgen machen, dass sie anders sind, dann lesen Sie Biografien von Menschen, die Sie bewundern und die ihre Träume in ähnlichen Bereichen realisiert haben. Vielleicht inspiriert es Sie, zu wissen, dass Sie Ihren Vorbildern ganz ähnlich sind.

- *Hat Ihre Leidenschaft abgenommen, als Sie älter wurden?* Wenn das Älterwerden droht, das Feuer Ihres Traumes zu erlöschen, müssen Sie sich darüber klar werden, ob der Traum für einen anderen Lebensabschnitt bestimmt war oder etwas ist, das immer noch Ihre Zeit und Ihre Energie wert ist. Denken Sie darüber nach, was der Ursprung Ihres Interesses für diesen Traum war. Sich an die Quelle der Inspiration zu erinnern, könnte das Feuer wieder entfachen. Falls dies nicht geschieht, ist es an der Zeit, Ihren Traum an Ihren aktuellen Lebensabschnitt anzupassen.

Jede Person ist dazu fähig, die Kraft der Leidenschaft zu entdecken und sich zunutze zu machen – egal, wie alt sie ist, auf welcher Stufe des Lebens sie steht oder welches Temperament sie besitzt. Es ist nie zu früh oder zu spät, um zu träumen.

KAPITEL 5

Die Navigations-Frage: *Habe ich eine Strategie, um meinen Traum zu erreichen?*

Wir müssen nach Wegen suchen, wie wir selbst die treibende Kraft in unserem Leben sein können. Wir müssen die Verantwortung für unser eigenes Ziel übernehmen, ein erfülltes Leben gestalten und wirklich beginnen, unsere Träume zu leben.

Les Brown

Vor einigen Monaten ging ich mit ein paar Freunden Essen, nachdem wir ein Spiel der National Football League besucht hatten. Die meisten von ihnen waren Mitte 30 und ich war mit über 60 der Älteste der Gruppe. Also entschied ich mich, sie einmal nach ihrer Meinung zum Football, zur Politik und zu ihren Träumen zu fragen. Eine Frage war: „Wenn Du eine Sache tun könntest, um die Welt zu verändern, was wäre das?" Einige hatten noch nie darüber nachgedacht und fanden es schwer, eine Antwort zu finden. Andere hatten komplizierte oder erhabene Ziele.

„Was würdest Du tun, John?", fragte einer von ihnen nach ein paar Antworten. Ich hatte schon öfter darüber nachgedacht. Meine Antwort war, dass ich jedem Kind auf der Welt das Lesen beibringen würde. Ich bin der Ansicht, dass die Fähigkeit zu lesen alle anderen Türen zum Lernen und zur Persönlichkeitsentfaltung öffnen kann.

VON DEN MÖGLICHKEITEN TRÄUMEN

Kürzlich las ich einen Bericht über einen Mann, der ebenfalls darüber nachgedacht hatte, die Welt zu verändern, indem man Kinder beim Lernen unterstützt. Er hat sogar weit mehr getan, als nur darüber nachzudenken; er arbeitet hart daran, diesen Traum wahr werden zu lassen. Sein Name ist Nicholas Negroponte. Er begann seine Karriere, indem er am Massachusetts Institute of Technology (MIT) Architektur studierte und sich auf den innovativen Bereich des computerunterstützten Designs konzentrierte. Nach dem Bachelor- und Masterabschluss, trat er 1966 dem MIT bei. Von da an war er ständig in innovative Projekte, bei denen Computer beteiligt waren, involviert.[1]

Ich muss zugeben, dass ich mich nicht für Technologie interessiere. Wenn ich mich zum Schreiben hinsetze, dann nehme ich Stift und Block zur Hand. Trotzdem stieß ich auf einen Bericht, der mich faszinierte. Darin ging es um einen Laptop für 150 Dollar, der XO genannt wird, und der geschaffen wurde, um Kindern in Entwicklungsländern beim Lernen zu helfen. Er war die Idee von Nicholas Negroponte.

1982 nahm Negroponte die Einladung der französischen Regierung an, Teil eines Experiments zu sein, bei dem Computer in Entwicklungsländern eingesetzt wurden.[2] Mit Computern, die Steve Jobs gespendet hatte, arbeiteten Negroponte und einige andere mit Kindern im Senegal. Das Projekt hatte nur mäßigen Erfolg, aber es war der Ursprung für „One Laptop Per Child" (OLPC) – eine Initiative, die sehr günstige Computer für Kinder in Entwicklungsländern anbieten möchte und sogar in Gebieten, in denen es noch nicht einmal fließendes Wasser, Elektrizität oder Telefone gibt.

Negroponte träumte davon, ein Gerät zu entwickeln, das innovativ und robust ist und trotzdem einfach. Es hätte nur sehr wenig bewegliche Teile und wäre stabil genug, um den Umweltbelastungen dort standzuhalten. Es würde sich automatisch mit anderen Computern dieser

Art vernetzen und nur wenig Energie verbrauchen. Es könnte sogar nur mit Solarenergie oder mechanischer Energie betrieben werden.

Die Software wäre frei zugänglich. Das bedeutet, dass sie nicht durch Copyright geschützt würde und von jedem verwendet, abgerufen und verändert werden könnte. Dieses Konzept wurde als der „100-Dollar-Laptop" bekannt.

Durch seine 40-jährige Erfahrung im Bereich Innovation, hatte Negroponte die Fähigkeit und die nötigen Beziehungen, um die Entwicklung eines solchen Geräts zu unterstützen. Es war jedoch nicht die Technologie, die ihn fesselte, sondern vielmehr die Menschen, denen er helfen würde. Er erzählte oft: „OLPC ist ein Lernprojekt, kein Laptopprojekt." Negropontes Perspektive wurde geprägt durch seine Vision von OLPC: „Das wertvollste natürliche Gut einer jeden Generation sind ihre Kinder. Wir glauben, dass eine sich entwickelnde Welt dieses Gut wirksam einsetzen muss, indem sie die natürliche Fähigkeit der Kinder, zu lernen, sich mitzuteilen und selbst etwas zu erschaffen, sorgsam fördert. Unsere Antwort auf diese Herausforderung ist der XO-Laptop, ein Gerät für Kinder, geschaffen, um das ‚Lernen zu lernen'."[3]

2006 trat Negroponte als Vorstand des Medienlabors beim MIT zurück, damit er sich für den Rest seines Lebens der Erfüllung seines Traumes widmen konnte: Kinder zu sehen, die wachsen und ihr Potenzial entfalten.

DIE ERFOLGSSTRATEGIE FINDEN

Einige Menschen fanden schnell Worte der Kritik für Negropontes Traum. Der Geschäftsführer von Intel, Craig Barrett, bemerkte: „Herr Negroponte nannte es den 100-Dollar-Laptop. Ich denke, ein viel realistischerer Titel wäre die ‚100-Dollar-Spielerei'. Das Problem ist, dass Spielereien noch nie erfolgreich waren."[4] Andere dachten, dass Negroponte naiv sei, doch er strebte einfach nach vorn.

Um seinen Traum zu erreichen, brauchte Negroponte eine Strategie, die drei Punkte beinhaltete: (1) den Aufbau des Computers, (2) die kostengünstige Herstellung und (3) die Verteilung der Computer an die Kinder in der ganzen Welt, indem sie (zu sehr geringen Kosten) an die Entwicklungsländer verkauft würden.[5] Der erste Punkt war der einfachste. Obwohl sein Team einige Rückschläge und Verzögerungen hinnehmen musste, kamen sie doch schnell voran. Auch die zweite Hürde überwanden sie, als sie einen Hersteller fanden.

An diesem Punkt dachte Negroponte, dass sich der Rest nun ergeben würde. Aber er unterschätzte die Herausforderung der dritten Aufgabe gewaltig. Er hatte vor, direkt mit den Bildungsministerien der sieben Schlüsselstaaten China, Indien, Thailand, Ägypten, Nigeria, Brasilien und Argentinien zusammenzuarbeiten. Ohne eine Verkaufs- und Marketingabteilung würde er sie davon überzeugen, sieben bis zehn Millionen Geräte im ersten Jahr zu erwerben. Sobald die ersten Computer ausgeliefert sein würden, so glaubte er, würde der Rest der Welt folgen und im nächsten Jahr würden sie 100 bis 200 Millionen Computer verkaufen.

Ganz so lief es aber nicht. Die Bestellungen blieben aus. Sie brauchten Unterstützung. OLPC musste sich vom Träumer zum Strategen entwickeln. Dafür suchten sie Hilfe bei Brightstar, einem Mobilfunkhersteller und Großhändler mit Sitz in Miami, der auch schon in anderen Bereichen mit ihnen zusammenarbeitete. Diese Firma hatte bereits Erfahrungen auf Gebieten, auf denen Negroponte und seine Kollegen nicht bewandert waren. Negroponte gab zu:

> „Die meisten Menschen im Büro [des OLPC-Headquarters] sind nicht dafür qualifiziert, diesen Schritt durchzuführen. Wir sind gut darin, neue Ideen zu entwickeln, etwas anzustoßen etc. Deshalb übergaben wir alles, was mit Verkauf und Marketing zu tun hatte, Miami. Diese Menschen haben sehr viel Erfahrung darin, wie man die Logistik abwickelt, vom Ende der Produktion bis zur Schultür … Diese [strategischen Abläufe] werden von

> Menschen durchgeführt, die Anzüge tragen und die Welt des Vertriebs wirklich kennen, egal, ob es die politische Seite oder die geschäftliche Seite eines Landes ist."[6]

Negroponte hat seinen Traum nicht aufgegeben. Er hat seine Strategie überarbeitet und ist bereit, das zu tun, was nötig ist. Der Autor und Technologiejournalist Robert Buderi beobachtet an Negroponte Folgendes: „Er hat die Fähigkeit, die Beziehungen, die Energie und die Nerven dafür. Er ist ein wohlhabender Mann aus gutem Hause. Er ist nun 63 und hat als Gründer des Medienlabors des MIT bereits Ruhm erlangt. Anstatt sich jedoch zur Ruhe zu setzen, zu entspannen und das Leben zu genießen, hat er sich dafür entschieden, aufzustehen und das Leben anders auszukosten: Er setzt sich für einen Traum ein, der die Welt verändert."[7]

Während ich dieses Buch schreibe, hat er ihn noch nicht realisiert, aber er arbeitet noch immer daran. Im November 2007 begann die Massenfertigung. Im Dezember bestellte Peru 260.000 Stück.[8] Weitere 190.000 wurden von einem Programm der Vereinigten Staaten abgenommen, bei dem jeder Käufer einen XO für sich selbst erhielt und einer an ein Kind in einem Entwicklungsland gespendet wurde. In den kommenden Jahren werden wir beobachten können, ob sich Negroponte und OLPC weiterentwickeln können und eine Strategie finden, die groß genug für ihren Traum ist.

WIE SIEHT IHR PLAN AUS?

Haben Sie eine Strategie, um Ihren Traum zu erreichen? Wie beantworten Sie die Navigations-Frage? Entwickeln Sie gerade eine Strategie? Oder warten Sie auf eine gute Fee, die Ihnen aus der Klemme hilft? Wenn Sie sich wie eine der Disneyfiguren verhalten, die sich auf einen Stern wünscht und einfach nur wartet und darauf hofft, dass es wahr wird, werden Sie enttäuscht werden!

Es ist traurig, wenn Menschen keinen Traum haben. Aber es ist genauso traurig, wenn sie Träume haben, aber keine Strategie, um sie zu erreichen, keinen Weg, um hinaufzuklettern oder das Fundament unter sich zu bilden. Mit den Jahren habe ich versucht, ein Traumheber zu sein. Von Natur aus bin ich ein Ermutiger. Ich motiviere Menschen dazu, zu träumen, da ich glaube, dass viele Menschen einfach zu wenig vom Leben erwarten. Wenn ich jedoch mit manchen Menschen spreche und sie bitte, mir ihren Traum zu erzählen, erkenne ich, dass ihnen einfach die Verbindung zwischen ihrem jetzigen Standort und ihrem Zielpunkt fehlt.

„Das ist ein großartiger Traum!“, sage ich als Antwort auf ihre Ausführung. Dann frage ich: „Wie wollen Sie ihn erreichen?“ Einige haben keine Ahnung. Das mag in Ordnung sein, wenn ihr Traum wie der von Mike Hyatt (in Kapitel 2) ganz neu ist und sie gerade erst damit begonnen haben, eine Strategie zu erarbeiten. Wenn ich sie allerdings sechs Monate, ein Jahr oder fünf Jahre später wieder treffe und sie immer noch keine Strategie haben, dann haben sie ein ernstes Problem. Sie haben es verpasst, sich von einem Träumer zu einem Umsetzer zu entwickeln.

Es gibt keine Zauberformel für unsere Träume. Man kann nicht einfach abwarten. Man muss darauf hinarbeiten und man braucht eine Strategie, die dieser Arbeit die Richtung und den Fokus vorgibt. Der Grund, warum ich dieses Buch geschrieben habe ist, dass Sie eine realistische Ahnung davon bekommen, ob Sie Ihren Traum erreichen. Erinnern Sie sich daran? Je mehr der zehn Fragen sie positiv beantworten können, desto größer sind Ihre Erfolgschancen. Die Navigations-Frage ist der Dreh- und Angelpunkt der gesamten Sache. Wenn Sie eine Strategie haben, um Ihren Traum zu erreichen, stehen Ihre Chancen schon sehr gut – wenn nicht, dann könnten Sie genauso gut im Land der Fantasie leben.

Es gibt keine Zauberformel für unsere Träume. Man kann nicht einfach abwarten. Man muss darauf hinarbeiten.

Ein Freund stellte mir kürzlich das Ergebnis einer Studie vor, die 2005 von ThinkTQ, einer Bildung- und Verlagsorganisation, veröffentlicht worden war. Sie veranschaulicht, wie selten Menschen eine Strategie für ihren Traum entwickeln. Folgendes fand die Studie anhand der Testpersonen heraus:

- 26 % konzentrieren sich auf spezifische, konkrete Ziele, die sie im Leben erreichen möchten.
- 19 % setzen sich Ziele, die mit ihrer Berufung, ihrer Mission und ihrer Leidenschaft übereinstimmen.
- 15 % schreiben all ihre Ziele mit spezifischen, messbaren Details nieder.
- 12 % haben ein klar definiertes Ziel für jedes größere Interessengebiet und jeden Lebensbereich.
- 12 % bestimmen dazugehörige Tages-, Wochen- und Langzeitziele, versehen mit einem Datum.
- 7 % unternehmen täglich etwas, um an der Erfüllung mindestens eines Zieles zu arbeiten.[9]

Die Verfasser der Studie kommentieren: „Die Amerikaner erreichen in diesem entscheidenden Punkt gerade einmal die Note sechs. Einfach ausgedrückt versagen sie immer wieder darin, in die notwendigen Aktionen zu treten, um Ihre Träume und Visionen von ihren Herzen und Gedanken in ihr Leben zu transportieren." Letztendlich bedeutet das, dass die meisten Menschen daran scheitern, die richtigen Handlungen für das Erreichen ihres Traumes vorzunehmen. Dieses Scheitern ist das Ergebnis von viel zu wenig strategischem Planen.

WIE SIE IHREN TRAUM ABSICHERN

Die Englische Romanautorin Mary Webb gab folgenden Tipp: „Satteln Sie Ihre Träume, bevor Sie sie reiten." Was bedeutet das? Es bedeutet, dass wir das Planen planen sollten. Eine Strategie ist ein ebenso wichtiger Teil des Traumes wie der Traum selbst. Die meisten Menschen stimmen zu, dass Planen wichtig ist. Trotzdem weigern sie sich, es zu tun. Sie vergessen, das Planen zu einem Teil des Prozesses zu machen. Wir haben unseren Kopf so sehr im Himmel (Traum), dass unsere Füße den Kontakt zum Boden (Strategie) verlieren.

Mein Ziel mit diesem Kapitel ist es, Ihnen beim Planen des Planens zu helfen. Da jeder Traum einzigartig ist, kann ich nicht ins Detail gehen, aber ich kann Ihnen Ansatzpunkte für das Planen geben, die Sie unterstützen. Ich hoffe, die Punkte sind für Sie hilfreich:

BESTIMMEN SIE DIE ECKPUNKTE

Der Prozess, Ihren Traum zu realisieren, ist dem, per Navigationssystem ein Ziel zu erreichen, sehr ähnlich. Wenn dieses weiß, wo es sich befindet, und Sie eingeben, wo Sie ankommen möchten, berechnet es die Route. Der Unterschied zwischen einem Navigationssystem und Ihnen ist nur noch der, dass Sie auch noch die Schritt-für-Schritt-Planung selbst erstellen müssen. Der amerikanische Autor Mark Twain beharrt darauf: „Das Geheimnis, weiterzukommen, liegt darin, anzufangen. Das Geheimnis, anzufangen, liegt darin, die komplexen, überwältigenden Aufgaben in kleine, lösbare Aufgaben herunterzubrechen und dann mit der ersten zu beginnen."

> *„Das Geheimnis, weiterzukommen, liegt darin, anzufangen. Das Geheimnis, anzufangen, liegt darin, die komplexen, überwältigenden Aufgaben in kleine, lösbare Aufgaben herunterzubrechen und dann mit der ersten zu beginnen."*
>
> Mark Twain

Wenn ich einen Plan erstellen will, um einen Traum zu erreichen, dann beginne ich damit, meine Eckpunkte festzulegen …

1. *Meine derzeitige Position.* Zuerst frage ich mich: Wo stehe ich gerade? An diesem Punkt muss ich ehrlich mit mir selbst sein. Es ist unmöglich, die Realität meiner derzeitigen Situation zu ignorieren und erfolgreich zu sein. Wenn ich mir unsicher bin, wie meine derzeitige Position in Bezug auf meinen Traum aussieht, dann frage ich jemanden, der mir dabei hilft, es herauszufinden.

Der frühere Geschäftsführer von General Electric, Jack Welch, bemerkte: „Strategie ist zuallererst der Versuch, herauszufinden, wo genau man sich in der heutigen Welt befindet – nicht, wo man sich gerade zu sein wünscht oder hofft zu sein, sondern wo man wirklich ist. Dann ist Strategie der Versuch, zu verstehen, wo man in fünf Jahren ankommen möchte. Schließlich ist Strategie, die Chancen realistisch einzuschätzen, ob man es schaffen kann."

Wenn Sie wie die meisten Menschen sind, dann werden Sie von Ihrer aktuellen Situation wenig begeistert sein. Wenn Sie sich darüber Gedanken machen, nehmen Sie sich die Worte von Richard Evans, der *Die wundersame Schatulle* geschrieben hat, zu Herzen: „Jeder, der etwas erreicht hat, musste dort beginnen, wo er sich damals befand."

2. *Meine zukünftige Position.* Als Nächstes fasse ich in Worte, was ich erreichen möchte. Das kann ich tun, indem ich mich frage: Wie wird

mein Traum aussehen, wenn ich ihn realisiert habe? Meine zukünftige Position auszumachen, wird mir Wegweiser und Motivation sein, wenn ich meinem Traum folge. Der Industriemillionär Henry J. Kaiser, der Gründer von Kaiser Aluminum sowie von Kaiser Permanente Health Care, ist sicher: „Die Beweise dafür, dass man nicht damit beginnen kann, sein Bestmögliches zu erreichen, bis man sich nicht ein Ziel im Leben gesetzt hat, sind überwältigend."

„Die Beweise dafür, dass man nicht damit beginnen kann, sein Bestmögliches zu erreichen, bis man sich nicht ein Ziel im Leben gesetzt hat, sind überwältigend."

HENRY J. KAISER

3. *Die Zwischenschritte.* Nun versuche ich die Route dazwischen zu erstellen, indem ich frage: Welche Schritte muss ich gehen, um von meiner heutigen Situation aus ans Ziel zu gelangen? Sie müssen sich eine Reihe kleiner Ziele setzen, um von A nach B zu kommen. Ein Freund von mir, Dick Biggs, der ebenfalls Autor ist, schreibt: „Ihr Traum ist nur die Idealvorstellung von dem, was Sie erreichen wollen, aber Ihre Ziele sind spezifische, realistische Angaben, wie Sie dorthin kommen möchten."

Wenn Sie beginnen, die Schritte auf dem Weg zu Ihrem Traum aufzuschreiben, dann erwarten Sie nicht, dass diese schnell und einfach abgearbeitet werden. Pläne sind klar und einfach. Das Leben und die Realisierung eines Traumes sind chaotisch. Den Prozessablauf zu erstellen, ist ein Anfang. Es veranlasst uns, aufzubrechen, aber es ist alles andere als eine exakte Wissenschaft. Der Filmemacher George Lucas bemerkt: „Sich realistische Ziele zu setzen, ist eines der schwierigsten Dinge, da man oft nicht ganz genau weiß, wo man ankommt, aber das ist auch besser so. Für mich war es schon ein großes Ziel, in der Schule anständige Noten zu erhalten und Fächer zu belegen, die mich wirklich interessierten. Darauf konzentrierte ich mich."[10]

Viele Menschen verfallen dem Irrglauben, dass sie die Navigations-Frage schon beantwortet haben, wenn sie wissen, wo sie stehen, wo sie hin möchten und die Zwischenschritte definiert haben. Wenn das wahr wäre, müssten viel mehr Menschen ihre Träume erreichen. Zum Thema Strategie gibt es noch mehr Schritte. Das führt uns schon zum nächsten Punkt, den wir in diesem Prozess umsetzen müssen.

BETRACHTEN SIE ALL IHRE AKTIVITÄTEN

Der wahre Unterschied zwischen einem Traum und einfachem Wunschdenken liegt in der täglichen Aktivität. John Ruskin, ein englischer Autor, Kunsthistoriker und Sozialphilosoph, sagte: „Was wir denken, was wir wissen oder was wir glauben hat letztendlich wenig Relevanz. Einzig relevant ist, was wir tun." Um Ihren Traum zu erreichen, müssen Sie …

1. *Etwas tun.* Der Prozess beginnt mit dem Tun – damit, *irgendetwas* zu tun, falls Sie von Natur aus ein träger Mensch oder gerade entmutigt sind. John Hancock, der die Unabhängigkeitserklärung unterschrieb, stellte fest: „Jeder Mensch, der etwas auf sich hält, hat gute Gedanken, gute Ideen und gute Absichten, aber nur einige wenige setzen diese in Taten um."

Der wahre Unterschied zwischen einem Traum und einfachem Wunschdenken liegt in der täglichen Aktivität.

Zu Beginn müssen Sie einfach nur ins Tun kommen. Probieren Sie Verschiedenes aus. Es ist viel leichter etwas *Richtiges* zu tun, wenn Sie bereits damit begonnen haben, *etwas* zu tun. Dennis Bakke, Mitgründer und früherer Geschäftsführer von AES, einem Energieversorgungsunternehmen, sagte einmal: „Wir probieren einfach mehrere Aktionen, dann sehen wir, was funktioniert – und das nennen wir unsere Strategie.“ Mit anderen Worten: Wenn Sie nicht genau wissen, *was* zu tun ist, lassen Sie sich nicht davon abhalten, *etwas* zu tun.

2. *Heute etwas tun, das mit Ihrem Traum zusammenhängt.* Der Läufer, Autor und Kardiologe George Sheehan beobachtete: „Es gibt einige unter uns, die immer kurz davor stehen, mit dem Leben zu beginnen. Wir warten darauf, dass sich Umstände ändern, bis wir mehr Zeit haben, bis wir weniger müde sind, bis wir befördert wurden, bis wir uns eingewöhnt haben – bis, bis, bis. Es scheint so, als ob immer erst ein größeres Ereignis eintreten muss, bevor wir zu leben beginnen.“ Wenn Sie Ihre Träume erreichen möchten, können Sie es sich nicht erlauben, zu dieser Menschengruppe zu zählen! Wie vermeiden Sie das? Indem Sie etwas tun, das Sie *heute* Ihrem Traum näher bringt.

Der Nachrichtensprecher und Moderator der TV-Sendung *Hardball*, Chris Matthews, rät: „Welche Ambitionen Sie auch immer haben, egal, in welchem Bereich Sie tätig sein möchten, wenn Sie ein Spiel spielen möchten, dann gehen Sie dorthin, wo gespielt wird. Wenn Sie Anwalt werden möchten, studieren Sie Jura. Wenn Sie nicht auf die beste Universität gehen können, gehen Sie auf die bestmögliche. Dasselbe trifft auf den Bereich Medizin oder Wirtschaft oder was auch immer zu. Wenn Sie zum Fernsehen möchten, besorgen Sie sich einen Job – irgendeinen – in diesem Bereich. Das Wichtigste ist, dass Sie einen Fuß in die Tür bekommen.“[11] Er weiß das deshalb so genau, weil er, um in der Politik zu arbeiten, nach Washington D. C. ging und an jede Tür des Abgeordnetenhauses klopfte, um einen Job zu bekommen – irgendeinen Job. Schließlich organisierte ihm ein Abgeordneter einen Arbeitsplatz. Er beantwortete für ein paar Stunden am Tag provokante Briefe und arbeitete anschließend in der Schicht von 15.00 Uhr bis 23.00 Uhr als Sicherheitsbeamter im Kapitol. Das war nicht sein Endziel, aber es war ein Anfang.

Wenn Sie es wirklich ernst mit Ihrem Traum meinen, was können Sie *heute* umsetzen, um ihm einen Schritt näher zu kommen? Sie können

Ihren Traum nicht mit nur einem Schritt erreichen. Sie müssen mehrere Schritte machen und der einzige Zeitpunkt, um das zu tun, ist *heute.* Folgen Sie einfach dem Rat des deutschen Philosophen Johann Wolfgang von Goethe, der sagte:

> „Jede Unentschlossenheit bringt Verzögerung mit sich
> und Tage gehen verloren, indem man über verlorene Tage klagt.
> Was Sie tun können oder denken, tun zu können – beginnen Sie.
> Denn Mut hat etwas Magisches, Kraftvolles und Geniales an sich."

3. *Täglich etwas tun, das mit Ihrem Traum zusammenhängt.* Earl Nightingale, ein Lehrer im Bereich der Persönlichkeitsentfaltung, bemerkte: „Wir lesen Berichte über Menschen, die in einem Zehn-Meter-Segelboot die Welt umsegeln oder Herausforderungen überwinden, um eine Goldmedaille bei den Olympischen Spielen zu gewinnen, und später entdecken wir, dass deren Geschichten von Ausdauer erzählen." Ich würde sogar noch einen Schritt weitergehen und sagen, dass es in diesen Geschichten um *zielgerichtete* Ausdauer geht. Der Schlüssel zu Ihrem Erfolg lässt sich in Ihrem täglichen Terminkalender finden. Wenn Sie Tag für Tag die richtigen Dinge tun, dann werden Sie Fortschritte machen und schließlich das erreichen, wozu Sie sich aufgemacht haben – und das ist alles, was zählt.

PRÜFEN SIE SORGFÄLTIG ALL IHRE MÖGLICHKEITEN

George S. Patton, Jr., war General im Zweiten Weltkrieg und erklärte: „Erfolgreiche Generäle machen Pläne gemäß den Umständen, aber versuchen nicht, Umstände für ihre Pläne zu erschaffen." Sobald Sie einen Plan für die Realisierung Ihres Traumes erstellt haben – die Zwischenschritte, die Sie Ihrer Meinung nach ans Ziel bringen –, entsteht die Gefahr, dass Sie unflexibel werden und versuchen, mit aller Gewalt an Ihrem Plan festzuhalten. Manchmal ist es aber weiser, auch andere Möglichkeiten in Erwägung zu ziehen. Wenn es Ihnen schwerfällt, vorwärtszukommen, dann ändern Sie nicht vorschnell Ihren Traum. Sondern ändern Sie Ihren Plan.

> *„Erfolgreiche Generäle machen Pläne gemäß den Umständen, aber versuchen nicht, Umstände für ihre Pläne zu erschaffen.“*
>
> George S. Patton, jr.

Peter Drucker, der oft auch als Vater des modernen Managements bezeichnet wird, verstand die Ungewissheit des strategischen Planens, denn es geht hier nicht um eine exakte Wissenschaft. Jeder, der dabei ist, eine Route für seinen Traum zu planen, muss verstehen, dass es sehr wichtig ist, flexibel zu bleiben. Drucker bemerkte: „Strategisches Planen ist wichtig, gerade weil wir nicht in die Zukunft sehen können … Strategische Planung bezieht sich nicht auf zukünftige Entscheidungen. Sie bezieht sich auf die zukünftigen Auswirkungen unserer heutigen Entscheidungen. Entscheidungen existieren nur im Heute. Die Frage, die jedem, der eine strategische Entscheidung zu treffen hat, begegnet, ist nicht die, was sein Unternehmen morgen tun sollte. Sie lautet: ‚Was müssen wir heute tun, um auf die Ungewissheit des morgen vorbereitet zu sein?‘“[12] Die beste Art, wie wir der Ungewissheit von morgen begegnen, ist die, unsere Möglichkeiten zu betrachten, so wie sie sich entwickeln.

Ich habe festgestellt, dass oft die Situation selbst die beste Strategie entstehen lässt. So wie jeder Fußballspieler bereit dazu sein muss, seine Spieltaktik zu ändern, wenn er vom Trainer dazu aufgefordert wird, müssen wir bereit dazu sein, etwas zu verändern, um unsere Ziele zu erreichen. Sturköpfigkeit ist nicht angebracht, wenn es um den Versuch geht, unsere Träume zu realisieren.

Sam Walton, der Gründer von Wal-Mart, wurde oft als visionärer Leader bezeichnet. Sein Traum war es, den Kunden einen Nutzen zu stiften und damit deren Leben zu verbessern. Er war aber berüchtigt dafür, seine Pläne ständig zu ändern und Strategien, die nicht funktionierten, abzubrechen. Sams Sohn, Jim Walton, gab zu: „Wir alle lachten über die Journalisten, die unseren Vater für einen großartigen Strategen hielten, der intuitiv komplexe Pläne entwickelte und diese präzise umsetzte. Vater blühte auf in der Veränderung und keine Entscheidung war jemals heilig.“[13]

> *„Egal, wie genial die Strategie ist, ab und zu sollte man auch auf die Ergebnisse schauen.“*
>
> WINSTON CHURCHILL

Ich liebe den Satz, den der britische Premierminister Winston Churchill, ein begnadeter Sprecher und inspirierender Leader, über Strategie prägte: „Egal, wie genial die Strategie ist, ab und zu sollte man auch auf die Ergebnisse schauen.“ Die Ergebnisse sind entscheidend! Was ist gut an einer meisterhaft geplanten Strategie, die keine positiven Ergebnisse hervorbringt?

NUTZEN SIE ALL IHRE RESSOURCEN

Ich denke, jeder Autor träumt davon, einen Bestseller zu schreiben. Zumindest wollte ich das immer. 1997 hatte ich bereits Dutzende Bücher geschrieben und obwohl ich damit einigen Menschen geholfen hatte, hatte ich nicht das erreicht, wonach ich mich sehnte. Ich glaube, dass viele Autoren ein Buch schreiben, es an einen Verlag senden und dann einfach hoffen. Das einzige Problem daran: Hoffnung ist keine Strategie. Ich wusste, dass ich einen Plan brauchte, wenn ich die Chance haben wollte, es jemals auf die Bestsellerliste zu schaffen.

Als Leader denke ich ganz automatisch in Ressourcen. Ich weiß, dass je mehr Ressourcen zur Verfügung stehen, um ein Ziel zu erreichen, desto größer sind auch die Erfolgschancen. Also zog ich Bilanz und kam zu folgender Einschätzung all dessen, das mir zur Verfügung stand:

- *Eine wirklich großartige Idee für ein Buch.* Das klingt vielleicht logisch, aber genau damit fängt alles an. Man muss etwas Wertvolles, Nutzenstiftendes schreiben, um als Autor Erfolg zu haben. Man kann sich nicht am Anfang die Frage stellen: „Wie kann ich genug Bücher verkaufen, um einen Bestseller zu haben?“ Man muss sich fragen: „Über was kann ich schreiben, das so vielen Menschen helfen wird, dass das Buch ein Bestseller werden könnte?“ Meine Antwort darauf war *Leadership: Die 21 wichtigsten Führungsprinzipien.* Ich glaubte daran, dass dieses Buch Menschen, die etwas über Leadership lernen wollten, von großem Nutzen sein könnte.

- *Ein hervorragendes Team.* Zu dieser Zeit war ich umgeben von außergewöhnlichen Menschen. Ich hatte einen guten Lektor. Ich hatte mit Thomas Nelson einen hervorragenden Verlag, der meinen Erfolg ebenso wollte – und ich hatte mein eigenes Unternehmen, das sehr erfahren darin war, große Events zu organisieren. Pat Riley, ein Trainer der NBA, beschreibt Teamwork so: „Teamwork setzt voraus, dass jede Person in dieselbe Richtung zieht. Das Gefühl, an etwas wirklich Großartigem mitzuwirken, entsteht dann, wenn die Energie des Teams ein Eigenleben entwickelt.“ Alle Menschen meiner Teams waren bereit und motiviert, zusammen an der Realisierung des Zieles, dieses Buch auf die Bestsellerliste zu bringen, zu arbeiten.

- *Ein Zieldatum.* Um große und wichtige Aufgaben zu erledigen, sind zwei Dinge wichtig: ein Plan und etwas Zeitdruck. Ein Zieldatum drängt einen dazu, etwas bis zu einem vorbestimmten Zeitpunkt erledigt zu haben. Wir wussten, dass unsere einzige Chance, in der Verlagsbranche Beachtung zu finden, die war, innerhalb kurzer Zeit sehr viele Bücher zu verkaufen.

- *Kreativität.* Als unsere beiden Teams darüber brüteten, wie man in kurzer Zeit viele Bücher verkaufen könnte, kamen großartige Ideen zustande. Wir entschieden uns schließlich dazu, innerhalb von fünf Tagen in 15 Städten eine Buchpräsentation zu veranstalten. Wir charterten einen Jet, übernahmen die Logistik, um die kostenlosen Veranstaltungen durchzuführen, luden ortsansässige Buchläden dazu ein, Bücher bei diesem Event zu verkaufen, und machten viel Werbung. Sobald alles organisiert war, flogen wir nach Tampa, Atlanta, Charlotte, Washington D.C., Pittsburgh, Columbus, Indianapolis, Grand Rapids, St. Louis, Dallas, Oklahoma City, Denver, San José, Los Angeles und San Diego.

- *Die Gelegenheit.* All das war eine Menge Arbeit, aber so hatten wir die Möglichkeit, zu vielen Menschen zu sprechen. Diese hatten immer noch die Entscheidung zu treffen, ob sie das Buch wirklich kaufen wollten. Deshalb hatte ich geplant, in jeder Stadt, etwas über *Leadership: Die 21 wichtigsten Führungsprinzipien* zu vermitteln. Einzelpersonen hätten dann im Anschluss die Chance, ein Buch bei einem Repräsentanten eines lokalen Buchladens zu kaufen. Zum Glück kam das bei den Menschen gut an. Viele Unternehmer, die unter den Besuchern waren, kauften kistenweise Bücher, um Ihre Führungskräfte damit zu schulen. Sie sprachen mit anderen darüber und kurbelten so den Verkauf an. Am Ende des Monats schaffte es das Buch *Leadership: Die 21 wichtigsten Führungsprinzipien* auf drei Bestsellerlisten. Auf einer Liste für Geschäftsbücher blieb es ganze 23 Monate! Elf Jahre später war das Buch über zwei Millionen Mal verkauft worden.

Denken Sie an Ihren Traum. Vielleicht wollen Sie keine Bücher schreiben. Vielleicht möchten Sie eine olympische Medaille gewinnen, eine großartige Firma aufbauen oder Ihre Kinder so erziehen, dass sie ihr volles Potenzial entfalten können. Egal, was für einen Traum Sie haben, er benötigt Ressourcen. Was steht Ihnen zur Verfügung? Welche Aktiva besitzen Sie? Wer kann Ihnen helfen? Halten Sie kurz inne und erstellen Sie eine Liste. Es ist nicht genug, einfach nur zu planen. Sie müssen jede zur Verfügung stehende Ressource einsetzen, damit Ihr Traum wahr wird.

TRENNEN SIE SICH VON ALLEM UNWICHTIGEM

Denken Sie noch einmal einen Moment an Ihren Traum. Betrachten Sie alles, was er mit sich bringen wird. Wenn es Ihnen so, wie den meisten anderen geht, dann werden Ihnen jetzt all die positiven Sachen in den Sinn kommen: Dinge, die Sie bekommen werden, Orte, an die Sie reisen werden, die Menschen, denen Sie begegnen werden, die Gegenstände, die Sie besitzen werden und die Positionen oder Titel, die Sie erhalten werden. Fällt Ihnen irgendetwas Sonderbares an dieser Liste auf? Sie beinhaltet nur den Nutzen, den Sie dadurch *erhalten* werden. Sie enthält nichts von dem, was Sie dafür *aufgeben* werden müssen. Trotzdem: Wenn Sie etwas erreichen möchten, wird es Dinge geben, die Sie aufgeben müssen.

Große Träume haben ihren Preis. Wenn Sie in Kapitel 7 zur „Kosten-Frage" kommen, werden Sie mehr darüber erfahren. Erinnern Sie sich daran: Sie werden Dinge aufgeben *müssen*, um Ihren Traum zu erreichen. Die größte Herausforderung besteht nicht darin, die offensichtlichen Dinge aufzugeben, die Ihnen schaden, sondern die guten Dinge, die Sie mögen, die Sie aber nicht weiterbringen werden. So liebt es ein Freund von mir, Golf zu spielen, aber er hat schon seit mehr als 15 Jahren nicht mehr gespielt, da seine Kinder noch jung sind und es zu viel Familienzeit rauben würde. Ich delegiere viele Aufgaben, die ich gerne selbst erledigen würde, da sie ein anderer fast genauso gut übernehmen kann. Ich recherchiere zum Beispiel mit Vergnügen, überlasse das aber hauptsächlich meinen Mitarbeitern. Es gibt Dinge, die *nur* ich tun kann. Auf die fokussiere ich mich.

Die unwichtigen Dinge aus Ihrer täglichen Routine zu streichen, wird ein kontinuierlicher Kampf sein. Aber dieser Kampf ist es wert! Wieso? Weil die meisten Menschen nicht daran scheitern, dass ihnen plötzlich ein unüberwindbares Hindernis den Weg versperrt. Nein, sie werden oft einfach nur müde durch den Versuch, zu viele Dinge auf ihre Reise mitzunehmen. Wenn Sie Ihren Traum erreichen möchten, dann müssen Sie all die Dinge loslassen, die nicht wirklich entscheidend sind, damit Sie das erreichen, was zählt.

SCHÄTZEN SIE ALL IHRE HERAUSFORDERUNGEN

Sobald Sie Ihre Positionen bestimmt, Ihre Aktivitäten betrachtet, Ihre Möglichkeiten ausgelotet, alle Ressourcen angezapft und sich von allem Unwichtigem getrennt haben, werden Sie noch eines tun müssen: Schätzen Sie Ihre Herausforderungen. König Salomon, der als weisester Mensch gilt, der jemals diese Erde betrat, schrieb: „Der Kluge sieht das Unglück voraus und bringt sich in Sicherheit; ein Unerfahrener rennt mitten hinein und muss die Folgen tragen.“[14]

Der Weg zu jedem Traum birgt Herausforderungen. Erwarten Sie diese. Noch besser: Bereiten Sie sich darauf vor. Würden Sie nicht viel lieber aufschauen und sich vorbereiten, als zurückschauen zu müssen und etwas zu bereuen? Sie können sich Ihren Traum wahrscheinlich vorstellen. Nun stellen Sie sich bildlich vor, wie Sie einige der Herausforderungen, auf die Sie treffen werden, überwinden. Als Erstes wäre da: Misserfolg. Jeder wird bei der Realisierung eines Traumes Misserfolg erleben. Eines Ihrer Ziele wird sein, an Ihrem Traum festzuhalten – trotz Misserfolges –, bis Sie schließlich Erfolg haben.

Vor einigen Jahren traf ich den Sportpsychologen Rob Gilbert, als ich mit den Trainern der Universitäten von North Carolina und Duke eine Schulung zum Thema Leadership durchführte. Beim Abendessen fragte ich Rob, was die erfolgreichen von den erfolglosen Athleten unterscheidet. Seine Antwort war einfach und tiefgründig zugleich: „Die Verlierer visualisieren die Strafe des Misserfolges. Die Gewinner visualisieren die Belohnungen des Erfolges."

„Die Verlierer visualisieren die Strafe des Misserfolges. Die Gewinner visualisieren die Belohnungen des Erfolges."

Rob Gilbert

Da Sie auf jeden Fall Misserfolg erleben werden, rate ich Ihnen, diesen zu Ihrem Freund zu machen. Von der Wichtigkeit dieses Prinzips bin ich so stark überzeugt, dass ich zu diesem Thema sogar das Buch *Failing Forward* geschrieben habe. Wenn Misserfolg eintritt, müssen Sie ihn bereitwillig annehmen. Ergründen Sie, was passiert ist. Lernen Sie daraus. Wenn Sie das machen, werden Sie denselben Fehler nie wiederholen und Sie werden emotional stärker.

Die zweite Herausforderung, der Sie begegnen und die Sie überwinden werden, ist die Sturheit. Der ehemalige General Wesley K. Clark bemerkte: „Es gibt nur zwei Arten von Plänen. Pläne, die vielleicht funktionieren, und Pläne, die nicht funktionieren. Es gibt keinen perfekten Plan. Sie müssen sich einen vielleicht funktionierenden Plan vornehmen und diesen zum Funktionieren bringen."[15]

> *„Es gibt nur zwei Arten von Plänen. Pläne, die vielleicht funktionieren, und Pläne, die nicht funktionieren … Sie müssen sich einen vielleicht funktionierenden Plan vornehmen und diesen zum Funktionieren bringen.“*
>
> Wesley K. Clark

Wenn Sie daran arbeiten, flexibel zu bleiben, erinnern Sie sich immer wieder an Folgendes: Während der Traum vielleicht der gleiche bleibt, ist alles andere ständiger Veränderung ausgesetzt, Zeitpläne, Ressourcen, Einschätzungen, Pläne und die Mitglieder des Teams. Bleiben Sie flexibel und bereit zu Veränderungen. Setzen Sie zwei Hilfsmittel ein: die kritische Frage *Was muss verändert werden?* und die kreative Frage *Wie können wir es verändern?* Wenn Sie flexibel bleiben können und diese Denkweise anwenden, dann haben Sie gute Chancen, den Herausforderungen gegenüber gewappnet zu sein und sie zu überwinden.

Es gibt keine Garantie dafür, dass Sie Ihren Traum erreichen, wenn Sie diesen Schritten folgen. Wenn Sie jedoch einen Plan haben, flexibel bleiben, Ihre Arbeit fokussieren, Ihre Ressourcen bündeln und jeden Tag alles daran setzen, Ihrem Traum näher zu kommen, dann haben Sie gute Voraussetzungen dafür, Ihren Traum zu realisieren. Wenn Sie Ihre Strategie in die Praxis umsetzen und den Weg hin zu Ihrem Traum gehen, dann erinnern Sie sich an das italienische Sprichwort:

„Zwischen Sagen und Tun liegen viele Paare getragener Schuhe.“

Träume realisiert man nicht schnell oder leicht und die Belohnung kommt oft erst sehr spät. Deshalb bleiben Sie dabei und arbeiten Sie weiter. Um Ihren Traum zu erreichen, müssen Sie sowohl einen guten Start als auch einen guten Endspurt hinlegen.

KÖNNEN SIE DIE NAVIGATIONS-FRAGE POSITIV BEANTWORTEN?

HABE ICH EINE STRATEGIE, UM MEINEN TRAUM ZU ERREICHEN?

Wenn Sie nun die Strategie für die Realisierung Ihres Traumes entwickeln, behalten Sie die eben beschriebenen Schritte im Hinterkopf, damit sie Ihnen beim Planungsprozess helfen:

Bestimmen Sie die Eckpunkte:
Wo liegt die Startposition?
Wo liegt das Endziel?
Welche Zwischenschritte gibt es?

Betrachten Sie all Ihre Aktivitäten:
Welche Aktivitäten müssen Sie täglich umsetzen,
damit Sie Ihrem Traum jeden Tag näher kommen?

Prüfen Sie sorgfältig all Ihre Möglichkeiten:
Welche Schritte Ihrer Strategie sind Sie bereit zu ändern,
um vorwärtszukommen?

Nutzen Sie all Ihre Ressourcen:
Welche Ressourcen stehen Ihnen zur Verfügung?
(Schreiben Sie alles auf, was Ihnen einfällt.)

Trennen Sie sich von allem Unwichtigen:
Welchen Aktivitäten gehen Sie im Moment nach, die auf der
Reise zu Ihrem Traum nicht von Nutzen sind?

Schätzen Sie all Ihre Herausforderungen:

Welche Probleme, Hindernisse und Misserfolge können Sie auf dem Weg zu Ihrem Traum schon jetzt ausmachen?
Was können Sie tun, um zu vermeiden, was vermeidbar ist?
Was können Sie tun, um sich selbst darauf vorzubereiten, den Herausforderungen zu begegnen?
Was müssen Sie tun, um sich selbst auf Misserfolg vorzubereiten?

Nutzen Sie die Antworten auf diese Fragen, um Ihre (1) täglichen Handlungen, (2) monatlichen Ziele und (3) langfristigen Pläne (mehrere Jahre) aufzuschreiben. Handeln Sie dann danach. Erinnern Sie sich aber daran, dass Sie diese Schritte in den nächsten Wochen, Monaten und Jahren immer wieder werden anpassen *müssen*. Und das ist in Ordnung. Jedes Mal, wenn Sie Ihre Routenplanung verändern, werden Sie sie verbessern und die Chancen auf Ihren Erfolg erhöhen.

KAPITEL 6

Die Personen-Frage: *Bin ich mit den Menschen verbunden, die ich brauche, um meinen Traum zu realisieren?*

Wenn Sie erkennen, dass andere Menschen Ihnen dabei helfen können, besser zu sein, als Sie es allein je sein könnten, sind Sie in Ihrer persönlichen Entfaltung einen großen Schritt vorangekommen.

ANDREW CARNEGIE

Was auch immer Ihr Traum ist – egal ob als Künstler, Unternehmer, Politiker oder Nobelpreisgewinner –, Sie werden mit anderen Menschen interagieren. Sofern es nicht Ihr Traum ist, in einem Vakuum zu arbeiten und für immer unbekannt zu sein, werden Sie lernen müssen, mit anderen Menschen, ob nun als Partner oder Klienten, Vorgesetzte oder Kollegen, Kunden oder Kritiker, richtig umzugehen. Wie auch immer, Sie werden andere Menschen einbinden müssen, wenn Sie Ihren Traum realisieren möchten.

Bei mir hat es nicht lange gedauert, dies zu lernen. Ich bekam meine erste Rolle als Führungskraft kurz nachdem ich das College verlassen und meine Frau, Margaret, geheiratet hatte. Ich hatte damals den Traum, eine Kirchengemeinde aufzubauen, die einen großen Nutzen für die Menschen hat. Den ersten Job bekam ich jedoch in einer kleinen Kirchengemeinde im ländlichen Indiana, der kaum finanzielle Mittel zur Verfügung standen.

Als Margaret und ich uns mit den Gemeindeältesten trafen, boten sie mir 80 Dollar in der Woche als Lohn und erklärten mir, dass ich noch einen zusätzlichen Job annehmen könne, um über die Runden zu kommen.

„Nein", sagte Margaret zu den Ältesten, „auch wenn der Lohn für eine Halbtagsstelle ist, John wird seine ganze Energie der Kirchengemeinde wie bei einer Vollzeitstelle widmen. Er wird ein großartiger Leader werden."

Margaret nahm drei Jobs an, um uns finanziell über Wasser zu halten: Sie unterrichtete im Kindergarten, arbeitete 20 Stunden in einem Juweliergeschäft und ging Putzen. Ich bin Margaret für so viele Dinge dankbar – sie war auf dem Weg zu meinen Träumen einfach lebensnotwendig. Ich werde nie vergessen, wie viel Kraft es mir gab, als sie sich an diesem Tag, so früh in unserer Ehe, für mich und meinen Traum einsetzte. Keiner meiner Träume wäre ohne sie jemals zustande gekommen.

HILFE AUF DEM WEG

Nach der Ansicht meines Freundes und Pastors Chris Hodges, ist ein Traum Folgendes: „Ein Traum ist die begeisternde Vision in Ihrem Herzen, die zu groß ist, um sie ohne die Hilfe anderer realisieren zu können." In meinem Leben hat sich das vollkommen bestätigt. Ich hätte keinen meiner Träume ohne die Hilfe anderer realisieren können. Die Liste der Menschen, die in meinem Leben etwas bewegt haben, ist lang. Einige haben mich inspiriert, andere sind den Weg mit mir gegangen, um mir zu helfen. Viele haben meinen Traum zu ihrem eigenen gemacht. Alle haben etwas dazugetan und in meinem Leben auf so viele verschiedene Arten einen Beitrag geleistet, dass ich es gar nicht angemessen in Worte fassen kann. Jede Person bedeutet mir sehr viel und ich bin für all die Hilfe sehr dankbar.

> *„Ein Traum ist die begeisternde Vision in Ihrem Herzen, die zu groß ist, um sie ohne die Hilfe anderer realisieren zu können."*
>
> Chris Hodges

Wenn Sie Ihren Traum realisieren möchten, werden Sie ein Team brauchen, das Ihnen hilft. Es ist gar nicht so leicht, eine Liste mit all den Dingen, die ein Team für Sie tun kann, aufzustellen. Es sind so viele. Kürzlich habe ich versucht, auszudrücken, wie mir mein Team hilft. Das kam dabei heraus:

Mein Team macht mich besser als ich bin.
Mein Team multipliziert meinen Nutzen für andere.
Mein Team befähigt mich, das zu tun, was ich am besten kann.
Mein Team erlaubt es mir, anderen dabei zu helfen,
ihr Bestes zu geben.
Mein Team gibt mir mehr Zeit.
Mein Team bringt mir Gemeinschaft.
Mein Team hilft mir, meine Herzenswünsche zu erfüllen.
Mein Team verstärkt meine Vision und den Arbeitseinsatz.
Mein Team gibt mir die Kraft, meinen Traum zu realisieren.

Ohne mein Team wäre ich nicht dazu fähig, irgendetwas Bedeutungsvolles zu leisten.

WER SOLLTE TEIL IHRES TRAUM-TEAMS SEIN?

Wie beantworten Sie die Personen-Frage: Bin ich mit den Menschen verbunden, die ich brauche, um meinen Traum zu realisieren? Wenn ich mit Menschen spreche, die Leidenschaft und ein klares Bild ihres Traumes haben, frage ich sie immer danach, wen sie als Hilfe für die

Realisierung engagiert haben. Die meisten guten Leader wissen, dass sie Ihren Traum nicht allein erreichen werden und beginnen damit, die Namen derer aufzuzählen, die mit Ihnen zusammenarbeiten. Manche scheinen jedoch von der Frage überrascht zu sein. Es ist ihnen noch nie in den Sinn gekommen, dass Sie die Unterstützung anderer brauchen, um ihre Träume zu erreichen.

Folgendes habe ich im Laufe der Zeit festgestellt:

Einige Menschen haben einen Traum, aber kein Team
– ihr Traum ist unerreichbar.
Einige Menschen haben einen Traum, aber ein schlechtes Team
– ihr Traum ist ein Albtraum.
Einige Menschen haben einen Traum und bauen gerade ein Team
auf – ihr Traum hat Potenzial.
Einige Menschen haben einen Traum und ein großartiges Team
– die Realisation ihres Traumes ist unvermeidbar.

Es ist nicht genug, einen Traum zu haben. Sie müssen auch ein Traum-Team haben.

Es ist nicht genug, einen Traum zu haben.
Sie müssen auch ein Traum-Team haben.

Beim Sport ist diese Weisheit allen sonnenklar. Jeder versteht, dass man kein Spiel ohne die richtigen Spieler gewinnen kann. Dies trifft aber genauso auf alle anderen Aspekte des Lebens zu. Wenn Sie Ihren Traum erfüllen wollen, brauchen Sie Menschen, die bereit sind, mit Ihnen zu gehen und mit Ihnen zusammenzuarbeiten. Das bestätigte sich auch für Arnold Schwarzenegger, über den ich im ersten Kapitel bei der Eigentums-Frage geschrieben habe. Er gibt Reg Park, der ihn inspiriert hat, großen Anteil an seinem Erfolg, dann Franco Columbu, seinem engen Freund

und Trainingspartner aus seinen ersten Tagen in München, Joe Weider, der ihm dabei half, die nächste Stufe des Bodybuilding in den USA zu erreichen, Charlotte Parker, seiner Pressesprecherin, die ihn unermüdlich förderte, und natürlich seiner Frau Maria Shriver für ihre bedingungslose Unterstützung.

Auch auf Mike Hyatt, über den ich im Kapitel der Klarheits-Frage berichtet habe, trifft das zu. Ohne sein Team hätte er weder seine Abteilung auf den Kopf stellen und aus ihr die produktivste der ganzen Firma machen können, noch wäre er jemals der Geschäftsführer von Thomas Nelson geworden.

Andy Hull, der junge Musiker aus dem Kapitel über die Wirklichkeits-Frage, verlässt sich täglich auf seine Bandkollegen, wenn sie miteinander üben. Er erzählte mir auch, wie wichtig es für ihn war, mit dem richtigen Tonstudio zusammenzuarbeiten, mit dem richtigen Anwalt und dem richtigen Manager. Diese Gemeinschaft ist *der Grund* dafür, warum er tut, was er tut.

Bob Taylor wäre ohne seinen langjährigen Partner, Kurt Listug, oder die Schlüsselpersonen seines Führungskräfteteams oder die hunderten Arbeiter, die die Gitarren herstellen, nicht erfolgreich.

Und Nicholas Negroponte, der Technikfreak, hat ein ganzes Team toller Menschen, das seinen Laptop für Kinder entwickelte, und ein anderes Team, das an der Vermarktung arbeitet.

Sie können sich die Geschichte *jeder* erfolgreichen Person ansehen, die ihren Traum erreicht hat, und werden herausfinden, dass sie von Personen umgeben ist, die ihr geholfen haben, den Traum zu verwirklichen.

Bevor Sie die Personen-Frage beantworten, stellen Sie sich vielleicht selbst die Frage: Welche Art von Menschen sollte in meinem Team sein? Das hängt ganz von Ihrem Traum ab. Vor einigen Jahren gab mir mein Freund Walt Kallestad, der Geschäftsführer der Joy Company, eine zutreffende Beschreibung für die Qualitäten der einzelnen Personen, die in einem Traum-Team sein sollten. Er sagt, dass auf diese Menschen Folgendes zutrifft:

Trauen sich, an Ihre höhere Berufung, nicht einfach nur an Ihren Erfolg, zu glauben.
Reagieren auf Ihre Ideen mit Respekt, nicht ablehnend oder abwertend.
Antizipieren das Beste.
Unterstützen Ihre Talente und Fähigkeiten, indem sie diese bekräftigen.
Maximieren die Möglichkeiten zu lernen und zu wachsen, um den Traum und den Träumer zu verbessern.

Teilen ihr ehrliches Feedback mit und nehmen sich Zeit dafür.
Ermutigen Sie bedingungslos und ohne wertend zu sein, um Ihnen zu helfen durchzuhalten.
Akzeptieren nur Bestleistung, da Mittelmäßigkeit Träume tötet.
Machen das Beste aus Ihren Fehlern und Misserfolgen.

Ich teile Walts Umschreibung mit Ihnen, weil ich denke, dass sie wirklich gut ist. Vielleicht möchten Sie sie verwenden, wenn Sie nach der Antwort auf die Personen-Frage suchen. Oder vielleicht möchten Sie die drei Kriterien heranziehen, die ich für Traum-Team-Mitglieder entwickelt habe. Wenn Sie diese lesen, denken Sie daran, wie diese Menschentypen Ihnen auf Ihrem Weg helfen könnten:

IN MEINEM TRAUM-TEAM SIND MENSCHEN, DIE MICH INSPIRIEREN.

Inspiration ist oft der Ursprung eines Traumes, aber sie ist auch nötig, Träume lebendig zu halten! Wir alle brauchen Menschen, die uns ermutigen, uns anfeuern und uns auf die nächste Stufe heben. Einige Menschen haben einfach diesen Effekt auf uns. Wenn wir mit ihnen zusammen sind, motivieren sie uns dazu, engagierter zu leben, bessere Gedanken zu haben, härter zu arbeiten und mehr zu riskieren. Sie *zwingen* uns dazu, weiterzumachen!

Robert Schuller ermutigte Millionen von Menschen zum Träumen, mich eingeschlossen. Als mein Buch *Failing Forward* erschien, gab ich ihm das erste Exemplar. Während des Abendessens dankte ich ihm für seine Ermutigung, die er mir durch seine Bücher und seine Worte gegeben hatte. Er hatte mich oft inspiriert, Enttäuschungen oder Misserfolge zu überwinden.

Wenn wir unseren Träumen folgen, passiert es oft, dass wir abgelenkt werden und uns plötzlich auf einem ungewollten Umweg wiederfinden. In solchen Zeiten brauchen wir Menschen, die gerade dann bei uns sind. Viele Menschen stehen mir sehr nahe, weil sie an mich glaubten, als ich es selbst nicht konnte. Sie hörten mir zu, ohne mir Vorwürfe zu machen, und liebten mich bedingungslos, auch wenn ich nicht gerade liebenswürdig war. Ohne sie hätte ich nicht die Hoffnung besessen, die ich brauchte, um weiterhin auf dem Weg zu meinem Traum zu bleiben.

IN MEINEM TRAUM-TEAM SIND MENSCHEN, DIE EHRLICH ZU MIR SIND.

Ich brauche auch Menschen in meinem Team, die bereit sind, mir die Wahrheit zu sagen.

Auf den ersten Blick scheint dies vielleicht ein Widerspruch zu meinem Wunsch zu sein, Menschen dabei zu haben, die mich inspirieren, aber dem ist nicht so. Ich suche nicht Menschen, die mich herunterziehen, sondern ich suche Menschen, die dazu bereit und fähig sind, mir konstruktives Feedback zu geben. Das ist im Bereich der Träume ganz besonders wichtig, denn wie der Grieche Demosthenes zu sagen pflegte: „Nichts ist einfacher, als sich selbst zu betrügen, denn das, was wir uns wünschen, glauben wir leichtfertig."

Viele Menschen fragen nie nach einem ehrlichen Feedback anderer. Ich denke, dass sie Angst vor der Realität haben und davor, dass es sie so sehr frustriert, die Wahrheit zu hören, dass sie ihren Traum aufgeben würden. Aber ein Traum ohne ehrliches Feedback ist oft nicht mehr als bloße Fantasie. Ein Traum, der ehrliche Kritik nicht überlebt, ist ein Traum der wahrscheinlich nie wahr werden wird.

In der ersten Zeit meiner Karriere hielt ich es nicht für nötig, nach der Meinung anderer zu fragen. Wie viele Menschen mit 20 dachte ich, dass ich es besser wüsste. Das Ergebnis war, dass ich viele meiner frühen Träume nicht umsetzte. Erst als ich begann, ein besserer Leader zu werden und mein Verlangen, meine Träume zu erreichen, wuchs, vergrößerte sich auch mein Selbstbewusstsein. Ich stellte anderen Fragen und die Ergebnisse waren erstaunlich. Ich begann zu wachsen und mich zu verbessern.

Wenn Ihnen ein Defizit nicht bewusst ist, können Sie es nicht ausgleichen! Zum Beispiel war ich bei meinen ersten Versuchen als Redner nicht besonders gut. Ich bereitete mich gut vor und gab mein Bestes, aber meine Reden waren wenig effektiv. Als ich dadurch frustriert war, wurde ich demütig und fragte außergewöhnlich begabte, kommunikative Menschen um Rat. Sie sagten mir oft Dinge, die ich nicht hören wollte, aber ich musste zuhören und lernen. Und ich lernte, besonders dann zuzuhören, wenn mich etwas an einem wunden Punkt traf; oft war genau das ein Signal dafür, dass man mir gerade etwas sagte, das ich verbessern musste. Die Dinge, die mich am meisten ärgerten oder bei denen ich am meisten Widerstand spürte, waren gewöhnlich auch die Dinge, an denen ich am meisten arbeiten musste. Und wenn ich mir selbst Zeit gab, das Gesagte zu reflektieren und nach Verbesserungsmöglichkeiten zu suchen, dann machte ich gewöhnlich auch einen gewaltigen Wachstumsschritt.

„Man braucht Demut, um für Feedback offen zu sein. Und man braucht Weisheit, um es zu verstehen, zu analysieren und angemessen danach zu handeln."

STEPHEN R. COVEY

Der Autor Stephen R. Covey beobachtete: „Man braucht Demut, um für Feedback offen zu sein. Und man braucht Weisheit, um es zu verstehen, zu analysieren und angemessen danach zu handeln.“[1] Ebenfalls Demut braucht man, um den Mut einer Person, die ein ehrliches Feedback gibt, anzuerkennen. Das Gute daran ist: Wenn Sie um Rat bitten und Anerkennung zeigen, geben Sie das Signal, dass Ihr Verlangen zu wachsen viel größer ist als Ihr Ego und Sie heißen zukünftiges Feedback willkommen, das Ihnen hilft, sich weiter zu verbessern.

Wenn Sie von dem Nutzen profitieren möchten, andere Menschen für Ihren Traum mit im Boot zu haben, dann fragen Sie sie nach ihrer Meinung. Zu fragen und dann zuzuhören, wird sofort etwas verändern.

IN MEINEM TRAUM-TEAM SIND MENSCHEN, DEREN FÄHIGKEITEN MEINE EIGENEN ERGÄNZEN.

Sie können nicht alles tun und ich kann das auch nicht. Erfolgreiche Menschen holen sich Hilfe von Personen, die in anderen Bereichen als sie selbst Begabungen haben. Die meisten Menschen in meinem Traum-Team haben ganz andere Talente als ich. Unser Team mag dieselben Werte, Visionen und Prioritäten haben, aber jedes Mitglied hat eine andere Begabung und ein anderes Temperament. Das Ergebnis ist, dass wir gemeinsam mehr erreichen, als es jeder einzelne von uns allein könnte. Wir ergänzen und vervollständigen uns.

Welche Menschentypen Sie für Ihr Team brauchen, hängt davon ab, welche bestimmten Fähigkeiten, Erfahrungen und welches Temperament Sie haben. Denken Sie an die Strategie für die Realisierung Ihres Traumes. Was muss getan werden, um ihn zu erreichen? Welche Dinge passen am besten zu Ihren Fähigkeiten? Wozu benötigen Sie die Hilfe von Menschen mit anderen Fähigkeiten? Wo brauchen Sie Personen mit Erfahrung? Welche Aufgaben erfordern jemanden, der ein ganz anderes Temperament hat als Sie?

Es gibt keinen wirklichen „selbst gemachten“ Erfolg. Erfolgreiche Menschen haben auf ihrem Weg Hilfe von anderen – ob sie das nun zugeben wollen oder nicht. Diese Erkenntnis kann Ihnen die Freiheit schenken, zuzugeben, dass Sie Unterstützung benötigen, und dann werden Sie anfangen, danach zu suchen. Der nächste Schritt ist, diese Menschen ins Boot zu holen, damit sie bereit sind, mit Ihnen die Reise zu Ihrem Traum anzutreten.

TRANSPORTIEREN SIE DIE VISION, UM IHR TEAM ZU BILDEN.

Ich habe viele Menschen mit großen Träumen getroffen, die sie nie erreicht haben, weil es ihnen nicht gelang, anderen ihre Vision begreiflich zu machen und sie dafür zu gewinnen. Sie glaubten, dass die Menschen sich einfach darum reißen würden, Teil davon zu sein, da der Traum es wert sei. Aber so stellt man kein Team zusammen – das funktioniert nicht. Menschen, die in diese Falle tappen, sind vielleicht visionär, arbeiten hart und haben vielleicht ehrenwerte Absichten, aber sie werden keinen Erfolg haben, wenn sie nicht lernen, die Vision an andere weiterzugeben. Sie sind dazu verurteilt einen „Fluch“ zu erfahren, der Berichten zufolge in Rumänien angewandt wird: „Mögest Du eine brillante Idee haben, von der Du weißt, dass sie richtig ist, aber doch nicht imstande sein, andere davon zu überzeugen.“

Der Autor und Kritiker John Ruskin verstand die Kraft – und Herausforderung – eine Vision zu kommunizieren. Er sagte: „Das Größte, wozu unser menschliches Sein auf dieser Welt imstande ist, ist, etwas zu *sehen* und von dem, was *gesehen wurde*, in einfachen Worten zu erzählen. Hunderte Menschen können für jemanden sprechen, der denken kann, aber Tausende können für einen denken, der sehen kann. Etwas klar zu sehen, ist Poesie, Prophezeiung und Spiritualität – alles in einem.“[2]

Ganz offensichtlich ist die Fähigkeit zu kommunizieren sehr wichtig, um einen Traum an andere weiterzugeben. Aber man braucht mehr als das. Man braucht Glaubwürdigkeit und Überzeugung. Eine Vision zu verankern, das gelingt Menschen, die gut kommunizieren können. Einen Traum im Herzen zu verankern, das glückt nur Menschen, deren Traum auch zu ihrem Leben wird. Andere von der Genialität Ihres Traumes zu überzeugen, können Sie nur erreichen, wenn *Sie* von der Genialität Ihres Traumes überzeugt sind. Man benötigt die richtige Botschaft, die durch den richtigen Boten, an die richtige Zielgruppe weitergegeben wird. Der Psychologe, Autor und Redner Larry Crabb beschreibt diese Konvergenz folgendermaßen: „Die Vision, die wir anderen davon geben, wer und was sie sein könnten, hat Kraft, wenn es das bestärkt, was der Geist bereits ihrem Herzen mitgeteilt hat." Diese Kraft kann andere davon überzeugen, Sie bei der Realisierung Ihres Traumes zu begleiten, und erhöht deutlich Ihre Erfolgschancen.

Also, wie transportieren Sie die Vision Ihres Traumes und das mit Schwung? Ein chinesisches Sprichwort lautet: „Der Wille ist wie ein Wagen, der von zwei Pferden gezogen wird: dem Verstand und den Emotionen. Beide Pferde müssen in dieselbe Richtung ziehen, um den Wagen vorwärts zu bewegen." Ich stimme dem zu und glaube, dass sogar noch ein drittes „Pferd" eine Rolle spielt: die Vorstellungskraft. Um mit anderen zu kommunizieren und sie mit Ihrem Traum zu verbinden, müssen Sie das logisch nachvollziehbar, emotional und anschaulich tun.

Um mit anderen zu kommunizieren und sie mit Ihrem Traum zu verbinden, müssen Sie das logisch nachvollziehbar, emotional und anschaulich tun.

1. TRANSPORTIEREN SIE DEN TRAUM LOGISCH NACHVOLLZIEHBAR.

Was Menschen nicht erfassen, dem schenken sie auch keinen Glauben. Die Fähigkeit, Ihren Traum logisch zu kommunizieren, ist der erste Schritt, durch den Sie Glaubwürdigkeit aufbauen. Wenn Sie es nicht schaffen, die Menschen intellektuell zu erreichen, werden Sie gar nicht erst weiterkommen. Wie machen Sie das? Erstens, indem Sie ein realistisches Verständnis für die heutige Situation zeigen. Jedes Mal, wenn Sie über eine Vision mit Menschen sprechen, fragen die Skeptiker zuerst: „Aber was ist mit ...?" Wenn sie es nicht laut aussprechen, dann fragen sie es sich im Stillen. Und sie werden sich diese Frage weiterhin stellen, bis Sie all ihre Bedenken angesprochen haben.

Sie müssen zeigen, dass Sie die Situation zumindest genauso gut verstehen wie sie. Das bedeutet, dass Sie sehr sorgfältig sein müssen, wenn Sie Ihren Traum mitteilen, und dass Sie nicht nur von den positiven Auswirkungen erzählen und dabei die Fakten vergessen dürfen. Erinnern Sie sich daran, wie Mike Hyatt alle Karten auf den Tisch legte, als er seinen Traum – seine Abteilung bei Thomas Nelson wieder profitabel zu machen – kommunizierte. Er ließ alle wissen, dass *er* wusste, wie schlecht alles stand.

Zweitens sollten Sie bei der logischen Weitergabe der Vision darauf achten, eine gut fundierte Strategie vorzulegen. Eine gute Strategie bricht den Traum immer in machbare Teilschritte. Wenn ein Traum zu groß und unerreichbar erscheint, werden die Menschen dadurch entmutigt und verlieren schnell das Interesse. Wenn große Träume in kleine Stücke gebrochen und die unterschiedlichen Bereiche an fähige Personen weitergegeben werden, erscheinen die Aufgaben lösbar und jede beteiligte Person entwickelt ein größeres persönliches Interesse und Zugehörigkeitsgefühl.

Es ist wirklich eine Kunst, all diese Informationen effektiv zu kommunizieren, ohne sich in Details zu verlieren oder die Leute zu langweilen. Man muss so viele Informationen geben, dass die meisten zufrieden sind, aber nicht so viele, dass man Aufmerksamkeit verliert. Dafür ist Können und Übung nötig, aber um die Vision weiterzugeben, müssen Sie das erlernen.

2. TRANSPORTIEREN SIE DEN TRAUM EMOTIONAL.

Wenn Sie Ihren Traum logisch präsentieren können, werden die Leute sehr oft aufhören, sich ihm zu widersetzen. Aber das bedeutet noch nicht, dass sie auch die nächste Ebene erreichen und den Traum für sich selbst annehmen. Um zu erreichen, dass sie sich mit Ihrem Traum solidarisieren, müssen Sie die Menschen *emotional* damit verbinden. Was die Menschen nicht fühlen, dem schenken sie keinen Glauben. Auf folgende Art können Sie die Menschen mit Ihrem Traum auf emotionaler Ebene zusammenführen:

Zeigen Sie ihnen den Traum aus ihrer eigenen Perspektive. Es wird erzählt, dass der große Philosoph Ralph Waldo Emerson und sein Sohn sich mit dem Versuch abmühten, ein junges Kalb in den Stall zu lenken. Verschwitzt und am Ende ihrer Kräfte waren sie fast am Aufgeben, als ein irisches Dienstmädchen vorbeikam. Es ging zu dem Kalb, steckte seine Finger in das Maul des Kalbes und dieses folgte ihm – da es das Gefühl mit seiner Mutter verband – friedlich in den Stall.

Die Menschen unterscheiden sich nicht viel von diesem Kalb. Sie können sie schieben, Sie können sie anstacheln und doch machen sie vielleicht nicht das, was Sie sich wünschen. Aber helfen Sie ihnen dabei, dass sie ihren eigenen Vorteil erkennen, dann folgen sie gerne. Jeder Mensch hat seinen eigenen Grund, warum er etwas tut – nicht meine oder Ihre Gründe – und diese Gründe sind fast immer mit Emotionen verbunden.

Ich liebe die Geschichte von Michael Faraday, dem Erfinder des ersten elektrischen Motors, wie er seine neue Erfindung dem britischen

Premierminister William Gladstone präsentierte. Mit der Hoffnung, die Unterstützung der Regierung zu erhalten, zeigte Faraday ihm ein grobes Modell – einen Magneten, der mit Draht umwickelt war. Gladstone zeigte kaum Interesse.

„Wofür soll das gut sein?", fragte der Staatsmann.

„Eines Tages werden Sie dafür Steuern erheben können", antwortete der Wissenschaftler. Faraday hätte die Physik hinter seiner Erfindung erklären können. Er hätte die praktische Anwendbarkeit erklären können, aber stattdessen wandte er sich an die Interessen des Politikers.

Ich weiß nicht, ob diese Geschichte wahr ist, aber sie lehrt uns ein Stück Wahrheit. Wenn wir Menschen für unsere Träume gewinnen möchten, dann müssen wir die Sprache ihres Interesses sprechen, nicht unsere eigene.

Zeigen Sie ihnen Ihr Herz. Nur weil die Menschen wissen wollen, welchen Nutzen sie davon haben, wenn Sie Ihren Traum mitteilen, bedeutet das nicht, dass sie kein Interesse daran haben, was er für Sie bedeutet. Die Menschen schenken zuerst dem Träumer Glauben, bevor sie dem Traum Glauben schenken. Um den Traum emotional zu transportieren, müssen Sie die Menschen in Ihr Herz und Ihre Hoffnung blicken lassen. Ihr Herzensanliegen mitzuteilen, wird Ihre Geschichte erzählen. Ihre Hoffnungen mitzuteilen, wird die Geschichte Ihres Traumes und wie er die Zukunft beeinflussen wird erzählen.

Die Menschen schenken zuerst dem Träumer Glauben, bevor sie dem Traum Glauben schenken.

Sie können vielleicht die Idee Ihres Traumes in ein paar Minuten erzählen. Aber Sie werden viel mehr Zeit brauchen, um die Menschen davon zu überzeugen, wofür Ihr Herz schlägt. Das erfordert von Ihrer Seite Geduld. Darauf zu warten, bis die Menschen sich auf Herzensebene verbinden, ist kein Zeichen von Schwäche; es ist ein Zeichen von Weisheit. Stärke liegt nicht darin, vorauszueilen, sondern darin, seinen Schritt dem Langsameren anzupassen, während man weiterhin die Führung hat. Wenn wir zu weit vorauseilen, verlieren wir die Kraft des Einflusses.

Marketing- und Verkaufsexperten sind der Ansicht, dass Menschen generell eine Idee siebenmal hören müssen, bevor sie auf den Zug aufspringen und sie als ihre eigene Idee bezeichnen. Die Zeitspanne bis dies geschieht, kann unterschiedlich ausfallen, da sie von der jeweiligen Person abhängt. Kurz gesagt …

10 Prozent der Menschen sind Pioniere,
70 Prozent sind Bewahrer und
20 Prozent sind Gegner.

Setzen Sie sich das Ziel, die Pioniere zu gewinnen und auf die Bewahrer zu warten. Wenn Sie Ihr Herzensanliegen gut kommunizieren, Integrität leben und auf den richtigen Zeitpunkt warten, dann wird Ihr Traum an Glaubwürdigkeit gewinnen und sich in ihren Augen von einer guten zu einer großartigen Idee wandeln. Und wenn Sie bereit dazu sind, vorwärtszugehen, dann nehmen Sie die 80 Prozent mit sich und lassen im besten Falle die Gegner hinter sich.

Zeigen Sie ihnen den Vorteil. Der Autor und Soziologe Studs Terkel beobachtete: „Ich bin der Meinung, dass die meisten nach ihrer Berufung und nicht nach einem Arbeitsplatz suchen. Sehr viele von uns, wie der Fließbandarbeiter, haben eine Arbeit, die unseren Geist unterfordert. Arbeit allein ist nicht groß genug für uns Menschen."[3] Träume dagegen sind groß genug.

Ein bedeutender Traum hat für jeden einen Vorteil. Es sollte Ihr Bestreben sein, den Menschen dabei zu helfen, diese Vorteile zu sehen. Sie müssen ihnen dabei helfen, die Möglichkeiten, persönlich zu wachsen, Erfüllung zu finden und ihr Selbstbewusstsein zu vergrößern, zu sehen und sich damit zu verbinden. Sie müssen ihnen jeden Grund zeigen, warum sie Ihnen auf Ihrer Reise folgen sollten. Wenn Sie nicht eine Vielzahl berechtigter Gründe aufzählen können, warum sie sich beteiligen sollten, dann haben Sie von vornherein kein Recht darauf, zu versuchen, sie für Ihr Team zu gewinnen.

3. TRANSPORTIEREN SIE DEN TRAUM BILDHAFT.

Nachdem Sie den Menschen geholfen haben, den Traum auf logische Art zu verstehen und sich emotional damit zu verbinden, besteht der nächste Schritt, den Traum zu transportieren, darin, dass Sie ihn verbildlichen. Sie müssen den Traum wirklich zum Leben erwecken. Warum? Weil die Menschen dem, was sie nicht sehen können, keinen Glauben schenken.

Der Romanautor Leo Tolstoi sagte: „Wir sollten das Leben weder so zeigen, wie es ist, noch wie es sein sollte, sondern nur so, wie wir es in unseren Träumen sehen." Wir können dies tun, indem wir ein verbales Bild zeichnen. Wir können auch Fotografien oder Filme dazu verwenden, wir können Musik gebrauchen – aber das Bild mit der meisten Überzeugungskraft ist unser Leben selbst, wenn wir das, was wir versuchen zu kommunizieren, auch vorleben.

> *„Wir sollten das Leben weder so zeigen, wie es ist,*
> *noch wie es sein sollte, sondern nur so,*
> *wie wir es in unseren Träumen sehen."*
>
> *Leo Tolstoi*

Um ehrlich zu sein: Die Menschen können sehr zögerlich sein, wenn es darum geht, einen Traum anzunehmen. Sogar die Menschen, die sagen, dass sie sich nach einem Traum sehnen, wollen den Traum oft nicht. Sie wollen nur das *Ergebnis* des Traumes. Denken Sie nur einmal an all die Diäten und Diätprodukte. Die Menschen sehen die Vorher-Nachher-Bilder und wollen das „Nachher". Der Prozess, um dorthin zu gelangen, interessiert sie nicht. Wenn es nicht so wäre, gäbe es weniger Übergewichtige. Doch wenn wir unseren Traum leben, Integrität praktizieren und zu einem gewissen Grad Erfolg erzielen, dann sehen die Menschen, was der Traum für uns getan hat, und das ist es, das sie dann auch haben möchten. Wenn Sie alles in Ihrer Macht liegende dafür tun, Ihren Traum zu leben, werden Sie zur lebendigen Werbung dafür - und es gibt nur wenige Dinge, die eine noch größere Anziehungskraft haben.

Ob Sie den Traum erfolgreich transportieren, finden Sie schnell heraus. Wenn dem so ist, werden es die Menschen lieben, Teil des Teams zu sein. Sie werden einander und Ihnen voller Freude behilflich sein. Sie werden dem Team nutzen, indem sie ihre Kreativität zur Verfügung stellen und sie werden Verantwortung dafür übernehmen, die Dinge selbst zu erledigen. Wenn Sie die Vision gut genug transportieren, dann werden die Menschen den Traum für sich in Besitz nehmen. Es ist wirklich großartig, dass das Team Ihnen nicht nur dabei hilft, den Traum zu realisieren, sondern die einzelnen Mitglieder werden den Traum noch besser und größer machen. Wenn das passiert, dann wird der Traum größer als Sie selbst oder das Team.

Ich wurde durch ein Zitat eines meiner Vorbilder, John Wooden, dem früheren Trainer des UCLA-Basketballteams, daran erinnert, was passiert, wenn ein Team einen Traum übernimmt. Er sagt:

> „Während meiner Zeit als Trainer und auch danach war es mir außerordentlich wichtig, die UCLA Bruins nicht als ‚mein Team' oder ‚meine Spieler' zu bezeichnen. Dieselbe Regel habe ich auch als Trainer am Indiana State Teachers College und an der South Bend Central High School befolgt.
> Als ich gefragt wurde: ‚Wie haben Sie dieses Spiel gewonnen, Trainer?', korrigierte ich zuerst den Journalist und sagte: ‚Ich habe das Spiel nicht gewonnen. Die Spieler haben das getan. Unser Team hat den Gegner übertroffen.'
> Dies ist vielleicht eine Kleinigkeit, aber es ist mir sehr wichtig, denn genau das zeigt meine Einstellung, dass ein Team Eigentum

seiner Mitglieder ist. Die UCLA Bruins waren nicht *mein* Team. Sie waren *unser* Team.
Ich war der führende Trainer – Teil eines Teams, dessen Mitglieder gemeinsames Eigentumsrecht genossen."[4]

Coach Wooden gab seinen Traum von Integrität und Spitzenleistung an jede Person weiter, die für ihn Basketball spielte. Das tat er, indem er logische Gründe für alles angab, was die Spieler taten, ihnen half, sich emotional damit zu verbinden und es ihnen anschaulich zeigte, indem er es jeden Tag vorlebte. Und weil sie seine Vision und Träume annahmen, erreichten diese Spieler viele ihrer eigenen Träume.

ERWECKEN SIE TRÄUME

Viele Jahre habe ich, um zu lernen, große Leader und Menschen mit besonderem Kommunikationstalent dabei beobachtet, wie sie vorgehen, wenn sie ihre Träume mitteilen und Menschen für sich gewinnen. Niemand beherrschte das besser als Winston Churchill. Ein amerikanischer Veteran, der damals den D-Day (Tag der Landung der Alliierten in der Normandie, 6. Juni 1944) miterlebte, begegnete Churchill vor der blutigen Offensive gegen die Nazis. Er erzählte später, dass dieser D-Day das schlimmste Erlebnis seines Lebens war. „Es ist wirklich so", sagte er, „dass ich fest davon überzeugt bin, dass keiner von uns fähig dazu gewesen wäre, das zu tun, was wir getan haben, wenn wir nicht kurz bevor wir den Ärmelkanal durchquerten, Besuch bekommen hätten."

Churchill besuchte sie, nur wenige Stunden bevor sie zu den Küsten der Normandie aufbrachen. Churchill rollte in einem Geländewagen an, stieg aus und mischte sich unter die Truppen. „Er schüttelte uns die Hand und einige umarmte er sogar", erinnerte sich der Veteran. „Er sprach über seine eigene Kriegserfahrung und identifizierte sich mit unseren Gefühlen. Dann stellte er sich auf seinen Geländewagen und hielt eine fünfminütige Rede. Die gesamte Zeit hatte er Tränen in den Augen." Und was sagte ihnen Churchill bei dieser Gelegenheit, wissend, dass so viele junge Männer in den Krieg zogen und dem Tod begegnen würden? Er sagte:

> „Meine Herren – ich weiß, dass Sie Angst haben. Ich erinnere mich daran, dass auch ich Angst hatte, als ich Soldat war. Ich hatte das Vorrecht, mein Land einige Jahre lang durch dunkle Tage hindurch zu verteidigen, als wir nicht wussten, ob wir schaffen würden, wozu wir ausgesandt worden waren. Aber dies ist *Euer* Moment. Wir zählen darauf, dass Ihr der Situation gewachsen seid und alles erreichen werdet, wozu Ihr hinauszieht. Das Schicksal der freien Welt liegt in Euren Händen. Möge dies Eure größte Stunde sein.“[5]

„Ich brauche es eigentlich gar nicht mehr zu erwähnen“, kommentierte der Veteran, „aber unsere Gruppe ängstlicher Soldaten verwandelte sich in eine Horde Männer, die bereit war, alles und jeden zu besiegen.“

Wann auch immer er sprach, inspirierte Churchill seine Zuhörer. Er sprach mit dynamischer Kraft wahre Worte und verband sich mit den Herzen der Menschen, sowohl verstandesmäßig als auch emotional. Mit der Fähigkeit eines Redekünstlers zeichnete er verbal lebendige Bilder (zum Beispiel prägte er den Begriff „Eiserner Vorhang“). Wenn Sie von Menschen mit einer solchen Kommunikationsfähigkeit wie Churchill lernen und ihrem Beispiel folgen, werden die Menschen Ihre Vision verstehen und sich mit Ihnen verbinden. Und wenn Sie beständig das leben, wovon Sie erzählen, werden Sie in Ihrem Bestreben, Menschen für sich zu gewinnen und in Ihr Team zu holen, weit kommen.

MAN BRAUCHT EIN TEAM, UM EINEN TRAUM ZU REALISIEREN

Wie also beantworten Sie die Personen-Frage? Haben Sie die Menschen schon im Boot, die Sie brauchen, um Ihren Traum umzusetzen? Wir können unsere Träume nicht allein erreichen. Wir schulden den Menschen Dank, die sich dazu entscheiden, uns bei der Erfüllung eines Traumes zu unterstützen. Wir sind alle voneinander abhängig. Wie der Jazzmusiker George Adams feststellte: „Unsere Persönlichkeit wird von tausend anderen geprägt. Jeder, der uns jemals etwas Gutes getan hat oder ein Wort der Ermutigung zu uns gesprochen hat, hat unseren Charakter ebenso wie unsere Gedanken und sogar unseren Erfolg geprägt."

Die Größe unseres Traumes bestimmt die Größe der Menschen, die davon angezogen werden.

Ich weiß nicht, wovon Sie träumen. Ich weiß nicht, wie sehr Sie sich nach der Erfüllung sehnen oder wen Sie brauchen, um Ihren Traum aufblühen zu sehen. Vielleicht brauchen Sie nur die Ermutigung und Zuwendung einer einzigen Person, damit Sie weitergehen. Oder Sie brauchen eine ganze Armee. Egal, wie Ihre Situation auch aussehen mag, ich kann Ihnen versprechen, dass Sie andere brauchen. Je größer Ihr Traum ist, desto größer ist auch Ihr Bedarf. Aber hier kommt die gute Nachricht: Die Größe Ihres Traumes bestimmt die Größe der Menschen, die davon angezogen werden. Wenn Sie also einen sehr großen Traum haben, dann haben Sie auch größeres Potenzial für großartige Menschen, die Ihnen helfen werden. Was Sie tun müssen ist, mit Ihnen in Verbindung zu treten, sie einzubinden, die Vision zu transportieren und sie ihren Weg gehen zu lassen.

KÖNNEN SIE DIE PERSONEN-FRAGE POSITIV BEANTWORTEN?

BIN ICH MIT DEN MENSCHEN VERBUNDEN, DIE ICH BRAUCHE, UM MEINEN TRAUM ZU REALISIEREN?

Der Prozess, ein Team zu gewinnen, das Ihnen hilft, Ihren Traum zu realisieren, endet nie. Auch die, die bereits hart daran gearbeitet haben, müssen weiter daran arbeiten. Warum? Weil ein Traum ein bewegliches Ziel ist. Die Umstände werden sich ständig ändern und dadurch auch Ihre mittelfristigen Ziele. Wenn Sie wachsen, werden sich auch Ihre persönlichen Bedürfnisse verändern. Die Realität ist auch, dass Menschen kommen und gehen; die Menschen, die die Reise mit Ihnen beginnen, werden sie selten mit Ihnen beenden.

Sie müssen sich fragen: *Wer ist jetzt gerade in meinem Team?* Machen Sie eine Liste und schreiben Sie Ihre Kollegen, Mentoren, Vertrauten, Schlüsselpersonen, Familienmitglieder, enge Freunde etc. auf.

Als nächstes sortieren Sie diese Personen in die drei Kategorien, die ich in diesem Kapitel erläutert habe, und in eine vierte:

- Menschen, die mich inspirieren.
- Menschen, die mir die Wahrheit sagen.
- Menschen, deren Fähigkeiten die meinen ergänzen.
- Menschen, die nicht in die anderen Kategorien passen.

Nun schätzen Sie deren Beitrag ein. Welchen Einfluss haben sie auf Sie? Zuallererst: Ist dieser positiv oder negativ? Schreiben Sie neben jeden Namen ein Plus oder Minus. Dann bewerten Sie den Einfluss auf einer Skala von –10 bis +10.

Folgendes bedeuten die Punkte:

+6 bis +10 Jemand, der Ihnen bei Ihrem Traum helfen wird – behalten Sie diese Person in Ihrem Traum-Team.
0 bis +5 Jemand, der wahrscheinlich nicht zu Ihrem Traum beitragen wird.
–10 bis –1 Jemand, der Ihrem Fortschritt wahrscheinlich hinderlich sein wird – streichen Sie diese Person aus Ihrem Team.

Wenn Sie nun die Liste noch einmal durchgehen, werden Sie wahrscheinlich feststellen, dass Sie zu wenig Menschen der ersten Kategorie haben. Das ist in Ordnung. Nun ist es an der Zeit, das zu verändern. Beginnen Sie einfach damit, Menschen für Ihr Traum-Team zu gewinnen.

KAPITEL 7

Die Kosten-Frage:
Bin ich bereit, den Preis für meinen Traum zu bezahlen?

Erinnere Dich immer daran, dass Mühe und Kampf dem Erfolg vorausgehen, sogar per Definition im Wörterbuch.

Sarah Ban Breathnach

Träume sind etwas Persönliches und ebenso die Opfer, die man erbringen muss, um sie zu erreichen. Die meisten wollen sich die Kosten-Frage gar nicht stellen: Bin ich bereit, den Preis für meinen Traum zu bezahlen? Sie meiden die Frage, meiden die Kosten und meiden unbeabsichtigt auch ihren Traum.

Es gibt keinen Menschen auf dieser Welt, der einen Traum erreicht hat, ohne den Preis dafür zu bezahlen. Einige bezahlen mit ihrem Leben oder ihrer Freiheit. Andere bezahlen, indem sie andere Optionen, Geld oder Beziehungen aufgeben.

Einer meiner Freunde zählt die Kosten sogar in Motorrädern auf.

DER PREIS EINES TRAUMES

Sein Name ist Kevin Myers und er ist Pastor der 12Stone™ Church in Lawrenceville, Georgia. Kevin entschied sich dafür, Pastor zu werden, als er noch sehr jung war – er war gerade 16. Von Kindheit an war er auch verrückt nach Motorrädern. Er kaufte sich sein erstes, billiges, gebrauchtes

Motorrad in seiner Teenagerzeit. Als er 20 war, hatte er noch weitere und obwohl er gerne mit ihnen fuhr, konnte er nie das eine, ganz bestimmte Motorrad sein Eigen nennen, von dem er immer geträumt hatte: eine Cruiser.

Kevin hat sein Leben dem missionarischen Dienst gewidmet. Seit seiner Teenagerzeit hatte er den Traum, eine Kirchengemeinde von Grund auf aufzubauen und aus ihr eine große Organisation zu machen, die wirklich etwas in der Gesellschaft bewegt und Tausenden Menschen dient. 1987, als er 26 Jahre alt war, begann er damit, dass er von Michigan nach Georgia zog, um die Gemeinde zu gründen. Diese Kirchengemeinde sollte für Menschen da sein, die er als „spirituell unentschieden" bezeichnete. Er brachte Opfer: Er ließ Freunde und Verwandte zurück, gab einen guten Posten in seiner dortigen Kirchengemeinde auf und ließ sich auf eine finanzielle Ungewissheit ein. Er war bereit, einen Preis für seinen Traum zu bezahlen. Aber die Kosten sollten noch viel höher werden, als er es erwartet hatte.

Er hatte auf schnellen Erfolg gehofft, darauf, dass er mit 250 Menschen starten würde. Das wäre eine schöne Größe gewesen, damit die Kirchengemeinde sich finanziell hätte selbst tragen können. Stattdessen dümpelte sie dahin. Zu Beginn waren es weniger als 100 Menschen und diese Zahl änderte sich auch in den ersten sechs Jahren nicht. Es dauerte nicht lange, bis die Kirchengemeinde jegliches Finanzpolster aufgebraucht hatte. Dann verschlang sie alles Geld, das Kevin und seine Frau Marcia für einen Hauskauf zur Seite gelegt hatten. Danach leerte sie ihr persönliches Sparkonto. Sie verloren ihre Rücklagen für medizinische Notfälle und kurz darauf wurde eines ihrer Kinder krank. Die Arztrechnungen stapelten sich und sie mussten ein Darlehen aufnehmen. Kevin nahm jeden Job und jede Hilfsarbeit nebenbei an, damit sie über die Runden kamen. Es sah alles so aus, als ob sein Traum gestorben wäre.

All das wurde auf einmal größer, als dass Kevin es tragen konnte. Er wandte sich an seinen früheren Chef in Michigan und bat ihn um seine alte Arbeitsstelle. Sein ehemaliger Chef ermutigte ihn jedoch, noch ein wenig durchzuhalten und weiter an seinem Traum zu arbeiten. Kevin zerbrach beinahe an diesem Prozess.

LICHT AM ENDE DES TUNNELS

Doch im siebten Jahr seit der Gründung der Kirchengemeinde, wendete sich das Blatt auf einmal. Seine kleine Kirchengemeinde begann zu wachsen. Seit der Gründung hatte sich die Gemeinde in gemieteten Räumlichkeiten getroffen. Jetzt sah Kevin das mäßige Wachstum als Möglichkeit, etwas zu riskieren; sie würden ein Grundstück kaufen und ihr erstes Gebäude bauen. Es war nicht leicht, aber die Leute glaubten an das, was sie taten und nahmen Opfer in Kauf. Sobald sie das Gebäude eröffnet hatten, wuchs die Kirchengemeinde sogar noch stärker.

Zur selben Zeit hatte Kevin die Gelegenheit, sich einen anderen Traum zu realisieren. Als seine Mutter starb, erbte er etwas Geld, wovon er sich sein erstes richtiges Motorrad kaufte. Etwas, das er seit 20 Jahren tun wollte. Es repräsentierte für ihn Freiheit. Kevin bezeichnet das Motorradfahren als seine „legale Droge". Wann immer der Druck der Führungsverantwortung zu groß wurde, konnte er eine Runde drehen. Und jeden Sommer unternahm er längere Fahrten auf dem Blue Ridge Parkway. Er fand das großartig. Zudem bedeutete dieses Motorrad für ihn immer eine Erinnerung an seine Mutter – es war eine Erinnerung an ihr Leben und ihre Liebe für ihn.

Nachdem die Kirchengemeinde in das neue Gebäude gezogen war, dauerte es nicht lange, bis der Platz dort zu klein wurde. Daraufhin begann Kevin, nach neuem Land zu suchen, auf dem sie ein weiteres, größeres Gebäude bauen konnten. Das erste Gebäude zu bauen, hatte ein großes Risiko bedeutet. Jetzt wurde das Risiko noch größer. Kevin wusste, dass die Beschaffung der finanziellen Mittel nicht einfach sein würde. Ebenso wusste er, dass er persönlich einen Preis dafür zu zahlen hatte. Kevin sagt:

> „In den Momenten, in denen ich mit der Verantwortung eines Leaders an die Situation dachte, wusste ich, dass wir den Traum nicht ohne weitere Opfer würden realisieren können. Drei Monate lang kämpfte ich damit, was diese Phase des Traumes mich persönlich kosten würde. Ich hatte nur wenig im materiellen Bereich zu geben. Alles, was ich wirklich hatte, war mein Motorrad. Für die meisten ist das wahrscheinlich nicht viel, aber für mich hatte es eine tiefe Bedeutung.
> Die Entscheidung belastete mich und ich führte einen inneren Kampf. Seit Jahren schon hatte ich alle persönlichen Sehnsüchte und Hoffnungen meiner Familie zurückgestellt. Jetzt verlangte die nächste Phase des Traumes sogar noch mehr von mir. Ich kann mich gut daran erinnern, wie ich den Verkauf des Motorrades mit meiner Unterschrift besiegelte – um des größeren Traumes willen. Ich fühle heute noch den persönlichen Verlust, aber noch viel mehr erinnere ich mich daran, wie festigend dieser Schritt für mein Herz war. Ich war nun noch tiefer mit meinem Traum verbunden als jemals zuvor. Dies war eine lange, abenteuerliche Jagd nach dem Traum und man kam nur weiter, wenn man den Preis durch die Aufgabe persönlicher Sehnsüchte bezahlte. Für mich wurde dies zum Durchbruch im Bereich Leadership.“[1]

Kevin erzählte anderen nicht, welchen inneren Kampf er durchgemacht hatte, aber er bekannte sich öffentlich dazu, dass er sein Motorrad spendete. Als er das tat, schienen die Menschen plötzlich zu verstehen, dass Träume etwas kosten.

Schließlich brachte die Kirchengemeinde das Geld auf und baute das Gebäude – und als die Mitgliederzahlen wuchsen, bauten sie an. Das Wachstum hielt an und es war schon bald wieder Zeit, die nächste Phase des Traumes zu betreten – und die nächsten Opfer würden nötig werden.

Im Januar 2008 eröffneten sie ein neues, sehr großes Gebäude mit einem Saal für über 2.600 Zuhörer. Sie haben nicht nur einen positiven Einfluss auf ihr Umfeld, sondern auch auf Menschen in anderen Teilen der Welt. Kevin und seine Gemeindemitglieder haben weiterhin Opfer gebracht. Die Lektion, die sie durch das Motorrad gelernt hatten, wird ihnen jedoch immer bleiben. Kevin bemerkt:

> „Das war die Zeit, in der ich den Unterschied zwischen Träumen und einfachem Verlangen entdeckte. In meiner Teenagerzeit und auch noch mit 20 dachte ich, das wäre das Gleiche. Aber wenn man tiefer in seinen Traum vordringt, muss man auch größere Opfer bringen. Man beginnt zu erkennen, dass das Aufgeben einiger Sehnsüchte der Preis ist, den man für seinen Traum bezahlen muss. Ein Preis, den du bezahlen musst, um auch nur die Chance zu haben, ihn zu realisieren.
> Einige Menschen behaupten, dass sie sowohl ihren Traum als auch ihre Sehnsüchte haben, aber das bezweifle ich. Alles, was sie wirklich haben, ist ein Verlangen, das ihnen selbst dient. Sehr wahrscheinlich haben sie ihren Traum – wenn sie jemals einen Traum gehabt haben – in etwas Kleines, Eigennütziges verwandelt. Ich glaube daran, dass man bereit dazu sein muss, Sehnsüchte für seinen Traum zu opfern. Und ich frage mich, ob das für alle Träume wahr ist. Wenn ja, dann ist Träumen viel gefährlicher und abenteuerlicher, als die meisten glauben. Aber es ist auch eine großartige Reise, eine, die zwangsläufig ein paar Opfer mit sich bringt!“[2]

Es liegen immer noch Herausforderungen vor Kevin, da er immer noch Träume hat. Deshalb gibt es immer noch Kosten, die er wird bezahlen müssen, aber er hat die Lektion gelernt, dank des Motorrads. Er war bereit, es für seinen Traum aufzugeben.

> *Jede Reise zu einem Traum ist etwas Persönliches und deshalb ist es auch der Preis, der dafür bezahlt werden muss.*

WAS WERDEN SIE BEZAHLEN?

Wie steht es mit Ihnen? Was haben Sie über Opferbereitschaft gelernt? Wie beantworten Sie die Kosten-Frage: Bin ich bereit, den Preis für meinen Traum zu bezahlen? Wie ich schon sagte: Jede Reise zu einem Traum ist etwas Persönliches und deshalb ist es auch der Preis, der dafür bezahlt werden muss. Weil es mir nicht möglich ist, mich mit Ihnen hinzusetzen und persönlich über Ihren Traum zu sprechen, kann ich Ihnen auch keinen Rat zu den wirklichen Kosten für Ihren Traum geben. Aber ich kann Ihnen ein paar Dinge mitgeben, die für jeden zutreffend sind, der einen Traum verfolgt. Hier sind sie:

1. DER TRAUM IST KOSTENLOS, ABER NICHT DIE REISE.

Kürzlich sprach ich mit meinem Freund Collin Sewell über Träume. Er bemerkte, dass am Anfang alle Träume ohne Hindernisse zu sein scheinen. Das ist richtig, nicht wahr? Wenn man das erste Mal an einen Traum denkt, dann ist es Freude pur. Oder? Man sieht all die Möglichkeiten. Man stellt sich das Potenzial vor. Es ist spannend. In dieser Phase denkt man kaum an die Kosten. Aber an einem bestimmten Punkt muss man sich von einer Person, die nur an einen Traum glaubt, wandeln zu einer Person, die den Traum auch erwirbt. Kein Traum wird wahr, ohne dass jemand einen Preis dafür bezahlt.

Aber an einem bestimmten Punkt muss man sich von einer Person, die nur an einen Traum glaubt, wandeln zu einer Person, die den Traum auch erwirbt. Kein Traum wird wahr, ohne dass jemand einen Preis dafür bezahlt.

Wenn Sie einen Traum erreichen möchten, dann müssen Sie bereit sein, mehr zu tun, als sich bloß das Ergebnis vorzustellen. Sie müssen bereit sein, den Preis für die Reise zu bezahlen. Deshalb gibt es sehr viele, die an einen Traum glauben, aber nur wenige erwerben ihn auch.

2. DER PREIS MUSS FRÜHER ALS SIE DENKEN BEZAHLT WERDEN.

Ich denke, die meisten Menschen wissen, dass es etwas kosten wird, den Traum zu realisieren. Sie haben eine vage Vorstellung davon, dass sie *irgendwann* einen Preis bezahlen müssen. Wenn Sie schon begonnen haben, Ihren Traum zu verfolgen, dann wissen Sie, wovon ich spreche. Sobald Sie Ihre Reise angetreten haben – und darauf wette ich –, wurde der Preis zum Thema. Warum ist das so? Weil ausgesprochene Träume nur einen Konflikt auslösen; begonnene Träume eine wahre Krise.

Es gibt sehr viele, die an einen Traum glauben, aber nur wenige erwerben ihn auch.

In dem Moment, in dem Sie einen Traum aussprechen und versuchen, ihn zu erreichen, treten Herausforderungen auf – und oft erwischt einen die Realität eiskalt. Weil man so etwas nicht erwartet, verlieren die meisten den Mut. Einige schieben ihre Träume auf, stellen sie hinten an. Andere geben ihre Träume komplett auf.

Oft bedauern es die Menschen dann in der Mitte ihres Lebens, dass sie ihren Traum in früheren Jahren abgelegt haben: eine nicht genutzte Karriere, eine verpasste Gelegenheit, eine Beziehung, die man hat absterben lassen. Jahrzehnte später kehren die Gedanken dahin zurück. Für manche ist es zu spät. Sie können diesen Traum zu *keinem* Preis mehr erreichen. Für andere ist der Traum immer noch möglich, aber zu einem sehr viel höheren Preis.

Träume sind wie Geld: Je früher man sich einkauft und investiert, desto mehr kommt der Zinseszins zum Tragen. Gehen wir ein Beispiel durch: Sie investieren 10 Jahre lang 1.000 Euro jährlich und haben mit 25 begonnen (Investitionssumme gesamt: 10.000 Euro); mit 65 haben Sie dann 112.537 Euro. Wenn Sie jedoch erst mit 35 beginnen, 1.000 Euro jährlich zu investieren, und damit die *nächsten 30 Jahre* fortfahren (also 30.000 Euro investieren), werden Sie mit 65 nur 101.073 Euro haben.[3] Mit den Kosten für Ihren Traum verhält es sich ähnlich. Wenn Sie früh im Leben beginnen, dann erhöhen Sie die Chancen, eine gute „Rendite" für Ihr Investment zu erhalten. Vielleicht umgehen Sie dann das Problem, das der Komiker und Politikkommentator Al Franken erwähnte, als er zitierte: „Niemand hat je auf dem Sterbebett gesagt ‚Ich wünschte, ich hätte mehr Zeit im Büro verbracht'." Dies kommentierte er so: „Woher wusste er das? Ich wette, jemand hat auf dem Sterbebett einmal gesagt ‚Ich wünschte, ich hätte mit 20 und 30 mehr Zeit im Büro verbracht, dann hätte ich ein sehr viel besseres Leben gehabt' – dann ist er gestorben."

Wenn Sie in der Vergangenheit noch nicht begonnen haben, den Preis für Ihren Traum zu bezahlen, können Sie das jetzt nicht mehr ändern. Aber Sie haben die vollkommene Kontrolle darüber, ob Sie heute damit anfangen! Wenn Sie Ihren Traum wirklich realisieren wollen und nicht nur davon sprechen, dann beginnen Sie heute damit, zu investieren. Sind Sie entmutigt, weil die Rendite vielleicht nicht so hoch ist, wenn Sie spät anfangen? Ich hoffe nicht. Denken Sie einfach: Was wäre die Rendite, wenn ich *nie* investiere? Es ist besser, nur einen Teil des Traumes zu leben, als die Gelegenheit komplett zu verpassen und es später zu bedauern.

3. DER PREIS WIRD HÖHER SEIN, ALS SIE ERWARTEN.

Alle Träume haben ein Preisschild und die Kosten sind fast immer höher, als man erwartet. Ich habe in all den Gesprächen nie gehört: „Die Spitze zu erreichen war viel leichter, als ich gedacht hatte." Jede erfolgreiche Person, die ich kenne, kann von Kämpfen berichten.

Ich habe in all den Gesprächen nie gehört: „Die Spitze zu erreichen war viel leichter, als ich gedacht hatte."

Schon vor Jahren lernte ich beim Reisen die Taxiregel kennen: Frage nach den Kosten, bevor du einsteigst. Obwohl das möglich ist, wenn man sich eine Fahrgelegenheit organisiert, ist es nicht möglich, wenn es darum geht, Träume zu erreichen. Man weiß die Kosten nie im Voraus. Wie hoch sie sein werden, findet man erst auf dem Weg heraus. Das traf auch auf Kevin Myres zu. Er wusste, dass er würde bezahlen müssen, aber die Kosten stellten sich als viel höher heraus, als er angenommen hatte. Er glaubte, dass es den Preis wert sei, aber es war definitiv mehr, als er erwartet hatte.

Der Schauspieler Paul Hogan, der die Rolle des Crocodile Dundee spielte, wurde einmal gefragt, wie er so erfolgreich wurde. Ich liebe seine Antwort: „Der Schlüssel meines Erfolges liegt darin, dass ich mir mehr in den Mund stopfte, als ich kauen konnte, und dann so schnell wie möglich kaute." Träume sind nicht billig und auch nicht leicht zu erreichen – und je größer der Traum ist, desto höher ist auch der Preis. Der Schlüssel dazu, wie Sie die Kosten aufbringen können, ist: Kauen Sie einfach weiter!

4. DER PREIS MUSS ÖFTER ALS EINMAL BEZAHLT WERDEN.

Diese Tatsache wird Sie vielleicht überraschen, aber Sie werden nicht bloß einmal bezahlen und dann Ihren Traum erreichen. Sie werden immer wieder bezahlen müssen. Ich selbst war sehr überrascht, als ich das herausfand. Als ich jünger war, dachte ich immer, es verhielte sich wie mit dem Kauf einer Eintrittskarte für einen Vergnügungspark – ich bezahlte einmal den Preis und könnte dann sooft ich wollte die Fahrten genießen. Leider funktioniert das mit Träumen nicht.

Dazu sage ich stets: „Man muss etwas loslassen, um nach oben zu kommen." Jedes Mal, wenn ich ein weiteres Opfer bringen muss, jedes Mal wenn ich feststelle, dass es noch einen Preis zu bezahlen gibt, erinnere ich mich selbst daran, dass ich etwas loslassen muss, um nach oben zu kommen.

Einem Traum zu folgen, ist wie Bergsteigen. Wir schaffen es nie auf den Gipfel, wenn wir zu viel Gewicht mit uns herumschleppen. Immer wenn wir ein Teilstück des Weges erklommen haben, müssen wir eine Entscheidung treffen: Nehmen wir noch mehr Dinge mit? Legen wir Dinge ab, die uns beim Hinaufsteigen nicht helfen? Tauschen wir das, was wir haben, für etwas anderes? Oder beenden wir hier unsere Wanderung einfach ganz? Die meisten Menschen versuchen, zu viel auf Ihre Reise zum Traum mitzunehmen. Doch wenn erfolgreiche Menschen bergsteigen, dann lassen sie die Dinge los oder tauschen sie gegen andere, um noch weiter nach oben zu kommen.

Nachdem ich jetzt schon mehr als 40 Jahre auf meiner Reise bin, habe ich erkannt, dass die nötigen Zahlungen auf dem Weg nie aufhören. Und die Reise geht nur weiter, wenn man den Preis bezahlt. Je höher Sie hinauf wollen, desto mehr werden Sie aufgeben müssen. Je höher jedoch der Preis ist, desto größer ist das Gefühl der Freude, wenn man endlich oben ankommt. Je höher das Investment, desto höher die Rendite.

5. ES IST MÖGLICH, ZU VIEL ZU BEZAHLEN.

Obwohl ich ganz klar sehe, dass jeder Traum einen Preis hat, glaube ich nicht, dass Sie bereit sein sollten, *jeden* Preis zu bezahlen, um einen Traum zu erreichen. Manche Kosten sind einfach zu hoch. Zum Beispiel habe ich erlebt, dass Menschen Kompromisse bei ihren Wertvorstellungen eingehen, ihre Familien opfern und ihre Gesundheit auf dem Weg zu einem Traum ruinieren. Das sind Kosten, die ich nicht bereit wäre, zu tragen.

Wenn Sie Ihre Gesundheit ruinieren oder Ihre Familie dafür aufgeben, werden Sie keine Freude empfinden, selbst wenn Sie den Traum erreichen. Wenn Sie Kompromisse bei Ihren Wertvorstellungen eingehen, dann schaden Sie Ihrer Seele. Sie dürfen nicht zulassen, dass Ihr Traum Ihre Werte bestimmt. Vielmehr sollten Ihre Werte über Ihren Traum herrschen. Jedes Mal, wenn diese zwei Dinge auseinanderdriften und der Traum beginnt, die Werte zu kontrollieren, dann wird der Preis zu hoch.

Welcher Preis ist zu hoch für *Ihren* Traum? Ich möchte Sie dazu ermutigen, eine Liste mit all den Dingen zu erstellen, die Sie unter keinen Umständen bereit wären, zu bezahlen. Ich rate Ihnen, diese kurz zu halten. Eine lange Liste würde es wahrscheinlich unmöglich machen, überhaupt einen Traum zu erreichen. Konzentrieren Sie sich auf die wesentlichen Dinge und seien Sie dann dazu bereit, alles andere aufzugeben.

FOLGENDE KOSTEN WERDEN SIE SICHER BEZAHLEN MÜSSEN

Ich erwähnte bereits, dass jeder Traum etwas Persönliches ist und dass es deshalb auch die Kosten sind. Trotzdem habe ich ein paar Kosten gefunden, die für alle Träumer gleich sind. Ich glaube, dass jeder zumindest die folgenden drei Preise auf dem Weg zum Erfolg bezahlen muss:

1. BEZAHLEN SIE DEN PREIS, INDEM SIE MIT DER KRITIK IHRER ENGSTEN FREUNDE UMGEHEN.

Der Philosoph Ralph Waldo Emerson beschreibt treffend, was notwendig ist, um auf Kurs zu bleiben: „Egal, für welchen Weg man sich entscheidet, es wird immer jemanden geben, der einem sagt, dass man auf dem Holzweg ist. Und es werden immer Schwierigkeiten auftauchen, die dich glauben lassen, dass deine Kritiker recht haben. Sich einen Aktionsplan zu erstellen und diesem bis zum Ziel zu folgen, bedarf Mut."

„Egal, für welchen Weg man sich entscheidet, es wird immer jemanden geben, der einem sagt, dass man auf dem Holzweg ist. Und es werden immer Schwierigkeiten auftauchen, die dich glauben lassen, dass deine Kritiker recht haben. Sich einen Aktionsplan zu erstellen und diesem bis zum Ziel zu folgen, bedarf Mut."

RALPH WALDO EMERSON

Jeder, der einem Traum folgt, wird Kritik erleben. Wenn Sie eine „dicke Haut" haben, dann macht Ihnen vieles nichts aus. Ansonsten müssen Sie lernen, Kritik zu ignorieren, wie das auch Profisportler tun. Sie haben ständig damit zu tun. Zum Beispiel sagt man, dass jedes Baseballteam zumindest einen Spieler hat, der auf jeder Position spielen kann, immer trifft und nie einen Fehler macht. Das einzige Problem ist: Er ist nicht bereit, sein Hotdog aus der Hand zu geben und sich aufs Spielfeld zu begeben!

Ich denke, es liegt in der Natur der Menschen, andere zu kritisieren. Jonas Salk, der den Impfstoff gegen Polio entwickelte, sagte: „Erst werden dir die Menschen erzählen, dass du dich irrst. Dann werden sie sagen, dass du recht hast, aber das, was du tust, wirklich unwichtig ist.

Schließlich werden sie aber zugeben, dass du recht hast und das, was du tust, sehr wichtig ist. Und ganz zum Schluss haben sie es schon die ganze Zeit gewusst."

Was wirklich schmerzt, ist die Kritik der Menschen, die einem wichtig sind. Es ist schwer, wenn Ihr Traum von Menschen kritisiert wird, die Sie bewundern, lieben und respektieren. Aber wenn Sie Ihren Traum erreichen möchten, werden Sie lernen müssen, diesen Preis zu bezahlen. Stacy Allison, die erste amerikanische Frau, die den Mount Everest bestieg, bemerkte: „Man muss sich manchmal im Leben dazu entscheiden, dass es in Ordnung ist, nicht auf das zu hören, was andere sagen. Wenn ich auf andere Menschen gehört hätte, hätte ich den Mount Everest nie erklommen."

Wann also sollten Sie Zuhören und wann sollten Sie ignorieren, was andere Ihnen sagen? Welche Kritik ist wichtig, welche nicht? Hier kommt mein Tipp für Sie. Befolgen Sie den Rat Ihrer Kritiker, wenn …

… Sie von der kritisierenden Person bedingungslos geliebt werden.
… die Kritik nicht von den eigenen Zielen des Kritikers gefärbt wurde.
… die Person nicht ständig und alles kritisiert.
… die Person Sie nach ihrem Rat weiterhin unterstützt.
… er oder sie in dem Bereich der Kritik großes Wissen besitzt oder Erfolg hat.

Kritik zu erleben, ist einer der Kostenpunkte, die Sie werden bezahlen müssen, um den Traum zu realisieren. Sie dürfen es sich nur nicht so sehr zu Herzen nehmen. Der Autor Max Lucado schreibt in seinem Buch *Er versetzt immer noch Berge* auch darüber. Er zitiert Markus 5:36: „Jesus aber (über)hörte, was geredet wurde" und schreibt weiter:

> „Ich liebe diesen Satz! Er beschreibt das entscheidende Prinzip dafür, das Unsichtbare zu sehen: Ignorieren Sie, was die Leute

sagen. Blenden Sie es aus. Schalten Sie ab. Schließen Sie die Ohren. Und wenn es nötig ist: Gehen Sie einfach!

Ignorieren Sie die Stimmen, die sagen, dass es für Sie zu spät ist, um durchzustarten.

Achten Sie nicht auf die, die sagen, dass Sie zu nichts zu gebrauchen sind.

Stellen Sie sich taub, wenn man sagt, dass Sie nicht gut genug, schnell, groß oder klein genug sind – ignorieren Sie diese Sätze.

Glaube beginnt manchmal damit, sich Watte in die Ohren zu stopfen.

Jesus wandte sich sofort an Jairus und bat ihn: ‚Hab keine Angst, glaube einfach.'

Jesus drängte Jairus dazu, das Unsichtbare zu sehen. Als Jesus sagte: ‚Glaube einfach …', verlangte er: ‚Begrenze das Mögliche nicht auf das Sichtbare. Höre nicht nur auf das akustisch Wahrnehmbare. Lass dich nicht von der Logik kontrollieren. Glaube, dass es mehr im Leben gibt, als das, was man mit dem Auge sieht!'"[4]

Menschen, die ihren Träumen weiterhin nachgehen – sogar wenn andere Zweifel und Kritik äußern –, glauben immer daran, dass es mehr als das Sichtbare gibt. Dies ist etwas, das Ihnen dabei hilft, weiter vorwärtszugehen.

2. BEZAHLEN SIE DEN PREIS, INDEM SIE IHRE ÄNGSTE ÜBERWINDEN.

Haben Sie sich schon einmal gefragt, wie Dompteure einen fünf Tonnen schweren Elefanten unter Kontrolle haben und ihn davon abhalten, wegzulaufen? Das tun sie, indem sie die Gedanken der Tiere beherrschen. Wenn ein Babyelefant trainiert wird, wird ein Seil um seinen Fuß geknüpft und an einem Holzpfahl festgebunden. Der Elefant, der noch nicht sehr stark ist, zieht an dem Seil, aber er schafft es nicht, es zum Reißen zu bringen oder den Pfahl aus der Verankerung zu ziehen. Schließlich gibt er auf. Ab diesem Zeitpunkt glaubt er, dass er nicht weg kann, sobald sein Bein angebunden ist – obwohl er imstande wäre auszubrechen. Er erinnert sich an den Kampf. Das ist einer der Gründe, warum es heißt: „Elefanten vergessen nie."

Menschen sind genauso. Ihre Gedanken setzen ihnen Grenzen, so wie die des Elefanten. Gewöhnlich ist es die Angst. Die Wahrheit ist, dass die Angst uns unsere Träume rauben kann. Sie haben vielleicht Angst, zu versagen. Sie haben Angst vor Ablehnung. Sie möchten sich nicht lächerlich machen. Sie haben vielleicht Angst, es zu versuchen, weil Sie glauben, dass Sie es nicht schaffen können. Wenn Sie diese Gedanken zulassen und glauben, dass Sie Ihren Traum nicht erreichen können, dann werden Sie recht behalten – und deshalb unfähig sein, den Traum zu realisieren. Hier ist jedoch die gute Nachricht: Wir alle haben Angst und man kann sie überwinden.

Sicherlich ist nicht jede Art von Angst schlecht. Angst kann uns vor Gefahren warnen. Und die Ängste, die realistisch sind, können uns sogar helfen. Wenn Angst jedoch irrational ist oder der „Bedrohung" unangemessen, kann sie uns schaden. Dann hält sie uns davon ab, das zu werden, was wir sein können und sein müssen, um unsere Träume zu realisieren.

Der ehemalige Generalarzt der USA C. Everett Koop stellte fest: „Die Menschen haben ein falsches Einschätzungsvermögen, wenn es um Gefahr geht." Das, wovor sie sich fürchten, hat oft keinen Bezug zur Realität. Zum Beispiel fürchten sich die Menschen vor dem Fliegen, obwohl sie viel eher zu Fuß zu Tode kommen könnten als an Board eines Passagierflugzeuges. Sie fürchten sich davor, von einem Fremden ermordet zu werden, doch die Chance beim Sport ums Leben zu kommen ist doppelt so hoch. Sie fürchten sich davor, von einem Hai getötet zu werden, obwohl normale Hausschweine mehr Menschen töten als Haie. Die Menschen haben Angst davor, bei einem medizinischen Eingriff aufgrund von Komplikationen zu sterben, doch die Chance bei einem Autounfall zu sterben, ist 16-mal höher.[5]

Alle Träume befinden sich außerhalb unserer Komfortzone. Diese Zone zu verlassen, ist auch ein Preis, den wir bezahlen müssen. In seinem Buch *The Success Principles: How to Get from Where You Are to Where You Want to Be* schreibt Jack Canfield: „Stellen Sie sich Ihre Komfortzone wie ein Gefängnis vor, in dem Sie leben – ein großteils selbst geschaffenes Gefängnis. Es besteht aus den gesamten ‚Geht nicht', ‚Muss', ‚Darf nicht' und anderen unnützen Glaubenssätzen, die von all den negativen Gedanken und Entscheidungen, die wir im Laufe unseres Lebens angesammelt und immer wieder bekräftigt haben, geprägt wurden."[6] Jede Art von Angst ist wie ein Riegel an der Tür des Gefängnisses. Aber das Gute ist: Weil Ängste Gefühle sind, kann man die schlechten beseitigen und von ihnen frei werden. Dazu müssen wir sie jedoch beseitigen!

„Stellen Sie sich Ihre Komfortzone wie ein Gefängnis vor, in dem Sie leben – ein großteils selbst geschaffenes Gefängnis. Es besteht aus den gesamten ‚Geht nicht', ‚Muss', ‚Darf nicht' und anderen unnützen Glaubenssätzen, die von all den negativen Gedanken und Entscheidungen, die wir im Laufe unseres Lebens angesammelt und immer wieder bekräftigt haben, geprägt wurden."

JACK CANFIELD

Natürlich sind auch einige Ängste berechtigt. Wir müssen aber mit ihnen zurechtkommen. Der Schriftsteller David Mamet schrieb:

> „Am 5. Juni 1944 sprangen Tausende amerikanischer Fallschirmjäger über der Normandie ab. Vier Männer weigerten sich, zu springen. Können Sie sich, kann sich irgendjemand, das restliche Leben dieser Männer vorstellen? Wie oft mussten sie sich wohl in Ausreden, Argumente oder Möglichkeiten der Verdrängung flüchten? Eigentlich endeten ihre Leben in dem

Moment, als sie sich weigerten, das Flugzeug zu verlassen. Genauso wie das Leben des jüdischen Volkes zu Ende gewesen wäre, wenn es sich geweigert hätte, durch das Rote Meer zu gehen. So wie auch Ihres und meines zum Teil endet, jedes Mal, wenn wir die Möglichkeit zur Veränderung ausschlagen – dann stagnieren wir und flüchten uns in noch größere Wunder der Verdrängung und Heuchelei, nur um uns selbst zu erklären, warum wir uns nicht in die Geheimnisse des Lebens hineinbegeben. Am Ende sterben wir alle, aber es gibt keinen Grund dafür, dies schon in der Mitte des Lebens zu tun."[7]

Sie möchten sicherlich nicht in der Mitte Ihres Lebens sterben! Niemand möchte das. Aber es ist so, dass jeder den einen oder den anderen Preis bezahlt. Sie können auf Ihre Ängste hören und mit dem Leben bezahlen oder Sie können den Preis bezahlen, indem Sie Ihre Ängste überwinden, und leben. Die Entscheidung liegt bei Ihnen.

Es ist mein Wunsch für Sie, dass Sie Ihre Träume genießen können und erfahren, was Kevin Myers meinte, als er sagte: „Träumen ist viel gefährlicher und abenteuerlicher als die meisten glauben – aber es ist auch eine großartige Reise!" Um dies zu tun, müssen Sie den Mut entwickeln, sich Ihrer Angst zu stellen. Das ist keine leichte Aufgabe. Der Autor und Historiker Michael Ignatieff kommentiert:

„Furchtlos zu leben, ist nicht das Gleiche, wie niemals Angst zu empfinden. Es ist gut, ab und zu Angst zu haben. Furcht ist ein großartiger Lehrmeister. Aber es ist nicht gut, in Angst zu leben, der Angst zu erlauben, Entscheidungen zu bestimmen, oder zuzulassen, dass sie das eigene Sein bestimmt. Furchtlos zu leben bedeutet, sich der Angst entgegenzustellen, ihre Größe abzuschätzen und zu verhindern, dass sie das Leben formt und bestimmt. Furchtlos zu leben bedeutet, Risiken einzugehen, das Spiel des Lebens anzunehmen und nicht immer auf Sicherheit zu spielen. Es bedeutet, ein „Nein" als Antwort nicht zu akzeptieren,

> wenn Sie sicher sind, dass die Antwort hätte „Ja“ sein müssen. Es bedeutet, dass Sie sich nicht mit weniger zufriedengeben als mit dem, was Ihnen zusteht, wozu Sie berechtigt sind und was Sie durch die Mühen Ihrer Arbeit und Anstrengungen erreicht haben.“[8]

Furchtlos zu leben ist eine Entscheidung. Es ist oft die Entscheidung, die diejenigen, die den Preis bezahlen und ihren Traum erreichen, von denen unterscheidet, die ihn nicht bezahlen wollen und versagen. Warum? Weil man Mut braucht, um die Kosten-Frage zu beantworten. Sie müssen furchtlos sein, wenn es darum geht, den Preis für Ihren Traum zu bezahlen.

3. BEZAHLEN SIE DEN PREIS, INDEM SIE HART ARBEITEN.

Nachdem ich kürzlich zu den Mitarbeitern eines Unternehmens in Denver gesprochen hatte, kam ein Teilnehmer namens Rich Melman auf mich zu und gab mir folgendes Zitat: „Es ist schwer, 100 % besser als die Konkurrenz zu sein, aber leicht 1 % auf 100 verschiedene Arten besser zu sein.“ Das ist genau die kämpferische Einstellung, die man braucht, um einen Traum zu erreichen.

> *„Es ist schwer, 100 % besser als die Konkurrenz zu sein, aber leicht 1 % auf 100 verschiedene Arten besser zu sein.“*
>
> *Rich Melman*

Sehen wir der Wahrheit ins Auge: Ohne Arbeit wird kein Traum Realität. Es gibt für Erfolg keinen Aufzug, der uns nach oben bringt. Man muss hinaufklettern und das bedeutet harte Arbeit. Der Autor und

Kolumnist Dale Dauten gibt den einfachen Rat: „Wenn Sie in Ihrer Firma, Ihrer Karriere oder Ihrem Leben kreativ sein möchten, ist nur ein einziger Schritt notwendig … der zusätzliche! Wenn Sie auf ein gewohntes Konzept treffen, fragen Sie sich nur eines: Was können wir noch tun?"

Einen Traum umzusetzen, bedeutet harte Arbeit. Um erfolgreich zu sein, müssen Sie noch mehr tun – mehr als Sie vielleicht wollen, mehr als Ihre Konkurrenz, mehr als Sie glauben an Kapazität zu haben. Sie müssen die Worte von William Arthur Ward mit Leben füllen:

> Ich werde mehr tun, als dazuzugehören – ich werde mich beteiligen.
> Ich werde mehr tun, als mich für jemanden zu interessieren – ich werde helfen.
> Ich werde mehr tun, als zu glauben – ich werde es umsetzen.
> Ich werde mehr tun, als einfach fair zu sein – ich werde gütig sein.
> Ich werde mehr tun, als zu vergeben – ich werde vergessen.
> Ich werde mehr tun, als zu träumen – ich werde arbeiten.
> Ich werde mehr tun, als zu lehren – ich werde inspirieren.
> Ich werde mehr tun, als zu verdienen – ich werde bereichern.
> Ich werde mehr tun, als zu geben – ich werde dienen.
> Ich werde mehr tun, als zu leben – ich werde wachsen.
> Ich werde mehr tun, als zu erdulden – ich werde triumphieren.[9]

Sie können nicht einfach den Weg des geringsten Widerstandes gehen und dennoch einen Traum verwirklichen. Sie müssen mehr tun. Sie müssen tun, was auch immer dazu nötig ist.

Obwohl es Sie viel kosten wird, Ihren Traum zu realisieren, ist die Belohnung all die Mühe wert. Der amerikanische Gründervater Thomas Paine schrieb in *The American Crisis*: „Je härter der Kampf, desto ruhmreicher der Triumph. Was wir zu leicht erwerben, schätzen wir nicht hoch genug; allein die Kostspieligkeit bestimmt, wie viel etwas wert ist."

Die Kosten-Frage zu beantworten, trennt die wirklich Entschlossenen von den Unentschlossenen. Es kostet viel Mut, etwas loszulassen, das man liebt. Es benötigt viel Engagement und Arbeit, den Preis für einen Traum zu bezahlen. Selbst wenn man den Preis bezahlt, gibt es keine Garantie dafür, dass man den Traum erreicht. Ich kann Ihnen jedoch garantieren, dass Sie ihn *nicht* erreichen, wenn Sie den Preis *nicht* bezahlen. Um Erfolg zu haben, müssen Sie dieses Risiko eingehen. Sie müssen die Ist-Situation herausfordern und Ihre Komfortzone verlassen. Sie müssen alles geben, das Sie haben – und noch etwas mehr.

DER WILLE, ZU BEZAHLEN

Genau das hat Terry Fox getan. Als bei ihm im Jahr 1977 Krebs diagnostiziert wurde, war er gerade 18 Jahre alt. Sein rechtes Bein musste amputiert werden. Während er sich auf dem Weg der Genesung befand und einer Chemotherapie unterzog, traf es ihn hart, wie viele Menschen an Krebs litten, besonders Kinder. Inspiriert von der Geschichte eines New-York-Marathonläufers, der ebenfalls den Krebs besiegt hatte, begann Fox mithilfe einer Prothese das Laufen. Schon bald träumte er von etwas schier Unmöglichem: ganz Kanada laufend zu durchqueren und dabei Geld für die Krebsforschung zu sammeln.

Er begann mit den Vorbereitungen und lief mehr als 5.000 Kilometer innerhalb von acht Monaten, um zu trainieren.[10] Da die Prothesen in dieser Zeit noch nicht so weit entwickelt waren, war dies jedes Mal mit Kosten verbunden. Nach jedem Training war sein Beinansatz mit Blasen und blutenden Wunden übersät. Trotzdem lies er sich nicht abhalten.

Am 12. April 1980 startete Fox den heute als ‚Marathon der Hoffnung‘ bekannten Lauf an der Atlantikküste in der Nähe von St. John's in Neufundland. Jeden Tag rannte er zwischen 40 und 50 Kilometer. Zu Beginn fanden seine Bemühungen wenig Anerkennung. Als er Anfang Mai Nova Scotia erreichte, grüßten ihn nur wenige Menschen. Anfang Juni war es ähnlich. Doch er lief weiter. Als er gefragt wurde, wie er es schaffte, immer weiter zu laufen, obwohl noch Tausende Kilometer vor ihm lagen, sagte er: „Ich laufe einfach immer bis zum nächsten Leitungsmasten.“[11]

Ende Juni stieß sein Bestreben endlich auf öffentliches Interesse. Plötzlich flossen Spenden herein. Er traf den Premierminister Pierre Trudeau. Ein Lied wurde zu seiner Ehre geschrieben. Die Nachrichtensender begannen über ihn zu berichten.

Fox lief mehr als 143 Tage und bewältigte mehr als 5.300 Kilometer. Er war bereit dazu, die Kosten-Frage zu beantworten. Er war bereit dazu, den Preis zu bezahlen. Am 1. September 1980 musste er seinen Lauf in Thunder Bay, Ontario, abbrechen, da sich das, was er als Erkältung eingestuft hatte, als neuer Krebs herausstellte – dieses Mal in seinen Lungen.

„Die Menschen dachten, ich ginge durch die Hölle“, sagte Fox, „und vielleicht tat ich das teilweise auch. Aber ich tat immer noch das, was ich wollte und ein Traum wurde wahr.“[12]

Terry besiegte den Krebs in seinem Bein und dachte, dass er ihn auch ein zweites Mal besiegen würde. Auf einer Pressekonferenz kurz nach seinem unterbrochenen Lauf sagte er: „Wie viele Menschen setzen das um, woran sie tief im Herzen glauben? Ich wünschte einfach, dass die Menschen erkennen, dass alles möglich ist, wenn man es nur versucht. Träume werden wahr, wenn Menschen den Versuch wagen.“[13] Er wollte seinen Traum, den ‚Marathon der Hoffnung‘ zu beenden, verwirklichen. Er verweigerte sogar das Angebot des Toronto-Maple-Leafs-Hockeyteams, den Lauf für ihn zu beenden. Aber er erholte sich nicht wieder vom Krebs. Weniger als ein Jahr später starb er.

Terry Fox’ unzähmbarer Geist lebt jedoch weiter. Obwohl er selbst nicht mehr fähig war, sein Rennen zu beenden, wurde sein Traum ohne ihn wahr. Sogar noch bevor Terry starb wurde ein jährlicher Terry-Fox-Lauf geplant, um an seinen ‚Marathon der Hoffnung‘ zu erinnern und Geld für die Krebsforschung zu sammeln. Der erste fand 1981 in Kanada statt, mit mehr als 300.000 Teilnehmern, und erzielte eine Spendensumme von 3,5 Millionen Dollar. Heute findet einmal im Jahr ein Lauf überall auf der Welt statt. Bis heute wurden mehr als 400 Millionen Dollar durch den Terry-Fox-Lauf für die Krebsforschung gesammelt.[14]

Was sind Sie bereit, für Ihren Traum zu bezahlen? Haben Sie den Mut, die Kosten-Frage zu beantworten? Sind Sie bereit, furchtlos zu leben, so wie Terry Fox es getan hat? Sind Sie bereit dazu, den Preis zu bezahlen, sogar wenn Sie nicht sicher sagen können, ob es genug sein wird, um Ihren Traum zu realisieren? Ich wünsche Ihnen, dass die Antwort „Ja" lautet.

KÖNNEN SIE DIE KOSTEN-FRAGE POSITIV BEANTWORTEN?

BIN ICH BEREIT, DEN PREIS FÜR MEINEN TRAUM ZU BEZAHLEN?

Was ist Ihnen Ihr Traum wert? Das ist es, das Sie herausfinden müssen, wenn Sie sich mit der Kosten-Frage unsicher sind. Sie müssen die Kosten aufzählen.

Suchen Sie sich als Erstes jemanden, der in Ihrem Interessenbereich Erfahrung hat. Fragen Sie diese Person nach Informationen oder um Rat, was nötig ist, um in diesem Bereich Erfolg zu haben.

Dann verbringen Sie einige Zeit damit, über folgende Fragen nachzudenken und sich die Antworten zu notieren:

Wie viel bin ich bereit, für meinen Traum zu bezahlen?
Wie schnell bin ich bereit, zu bezahlen?
Wie oft bin ich bereit, den Preis zu bezahlen?
Wie möchte ich mit der Kritik umgehen, die auf mich
zukommen wird?
Wie werde ich meine Ängste überwinden?
Wie bereit bin ich dazu, hart zu arbeiten?
Was bin ich *nicht* bereit, zu bezahlen?
(Erinnern Sie sich: Einige Opfer sind zu hoch.)

Vergessen Sie nicht: je größer der Traum, desto größer sind die Kosten. Wenn Sie nicht bereit sind, zu bezahlen, was es kosten mag, dann werden Sie entweder Ihren Traum oder Ihre Bereitschaft, den Preis zu zahlen, ändern müssen.

KAPITEL 8

Die Entschlossenheits-Frage: *Komme ich meinem Traum näher?*

Der bloße Besitz einer Vision, bedeutet noch lange nicht, dass man sie lebt, noch dass wir andere mit dieser Vision ermutigen können, wenn wir selbst sie nicht verstehen und ihrem Kern folgen … Mit Visionen gesegnet zu sein, ist nicht genug … wir müssen sie leben!

High Eagle

H. Jackson Brown, Autor des Buches *Kleine Gebrauchsanweisung fürs Leben*, sagt, dass es zwei Regeln für Ausdauer gibt: „Regel Nummer 1: Geh noch einen weiteren Schritt. Regel Nummer 2: Sind Sie unfähig, einen weiteren Schritt zu gehen, kehren Sie zu Regel Nummer 1 zurück." Genau das ist notwendig, um einen Traum zu realisieren: der Wille, noch einen weiteren Schritt zu gehen, selbst wenn man überzeugt davon ist, dass man das nicht kann. Menschen, die ihre Träume leben, lehnen es strikt ab, aufzugeben. Sie wissen, wenn sie weitermachen, auch wenn der tägliche Fortschritt noch so klein sein mag, erhöhen sie die Chance, dass etwas zu ihren Gunsten passiert. Sie beantworten die Entschlossenheits-Frage mit „Ja", die ständig wiederholt: „Komme ich meinem Traum näher?"

„Regel Nummer 1: Geh noch einen weiteren Schritt. Regel Nummer 2: Sind Sie unfähig, einen weiteren Schritt zu gehen, kehren Sie zu Regel Nummer 1 zurück."

H. Jackson Brown

EIN BILD FÜR ENTSCHLOSSENHEIT

Studieren Sie die Leben von Leadern und Unternehmern und Sie werden erkennen, dass allen eine bestimmte Qualität von Entschlossenheit gemeinsam ist. Trotz widriger Umstände, Hindernissen und Ungerechtigkeiten halten sie durch. Sie kommen ihrem Traum Tag für Tag näher.

Kürzlich hörte ich die Geschichte von Elizabeth Keckly, einem wahren Vorbild für Entschlossenheit. Sie wurde 1818 in Virginia als Sklavin geboren und erfuhr schon früh im Leben Härte und Misshandlungen. Sie musste sich bereits mit vier Jahren um ein Baby kümmern und wurde mit fünf Jahren dafür geschlagen, wenn sie die Wiege des Kindes zu stark anstieß. Sie wurde von ihrem Vater getrennt, sexuell missbraucht und von den Besitzern wurde ihr immer wieder gesagt, dass sie nicht einmal ihr ‚Geld wert sei'. Von Geburt an war ihr schmerzhaft bewusst, welche Not die Menschen in der Sklaverei erleiden mussten. In ihrer Biografie schrieb sie:

> „Als ich ungefähr sieben Jahre alt war, erlebte ich zum ersten Mal, wie ein Mensch verkauft wurde … Der Herr hatte gerade die Schweine für den Winter gekauft, die er aber nicht komplett bezahlen konnte. Um sein Gesicht zu wahren, war es nötig, einen der Sklaven zu verkaufen. Little Joe, der Sohn des Kochs, wurde als Opfer ausgewählt. Seiner Mutter wurde befohlen, ihn

> in seine Sonntagskleider zu stecken und ins Haus zu schicken. Er kam mit strahlendem Gesicht herein, wurde auf die Waage gestellt und wie die Schweine nach einem bestimmten Betrag pro Pfund verkauft. Seiner Mutter verschwieg man den Handel, aber sie hatte einen Verdacht. Als ihr Sohn in einem Wagen nach Petersburg aufbrach, wurde ihr die Realität voll bewusst und sie flehte bitterlich, dass man ihr nicht den Sohn nehmen solle, aber der Herr brachte sie zum Schweigen, indem er erzählte, dass er nur mit dem Wagen in die Stadt fahren und am nächsten Morgen zurück sein würde. Der Morgen kam, aber Joe kam nicht zurück. Es verging Tag um Tag und die Mutter sah ihren Sohn bis an ihr Lebensende nicht mehr. Einmal wurde sie sogar dafür geschlagen, weil sie um ihren verlorenen Sohn weinte. Colonel Burwell [ihr Besitzer] wollte seine Sklaven nie mit einem sorgenvollen Gesicht sehen."[1]

Keckly hatte ein hartes Leben, das sie selbst als ‚harte Schule' bezeichnete. Sie brachte ein Kind zur Welt, nachdem sie von einem weißen Mann vergewaltigt worden war. Sie musste oft die Arbeit von drei Personen erledigen, aber sie war trotz allem beharrlich und machte das Beste aus jeder Gelegenheit. Sie lernte Lesen und Schreiben. Mit sechs Jahren begann sie, von ihrer Mutter Nähen zu lernen. Und sie entwickelte einen Geschäftssinn, den sie schließlich nutzte, um ihr Leben komplett zu verändern.

DER TRAUM VON DER FREIHEIT

Keckly wuchs in einer ländlichen Gegend auf. Doch als die Familie, deren Sklavin sie war, nach Petersburg, Virginia, zog, passierte etwas sehr Wichtiges: Keckly, die damals Mitte 20 war, erkannte die Möglichkeit, Unternehmerin zu werden. Nahezu die Hälfte der Bewohner von Petersburg waren Schwarze und ungefähr ein Drittel von ihnen war frei.[2]

Als sie so durch die Stadt zog, beobachtete sie, dass viele freie Schwarze alleinstehende Frauen waren, die Land besaßen und ihr eigenes Geschäft betrieben. Keckly sah darin schnell eine Möglichkeit für sich, da sie inzwischen eine sehr gute Schneiderin geworden war.

Ein Traum wurde in ihrem Herzen geboren. Als Pragmatikerin hatte Keckly bisher immer das Beste aus ihrem Leben als Sklavin gemacht. Sie hatte den Missbrauch überwunden, arbeitete hart und lebte integer. Nun zog sie zum ersten Mal die Möglichkeit in Erwägung, dass sie eines Tages die Freiheit erlangen und selbstständig arbeiten könnte. Jennifer Fleischner, Professorin an der Harvard Universität, bemerkt: „Durch diese arbeitende Mittelschicht der schwarzen Frauen, konnte Lizzy die Möglichkeiten außerhalb des Sklavendaseins für jemanden wie sich erkennen. Durch einen ersten Geschmack von Unabhängigkeit – noch nie zuvor hatte sie so viel Bewegungsfreiheit wie in Petersburg –, wurde ihr Hunger nach mehr geweckt."[3]

Ein weiterer Umzug – diesmal nach St. Louis, Missouri, als sie 29 Jahre alt war – stärkte den Traum in Kecklys Herzen sogar noch mehr. Die Familie, der sie diente, erlebte gerade harte Zeiten, also begann sie damit, nicht nur für ihre eigene Familie zu schneidern, sondern auch für andere Frauen der gehobenen Gesellschaftsschicht der Stadt, um Geld zu verdienen.

„Mit meiner Nadel", erinnerte sich Keckly, „ernährte ich 17 Personen für zwei Jahre und fünf Monate."[4] Mehr und mehr hatte sie die Unabhängigkeit im Sinn – sowohl rechtlich als auch wirtschaftlich.

Als sie mit ihrem Besitzer darüber sprach, sich die eigene Freiheit zu erkaufen, lehnte er die Diskussion ab und befahl ihr, das Thema nie mehr auf den Tisch zu bringen. Aber zu dieser Zeit war ihr Traum schon zu wichtig geworden und sie gab nicht auf. Denselben Geist der Entschlossenheit, der ihr damals geholfen hatte, die Misshandlungen zu überleben, setzte sie nun für ihre Sehnsucht ein, die Freiheit für sich und ihren Sohn zu erkaufen. „Ich ließ mich nicht mehr abbringen", ergänzte Keckly, „denn ich hatte die Hoffnung auf ein freies, besseres Leben in der Zukunft."[5] Als sie das Thema erneut ansprach, bot ihr Besitzer an, ihr einen Vierteldollar zu geben, damit sie die Fähre über den Fluss nach Illinois, einem freien Staat, nehmen könne. Er schlug ihr vor, zu fliehen. Aber das lehnte sie ab.

„Durch das Gesetz dieses Landes bin ich Ihre Sklavin – Sie sind mein Herr", entgegnete sie ihrem Besitzer, „und ich werde deshalb nur frei sein, wenn das Gesetz dieses Landes erfüllt wird."[6]

Schließlich, als sich die Situation der Familie immer mehr zuspitzte, nannte ihr Besitzer einen Preis: 1.200 Dollar. Das war eine riesige Summe, heute wären das ungefähr 25.000 Dollar. Aber das hielt Keckly nicht auf. Egal, welche Summe ihr Besitzer auch genannt hätte, sie hätte einen Weg gefunden, diese zu bezahlen. Kein Preis für einen Traum ist für eine Person mit ihrer Entschlossenheit zu hoch.

Zunächst wollte sie nach New York reisen, um eine Wohltätigkeitsorganisation zu bitten, ihr das Geld zu leihen. Doch zu ihrer Überraschung kamen ihr die Frauen zu Hilfe, für die sie begonnen hatte, Kleider zu schneidern. Jede gab, so viel sie konnte.

Am 13. November 1855 erkaufte Elizabeth Keckly die Freiheit für ihren Sohn und sich selbst. In ihrer Biografie schrieb sie:

> „Die 1.200 Dollar kamen zusammen und zumindest mein Sohn und ich waren frei. Frei, frei! Welch wundervoller Klang. Frei! Der bittere Kampf des Herzens war endlich vorbei. Frei! Die Seele konnte nun zum Himmel und zu Gott aufsteigen, ohne Ketten, die den Flug verhindern oder einen zurückziehen. Frei! Die Erde wurde strahlender und sogar die Sterne schienen voller Freude zu singen. Ja, frei! Frei durch das Gesetz des Mannes und nach dem Lächeln Gottes – und der Himmel segne die, die mich frei gemacht haben!"[7]

Obwohl das Geld als Geschenk angeboten wurde, nahm Keckly es nur als Leihgabe an. Sie arbeitete voller Hingabe fünf weitere Jahre in St. Louis und zahlte jeden Cent zurück.

EINE KARRIERE NACH DER SKLAVEREI

Doch die Freiheit war nur die Hälfte ihres Traumes. Die andere Hälfte bestand darin, eine erfolgreiche Geschäftsfrau zu sein. Um diesen Teil wahr zu machen, zog sie zuerst nach Baltimore und dann nach Washington D. C., wo sie begann, als Schneiderin zu arbeiten. Aufgrund ihrer außergewöhnlichen Fähigkeit zu nähen, ihrer Gabe, Beziehungen aufzubauen und der hervorragenden Empfehlungen, die sie von den Frauen in St. Louis erhalten hatte, hatte sie bald schon alle Hände voll zu tun.

„Von dem Moment an als ich nach Washington kam", erzählte Keckly, „hatte ich den großen Wunsch, für die Frauen des Weißen Hauses zu arbeiten, und um dies zu erreichen, hätte ich fast jedes Opfer gebracht, sofern es mit meinem Anstand vereinbar war."[8] Es gab keine Person in ganz Amerika, die mehr in der Öffentlichkeit gesehen wurde als die First Lady. Keckly arbeitete fleißig und machte das Beste aus jeder Mund-zu-Mund-Werbung. Innerhalb eines Jahres erreichte sie ihr Ziel. Keckly wurde die exklusive Schneiderin, Modeberaterin und manchmal sogar Anziehhilfe für Mary Todd Lincoln und begann an dem Tag, nachdem Abraham Lincoln sein Amt angetreten hatte. Sie wurde auch die beste Freundin und Vertraute von Frau Lincoln. Keckly tröstete sie, als ihr Sohn Willie starb. Nachdem der Präsident einem Anschlag zum Opfer gefallen war, wurde sie gefragt: „Gibt es niemanden, Frau Lincoln, den sie in dieser schrecklichen Situation bei sich haben möchten?" Und sie antwortete: „Bitte holen Sie Elizabeth Keckly."[9] Lincoln fand viel Trost bei ihr. Noch Jahre nach dem Tod des Präsidenten bezeichnete sie Keckly als ihre beste Freundin.[10]

Kecklys Unternehmen florierte in Washington. Sie eröffnete sogar ein zweites Ladengeschäft. In den späteren Jahren gab sie ihr Wissen über das Nähen weiter. Sie erreichte alles, wovon sie geträumt hatte – und viel mehr, als andere ihr zugetraut hätten. Sie freute sich in den Jahren nach dem Bürgerkrieg sehr darüber, dass sie es besser gemacht hatte und auch finanziell besser dastand als die Kinder ihres früheren Besitzers.[11] Wenn ihr jemand die Kosten-Frage gestellt hätte – Bin ich bereit, den Preis für meinen Traum zu bezahlen? – hätte sie ohne Zweifel mit einem „Ja" geantwortet.

MACHT IHR TRAUM SIE STÄRKER ODER SCHWÄCHER?

Wie steht es um Sie? Wie beantworten Sie die Entschlossenheits-Frage? Kommen Sie Ihrem Traum näher? Machen Sie Schritte nach vorn? Haben Sie die Entschlossenheit, um von ihr getragen zu werden? Oder werden sie wahrscheinlich dann, wenn der Weg steiniger wird – was er sicherlich wird –, aufgeben? Ralph Waldo Emerson sagte: „Die große Mehrheit der Menschen ist ein Haufen Beginner." Sind Sie ein bloßer Beginner oder bringen Sie die Dinge auch zu Ende, so wie es Keckly getan hat? Wenn der Enthusiasmus abnimmt, wenn die Leidenschaft abkühlt, wenn die Widerstände zunehmen und die Resultate schwinden, wenn der Erfolg unerreichbar scheint, werden Sie dann Ihre Stärke behalten und weitergehen? Sind sie entschlossen? Das ist das Kennzeichen der Menschen, die ihren Traum erreichen.

> *„Die große Mehrheit der Menschen ist ein Haufen Beginner."*
>
> RALPH WALDO EMERSON

Calvin Coolidge, 13. Präsident der USA, stellte fest: „Ausdauer und Entschlossenheit allein sind allmächtig. Der Spruch ‚Und weiter geht's' hat bereits viele Probleme gelöst und wird für immer die Probleme der Menschheit lösen." Entschlossenheit ist die Lösung vieler Probleme, die Ihnen auf dem Weg begegnen werden. Denken Sie einmal daran, dass

Admiral Robert Peary siebenmal versuchte den Nordpol zu erreichen, bis es ihm schließlich gelang. Oscar Hammerstein produzierte fünf Theaterstücke für den Broadway, die alle ein Reinfall waren, bevor er *Oklahoma* aufführte, das in 2.212 Aufführungen mehr als 4,5 Millionen Zuschauer begeisterte. Thomas Edisons Versuch, eine Lampe zum Glühen zu bringen, scheiterte mehr als 10.000-mal, bevor es funktionierte. Um Ihren Traum zu erreichen, werden Sie die Fähigkeit entwickeln müssen, weiterzumachen, wo andere aufgeben. Sie müssen Entschlossenheit entwickeln!

KÄMPFEN SIE FÜR IHREN TRAUM!

Präsident Woodrow Wilson betonte die Wichtigkeit unserer Träume: „Wir wachsen, indem wir träumen. Alle großen Persönlichkeiten sind Träumer. Sie sehen Dinge im sanften Dunst des Frühlings oder im Abendrot eines langen Winterabends. Manche von uns lassen diese großartigen Träume sterben, aber andere nähren und schützen sie. Sie pflegen sie in den dunklen Tagen bis zum Sonnenschein und Licht, das immer zu jenen kommt, die ernsthaft hoffen, dass ihre Träume wahr werden.“ Wenn Sie eine Person werden möchten, die einen Traum pflegt, bis er wahr wird, müssen Sie unablässig daran arbeiten, danach streben und immer weitere Schritte auf Ihren Traum zugehen. Um das zu tun, behalten Sie Folgendes im Blick:

1. UM IHREM TRAUM NÄHER ZU KOMMEN … MACHEN SIE SICH KLAR, DASS AUFGEBEN VIEL MEHR MIT IHNEN ALS PERSON ALS MIT IHRER IST-SITUATION ZU TUN HAT.

Jedem, der auf der Reise zu seinem Traum ist, werden Schwierigkeiten begegnen. Wenn man versagt, kann man immer Ausreden finden, warum etwas misslungen ist, wie etwas Ungewöhnliches passierte, wie man von einer anderen Person im Stich gelassen wurde oder wie Umstände gegen einen gearbeitet haben. Aber die Wahrheit ist die, dass es nicht die äußeren Dinge sind, die einen Menschen aufhalten. Das, was im Inneren geschieht, ist entscheidend. Die meisten Menschen halten sich selbst davon ab, ihr volles Potenzial zu erreichen. Sie können vorgeben, dass Menschen, Dinge oder Situationen im Äußeren für ihren Misserfolg verantwortlich sind, aber in Wirklichkeit sind sie selbst schuld.

Die meisten Menschen halten sich selbst davon ab, ihr volles Potenzial zu erreichen.

Menschen, die ihre Träume erreichen, haben keinen leichteren Weg als die, die es nicht tun. Denken Sie an Elizabeth Keckly. Fast alles hat gegen sie gearbeitet, trotzdem hat sie ihre Träume wahr gemacht. Wir sollten uns nicht in Ausreden flüchten. Stattdessen sollten wir eine Einstellung wie der talentierte Künstler und Erfinder Leonardo da Vinci haben, der erklärte: „Hindernisse können mich nicht aufhalten. Jedes Hindernis trägt die Lösung bereits in sich. Derjenige, dessen Augen auf die Sterne gerichtet sind, ändert seine Meinung nicht." Man muss eine solche Einstellung haben, um beharrlich einen Traum zu verfolgen. Aufgeben ist die einzige Garantie für Misserfolg. Es gibt kein unüberwindbares Hindernis, außer unserem angeborenen Mangel an Ausdauer.

Es existiert die Legende eines Soldaten, der bei Alexander dem Großen vor das Kriegsgericht gestellt wurde. Da er das Urteil ungerecht fand, wollte der Soldat es anfechten. Der Eroberer erklärte dem Soldaten, dass es niemand Höheren als ihn gäbe, dem er seine Bitte vorbringen könne. „In diesem Fall", antwortete der Soldat, „gehe ich von ‚Alexander dem Kleinen' zu ‚Alexander dem Großen' und lege vor ihm Berufung ein."

Wahrscheinlich ist diese Geschichte erfunden, aber trotzdem beinhaltet sie eine wichtige Wahrheit. In jedem von uns kämpft die negative innere Stimme gegen die positive innere Stimme um die Oberhand. Die negative führt uns zur Niederlage, die positive zum Sieg. Damit meine ich Folgendes:

Unsere negative innere Stimme sagt:
„Es glauben zu wenig Menschen an dich.
Du wirst es niemals schaffen."

Unsere positive innere Stimme sagt:
„Mein Glaube an mich selbst ist genug. Ich kann es schaffen."

Aufgeben ist die einzige Garantie für Misserfolg.

Twani O'Dell, Autorin des Buches *Back Roads*, das auch schon Oprah für ihren Buchclub aussuchte, schenkte ihrer inneren Stimme Beachtung, indem sie erkannte: „Geben Sie Ihren Traum niemals auf … Ausdauer ist das Wichtigste. Wenn Sie nicht das Verlangen danach haben und den Glauben an sich selbst, es weiterhin zu versuchen, auch wenn man Ihnen geraten hat aufzugeben, werden Sie es nie schaffen."[12]

Unsere negative innere Stimme sagt:
„Es dauert zu lange, den Traum zu erreichen."

Unsere positive innere Stimme sagt:
„Träume werden Schritt für Schritt wahr."

Das Tagebuch des Christopher Columbus zeigt uns, dass er die positive innere Stimme nährte und die negative verhungern ließ, als er durch Stürme segelte, seine Schiffe beschädigt wurden, er Verluste erlitt oder eine Meuterei fürchtete. Tag für Tag begann er seine Einträge gleich: „Heute sind wir weitergesegelt."

Unsere negative innere Stimme sagt:
„Es reicht! Du hast genug einstecken müssen."

Unsere positive innere Stimme sagt:
„Ich hab schon zu viel erreicht, um jetzt aufzugeben."

Der Schriftsteller H. E. Jensen hat sicherlich auf seine positive Stimme gehört, als er sagte: „Ein Mann der gewinnt, mag schon viele Male geschlagen worden sein, aber er hörte den Ringrichter nicht."

Unsere negative innere Stimme sagt:
„Du hast nicht die Kraft dazu, an deinem Traum festzuhalten."

Unsere positive innere Stimme sagt:
„Halte noch ein wenig durch; nach der dunkelsten Stunde folgt der Sonnenaufgang."

Die Romanautorin Harriet Beecher Stove hörte auch auf ihre positive Stimme und sagte: „Wenn es richtig eng wird, sich alles gegen dich stellt und du denkst, du hältst das keine Minute länger aus, gib niemals auf! Denn genau das ist der Zeitpunkt, an dem die Wende eintritt."

„Ein Mann der gewinnt, mag schon viele Male geschlagen worden sein, aber er hörte den Ringrichter nicht."

H. E. JENSEN

Wenn also etwas misslingt, die Herausforderungen zu gewaltig erscheinen, die Schwierigkeiten zu groß werden, wenn Ihr Traum unerreichbar weit weg zu sein scheint, dann ist es Ihre Aufgabe, einfach weiterzugehen. Wenn Sie aufhören, dann nicht aufgrund der Umstände, sondern aufgrund dessen, was in Ihnen passiert. Der Erfolg liegt wahrscheinlich näher, als Sie denken. Gehen Sie einfach weiter vorwärts.

2. UM IHREM TRAUM NÄHER ZU KOMMEN … ACHTEN SIE AUF IHRE WORTE.

In den frühen-70er Jahren erlebte ich einige Herausforderungen im Bereich Leadership. Die Monate vergingen und ich konnte einfach keine Antworten finden. Innerlich wollte ich das Handtuch werfen, aber ich bin schon von Natur aus keiner, der aufgibt – ich hasse es, viel zu verlieren. In meiner Verzweiflung nahm ich eines Tages ein Wörterbuch zur Hand und schlug das Wort *aufgeben* nach. Ich las die Definition und dachte über diese Möglichkeit nach. Ich konnte es einfach nicht tun. Und als Symbol dafür nahm ich eine Schere zur Hand und schnitt das Wort aus dem Wörterbuch heraus – und aus meinem eigenen Wortschatz. Ich würde alles daran setzen, Erfolg zu haben. Diese Entscheidung hat keines meiner Probleme aufgehoben, aber sie hat mir den Rücken gestärkt.

Wenn Sie Ihren Traum realisieren möchten, dann sollten Sie genau auf Ihre Worte achten. Der französische Autor Emile de Girardin betonte die Kraft der Worte: „Die Kraft der Worte ist gewaltig. Ausgewählte Worte haben Armeen aufgehalten, eine Niederlage in einen Sieg verwandelt und ganze Königreiche gerettet.“ Die Worte, die Sie sprechen, haben die Kraft, Sie entweder näher an oder weiter weg von Ihrem Traum zu bringen. Schauen Sie sich einmal die folgenden beiden Aussagen an:

Ich kann nicht …

> Wir haben das noch nie zuvor getan.
> Wir haben nicht die Ressourcen dafür.
> Wir haben nicht genug Zeit.

Wir haben das schon versucht.
Das ist Zeitverschwendung.
Wir haben nicht die Erfahrung.
Unsere Investoren werden nicht mitspielen.
Wir haben nicht genug Geld.
Wir haben zu wenig Personal.
Wir haben nicht die Ausrüstung.
Es wird niemals besser werden.
Soll sich doch jemand anderes darum kümmern.
Das ist zu radikal.
Das werden unsere Kunden nicht kaufen.
Das ist nicht meine Aufgabe.
Ich kann nicht!

Ich kann ...

Wir haben die Gelegenheit, die Ersten zu sein.
Not macht erfinderisch.
Wir werden unsere Arbeitsweise ändern.
Wir haben aus der Erfahrung gelernt.
Denke an die Möglichkeiten.
Lass uns Menschen mit Erfahrung suchen.
Lass uns die Chancen aufzeigen.
Vielleicht können wir bei etwas anderem einsparen.
Wir sind ein kleines, aber sehr zielstrebiges Team.
Vielleicht finden wir dafür ein Subunternehmen.
Lass es uns noch einmal versuchen.
Ich bin bereit, Neues zu lernen.
Lass es uns ausprobieren.
Sie werden es lieben, wenn sie es verstanden haben.
Ich übernehme gern die Verantwortung.
Ja, ich kann es schaffen!

Wenn Sie sich sagen, dass Sie etwas nicht tun können, werden Sie recht behalten – selbst wenn Sie das Talent, die Zeit, die nötigen Ressourcen, eine Strategie und die Mitarbeiter haben, um erfolgreich zu sein. Nur die, die sagen, dass sie es schaffen, tun es auch. Zu sagen, dass Sie an sich glauben, ist keine Garantie für Ihren Erfolg, aber zu sagen, dass Sie *nicht* an sich glauben, garantiert Ihren Misserfolg.

Zu sagen, dass Sie an sich glauben, ist keine Garantie für Ihren Erfolg, aber zu sagen, dass Sie nicht an sich glauben, garantiert Ihren Misserfolg.

Mir gefällt die Einstellung von Bill Boeing, der 1916 Boeing gründete. Auf einer Gedenktafel im früheren Bürogebäude stand ein Zitat von ihm: „Es schickt sich nicht, eine geniale Idee mit der Aussage ‚Das ist unmöglich!‘ zu vernichten. Unsere Aufgabe ist es, ständig weiterzuforschen und zu experimentieren, um unsere Produktion, sobald die Idee umsetzbar ist, anzupassen, damit wir keine neue Entwicklung in der Luftfahrtindustrie versäumen.“ Diese Einstellung hält seinen Traum und die Firma Boeing nun schon seit über 90 Jahren lebendig!

3. UM IHREM TRAUM NÄHER ZU KOMMEN … ERKENNEN SIE, DASS DER RICHTIGE ZEITPUNKT NIEMALS KOMMT.

Der Komiker Jonathan Winters empfahl: „Wenn das Schiff nicht in den Hafen kommt, schwimme hinaus.“ Zu viele Menschen stehen am Dock und warten. Sie möchten das Schiff erst am richtigen Platz haben, die Landungsbrücke perfekt positioniert, das richtige Wetter und eine persönliche Einladung, bevor sie bereit sind, einen Schritt nach vorn zu setzen! Aber das wird nie passieren. Wieso? Weil unsere Träume sich uns nicht nähern. Wir müssen uns ihnen nähern.

> *„Wenn das Schiff nicht in den Hafen kommt, schwimme hinaus."*
> JONATHAN WINTERS

Jack Canfield schreibt in seinem wundervollen Buch *The Success Principles: How to Get from Where You Are to Where You Want to Be*:

Es ist an der Zeit das Warten auf folgende Ereignisse aufzugeben:

Perfektion
Inspiration
Erlaubnis
Bestätigung
Veränderung einer bestimmten Person
Dass die richtige Person kommt
Dass die Kinder das Haus verlassen
Ein besseres Horoskop
Eine neue Regierung
Einen risikolosen Einstieg
Entdeckt zu werden
Klare Anweisungen
Mehr Selbstvertrauen
Das Nachlassen von Schmerz[13]

Mit anderen Worten: Die Voraussetzungen werden niemals perfekt sein, um einem Traum zu folgen. Oft ist es sogar so, dass die Umstände alles andere als günstig sind. Gehen Sie trotzdem weiter. Seien Sie hartnäckig in Ihrer Verpflichtung zum Handeln.

4. UM IHREM TRAUM NÄHER ZU KOMMEN … VERÄNDERN SIE IHR DENKEN.

Kennen Sie den Unterschied zwischen den Menschen, die leicht aufgeben, im Vergleich zu denen, die beharrlich ihrem Traum folgen? Ob Sie es nun glauben oder nicht, der Unterschied liegt darin, dass erfolgreiche Menschen nicht den Großteil ihrer Gedanken dem widmen, an alles zu denken, das noch getan werden muss. Stattdessen verbringen sie doppelt so viel Zeit damit, über das zu reflektieren, das sie bereits erreicht haben, und darüber, wie sie in der Lage sind, das zu erreichen, das sie sich vornehmen.

Der Basketballtrainer John Wooden hat seine Anschauung in schöne Worte gefasst: „Die Dinge ändern sich immer zum Besten für die Menschen, die das Beste aus dem machen, wie sich die Dinge verändern." Erfolgreiche Menschen haben eine positive Einstellung. Sie glauben, dass Sie es anpacken können. Den Großteil der Zeit genießen sie das, was sie tun. Das ist sehr wichtig, denn der Weg zum Traum ist steinig. Es geht bergauf. Es gibt viele Irrwege. Nur diejenigen, die die richtigen Gedanken denken, werden erfolgreich sein.

> *„Die Dinge ändern sich immer zum Besten für die Menschen, die das Beste aus dem machen, wie sich die Dinge verändern."*
>
> JOHN WOODEN

Der größte Unterschied zwischen erfolgreichen und erfolglosen Menschen ist die Denkweise. Erfolgreiche Menschen denken ganz anders als erfolglose Menschen, besonders, wenn es um das Thema Misserfolg geht. Sie nehmen Misserfolg als einen Teil des Erfolges hin und überwinden ihn. Der Physiker, Wissenschaftler und Entwickler der Polioimpfung, Jonas Salk, beobachtete:

> „Wenn ich auf meine Erfahrung als Wissenschaftler, der ständig Neues ausprobiert, zurückblicke, dann führt alles, was man tut, gewissermaßen zum Erfolg. Man lernt, was man unterlassen sollte, aber auch, was man tun sollte. Nicht selten betrete ich das Labor und die Mitarbeiter erzählen mir, dass etwas nicht funktioniert hat. Ich antworte immer: ‚Gut, dann haben wir eine großartige Entdeckung gemacht!' Wenn Sie denken, etwas funktioniert und dann tut es das nicht, lernen Sie daraus genauso viel, als wenn es funktioniert hätte. Deshalb existieren in meiner Einstellung keine Stolperfallen, sondern nur Herausforderungen und die Frage: ‚Was sagt mir die Natur dadurch?'"[14]

Diese Hartnäckigkeit entsteht aus der richtigen Denkweise. Sie ist das Markenzeichen jeder erfolgreichen Person. Erfolgreiche Menschen versuchen es weiter, lernen weiter, bewegen sich weiter vorwärts. Sie gewinnen den Kampf in ihren Gedanken und das wird in ihren Taten spürbar. Sie zeigen dieselbe Einstellung wie der Erfinder Thomas Edison, als er sagte: „Wenn ich mich 100 %ig dazu entscheide, dass ein Ergebnis die Mühe wert ist, dann nehme ich Experiment um Experiment in Kauf, bis es klappt." Wenn Sie Ihrem Traum näher kommen möchten, dann brauchen Sie eine ähnliche Einstellung.

5. UM AUF DEN TRAUM ZUZUGEHEN … ERKENNEN SIE, DASS DIE RESSOURCEN FÜR DEN TRAUM VON IHNEN ABHÄNGEN.

Es besteht eine enge Verbindung zwischen unseren Schritten in Richtung unseres Traumes und den nötigen Ressourcen, die sich uns auftun. Zu oft wünschen wir uns zuerst die nötigen Ressourcen, bevor wir beginnen, uns in Bewegung zu setzen. Aber würden wir das tun, hätten wir weder Ressourcen noch Bewegung. Stattdessen sollten wir es der Schnecke in einer Erzählung gleichtun, die im Februar beginnt, einen

Apfelbaum emporzuklettern. Als sie sich Zentimeter um Zentimeter den Baum hinaufkämpft, steckt ein Wurm seinen Kopf aus einem Loch heraus und sagt: „Du verschwendest deine Energie. Es gibt dort oben keinen einzigen Apfel."

„Nein", antwortet die Schnecke, als sie weiterklettert, „aber es wird einer da sein, wenn ich ankomme!"[15] Die Geschichte ist vielleicht kitschig, aber sie enthält einen wahren Kern. Nur wenn wir uns vorwärts bewegen, werden wir die Möglichkeit bekommen, das zu erhalten, das wir für unseren Erfolg benötigen.

1995 gründeten mein Bruder Larry und ich EQUIP, eine gemeinnützige Organisation, durch die bisher mehr als zwei Millionen Führungskräfte weltweit weitergebildet wurden. Bei einer Veranstaltung in Pebble Beach zum zehnjährigen Jubiläum der Organisation, hatte ich die Gelegenheit, zu 300 Spendengebern zu sprechen. Als ich in die Gesichter der Männer und Frauen blickte, die eine finanzielle Verpflichtung für den Traum – Führungskräfte weltweit auszubilden – eingegangen waren, wurde mir bewusst, dass ich nur ungefähr 25 von ihnen kannte, als EQUIP damals gegründet worden war. Mehr als 90 % dieser Schlüsselpersonen – und der Ressourcen, die hinter ihnen standen – wurden erst sichtbar, nachdem wir begonnen hatten, nach vorn zu gehen. Wir haben EQUIP nicht begonnen, weil wir schon alle Ressourcen *hatten*. Wir haben EQUIP ins Leben gerufen, weil wir diese Ressourcen *benötigten*.

> *„Der Lohn aller Mühe wird erst sichtbar, nachdem man sich geweigert hat, aufzugeben."*
>
> W. Clement Stone

Das ist der Lauf der Dinge. Die Vision folgt nicht den Ressourcen. Es geschieht genau umgekehrt. Zuerst haben wir den Traum. Dann müssen wir uns vorwärts bewegen. Dann – und nur dann – werden die

Ressourcen und Menschen folgen. Der Geschäftsmann und Autor W. Clement Stone sagte: „Der Lohn aller Mühe wird erst sichtbar, nachdem man sich geweigert hat, aufzugeben."

6. UM AUF DEN TRAUM ZUZUGEHEN … WENDEN SIE DIE „REGEL DER FÜNF" AN.

Millionen, mich eingeschlossen, wurden durch die Geschichten in den Büchern *Hühnersuppe für die Seele* von Mark Victor Hansen und Jack Canfield inspiriert. Ich gehe einmal davon aus, dass die meisten Menschen annehmen, dass sich Verlage darum reißen, solche Bücher zu publizieren. Weit gefehlt. Es war ein harter Kampf. Hansen und Canfield hatten es sehr schwer, jemanden für das Verlegen des ersten Buches zu interessieren. Dann, als es endlich produziert war, hatten sie es schwer, die Menschen zum Kauf zu bewegen. Sie recherchierten viel und sprachen mit erfolgreichen Autoren. Schließlich gab ihnen ein Lehrer namens Scolastico den entscheidenden Tipp: „Wenn Sie jeden Tag zu einem sehr großen Baum gehen und diesem fünf Schläge mit einer scharfen Axt verpassen, dann kommt – egal, wie groß der Baum sein mag – irgendwann der Tag, an dem er fällt."

Infolge dieses Rats entwickelten die Autoren das, was sie die ‚Regel der Fünf' nannten. Jeden Tag würden sie fünf Dinge tun, die sie ihrem Traum, die Bücher zu verkaufen, näher bringen würden. Sie schreiben:

> „Wir hatten das Ziel, *Hühnersuppe für die Seele* auf der Beststellerliste der *New York Times* zu sehen. Also bedeutete das, fünf Radiointerviews zu geben oder fünf Exemplare an Buchkritiker zu schicken oder fünf Network-Marketing-Firmen zu kontaktieren und sie zu fragen, ob sie unser Buch nicht als Motivationswerkzeug für ihre Partner einsetzen wollten. Oder es bedeutete, ein Seminar mit mindestens fünf Teilnehmern durchzuführen und anschließend die Bücher am Büchertisch

zu verkaufen. An einigen Tagen schickten wir einfach fünf Exemplare an berühmte Persönlichkeiten – wie zum Beispiel Harrison Ford, Barbara Streisand, Paul McCartney, Steven Spielberg oder Sidney Poitier. Das Ergebnis dieser Aktion war ein Treffen zwischen mir und Sidney Poitier – auf seinen Wunsch – und später fanden wir heraus, dass der Produzent der Fernsehshow *Touched by an Angel* von allen Mitarbeitern verlangt, *Hühnersuppe für die Seele* zu lesen, um sich in die richtige ‚Stimmung' zu versetzen. Eines Tages schickten wir Bücher an alle Geschworenen im O. J.-Simpson-Prozess. Eine Woche später erhielten wir einen sehr netten Brief des Richters Lance Ito, der uns dafür dankte, an die Geschworenen gedacht zu haben, die sich ja nicht in der Öffentlichkeit bewegen durften und weder Fernsehen noch Zeitungen zur Verfügung hatten. Am nächsten Tag wurden vier der Geschworenen beim Lesen des Buches von Journalisten gesichtet. Das brachte ein breites öffentliches Interesse für das Buch mit sich.

Wir riefen Menschen an, die sich das Buch ansehen sollten, wir schrieben Presseartikel, wir riefen bei Talkshows an, wir verteilten kostenlose Exemplare bei unseren Veranstaltungen, wir schickten sie an Pastoren, die darin Inspiration für ihre Predigten finden konnten, wir hielten kostenlose Vorträge zum Thema *Hühnersuppe für die Seele* in Gemeinden und Kirchen, wir gaben bei jeder Gelegenheit Signierstunden in Buchläden, wir fragten bei Firmen an, ob sie größere Stückzahlen für ihre Mitarbeiter kaufen würden, wir schickten die Bücher zur Armee, wir baten unsere lizenzierten Trainer, ebenfalls das Buch bei ihren Veranstaltungen zu verkaufen, wir fragten Seminaranbieter, ob sie unsere Bücher in ihren Katalog aufnehmen würden, wir kauften ein Adressverzeichnis mit allen Katalogen und baten die passenden, unser Buch aufzunehmen, wir besuchten Läden, die Geschenke oder Karten verkauften, und baten sie ebenfalls, unsere Bücher zu verkaufen – wir brachten sogar Tankstellen,

Bäckereien und Restaurants dazu, das Buch zu verkaufen. Es war viel Arbeit – mindestens fünf Aktivitäten täglich, jeden Tag, Tag ein, Tag aus – mehr als zwei Jahre lang.“[16]

War die Anwendung der ‚Regel der Fünf‘ erfolgreich? Urteilen Sie selbst: Inzwischen wurden mehr als 170 Bücher unter dem Obertitel *Hühnersuppe für die Seele* herausgegeben und in 41 Sprachen übersetzt. Mehr als 112 Millionen Exemplare wurden verkauft.[17] Wenn Sie eine ähnliche Beharrlichkeit und Beständigkeit über diesen Zeitraum an den Tag legen, dann wette ich darauf, dass Sie Ihrem Traum ein großes Stück näher kommen!

7. UM AUF DEN TRAUM ZUZUGEHEN … ERINNERN SIE SICH DARAN, DASS ES IMMER NOCH MEHR GIBT, AUCH WENN SIE DENKEN, ALLE MÖGLICHKEITEN AUSGEREIZT ZU HABEN.

Vor vielen Jahren war Barbara Brumagin meine Chefsekretärin. So wie meine jetzige, schon viele Jahre für mich arbeitende Sekretärin, Linda Eggers, war auch Barbara hervorragend. Ich werde für den Dienst, den sie mir in diesen Jahren erwies, immer in ihrer Schuld stehen. Aber ich erinnere mich noch deutlich an einen Wendepunkt in ihrer Arbeitsleistung ganz am Anfang unserer Zusammenarbeit. Es kam der Tag, an dem sie eine Hartnäckigkeit entwickelte, die sie von den meisten anderen Mitarbeitern, mit denen ich in den Jahren zusammengearbeitet hatte, deutlich abhob.

Barbara war erst seit ein paar Wochen meine Assistentin, als ich sie darum bat, mir eine Telefonnummer zu besorgen. Innerhalb weniger Minuten kehrte sie in mein Büro zurück und meinte, dass sie diese nicht finden könne. Dies ereignete sich in den 80er-Jahren, noch bevor das Internet solche Dinge erleichterte.

„Barbara, das ist nicht akzeptabel", sagte ich und wusste, dass unsere Arbeitsbeziehung durch das bestimmt werden würde, was in den nächsten Minuten geschah. „Bringen Sie mir Ihr Adressverzeichnis und setzen Sie sich neben mich."

Ich nahm das Adressverzeichnis und begann damit, Anrufe zu tätigen. Ich folgte der Spur, wo auch immer sie mich hinführte, machte mir dabei Notizen und schrieb weitere Nummern auf. Es war keine leichte Aufgabe, aber nach ca. 45 Minuten hatte ich die Nummer, nach der ich gesucht hatte, gefunden. Dann gab ich ihr das Verzeichnis zurück und bemerkte: „Barbara, es gibt immer einen Weg, die Antwort zu finden. Genau das ist Ihre Aufgabe und eine solche Unterhaltung kommt in Zukunft nicht mehr vor." Und raten Sie einmal, sie kam auch nie mehr vor. Ich bekam vielleicht nicht immer alles so schnell, wie gewünscht, aber Barbara gab niemals auf.

Wenn Sie Ihren Traum erreichen möchten, dürfen Sie nicht aufgeben. Auch wenn jeder Weg wie eine Sackgasse aussieht und Sie sich fühlen, als ob Sie schon jede Möglichkeit ausgereizt haben – es gibt einen Weg. Es gibt immer andere Wege, andere Möglichkeiten und andere Chancen. Selbst wenn Sie diese im Moment nicht sehen, sie sind da. Geben Sie nicht auf.

Der ehemalige Weltmeister im Gewichtheben, Jack Dempsey, sagte: „Ein Champion steht selbst dann auf, wenn er es nicht kann." Ich bin überzeugt davon, dass die Menschen, die ihren Traum erreichen, immer weitergehen, auch wenn sie nicht mehr können. Sie besitzen hartnäckige Ausdauer. Dadurch kommen Sie Tag für Tag ihrem Traum näher. An einigen Tagen sind es vielleicht nur wenige Zentimeter, aber sie kommen vorwärts.

> *„Ein Champion steht selbst dann auf, wenn er es nicht kann."*
>
> JACK DEMPSEY

Ein Traum ist nicht nur eine Vision, die Sie dazu drängt, vorwärts zu gehen; er ist auch eine Messlatte für jeden Tag und die Motivation jeder Anstrengung. Wenn Sie Ihren Traum sorgfältig gewählt haben, dann müssen Sie hartnäckig darauf zugehen.

KÖNNEN SIE DIE ENTSCHLOSSENHEITS-FRAGE POSITIV BEANTWORTEN?

KOMME ICH MEINEM TRAUM NÄHER?

Wenn Sie Ihrem Traum nicht näher kommen, dann arbeiten Sie vielleicht nicht entschlossen genug an seiner Realisierung. Der Schlüssel zu mehr Entschlossenheit bedeutet Veränderung – aber nicht, härter an denselben Dingen zu arbeiten. Denken Sie darüber nach, an welchen Dingen, die in diesem Kapitel erwähnt wurden, Sie arbeiten müssen:

Verändern Sie Ihr Denken. Sind Sie davon überzeugt, dass Sie keinen Erfolg haben werden? Beschreiben Sie sich selbst oder Ihre Tätigkeit mit negativen Worten? Haben Sie Angst davor, anzufangen, weil die Umstände nicht gut sind? Unterlassen Sie den Versuch, nach vorn zu streben, da Sie noch nicht die nötigen Ressourcen haben? Wenn dem so ist, dann müssen Sie Ihre Gedanken verändern. Was können Sie heute anders machen, um die Spirale der negativen Gedanken zu durchbrechen?

Verändern Sie Ihre Perspektive. Betrachten Sie die Realisierung Ihres Traumes als eine kurze Angelegenheit? Erwarten Sie den Erfolg in Tagen, Wochen oder Monaten? Erinnern Sie sich: je größer der Traum, desto länger wird es wahrscheinlich dauern. Arbeiten Sie an Ihrer Erwartungshaltung. Erstellen Sie einen realistischen Zeitplan für das Erreichen Ihres Traumes.

Verändern Sie Ihre Arbeitsgewohnheiten. Kopieren Sie die ‚Regel der Fünf'. Welche fünf Dinge können Sie heute tun, um sich auf Kurs und Ihrem Traum näher zu bringen – egal, wie minimal der Fortschritt ist? Vergessen Sie nicht den wahren Kern in der Aussage des Autors und Verlegers Robert Collier: „Erfolg ist die Summe kleiner Bemühungen, die Tag für Tag wiederholt werden."

KAPITEL 9

Die Erfüllungs-Frage: *Bringt es mir Erfüllung, an meinem Traum zu arbeiten?*

Wenn man zielstrebig in Richtung seines Traumes schreitet,
und bestrebt ist, das Leben zu leben, von dem man träumt,
dann wird man in gewöhnlichen Situationen
unerwarteten Erfolg erleben.

HENRY DAVID THOREAU[1]

Wenn Sie Leidenschaft für Ihren Traum besitzen, dann haben Sie wahrscheinlich auch die Energie und den Ansporn, die für die Schritte nötig sind. Wenn Sie die Kosten-Frage positiv beantwortet haben, dann sind Sie bereit, Opfer zu bringen, um Ihren Traum zu erreichen. Wenn Sie Entschlossenheit haben, dann werden Sie auch nicht aufgeben, wenn der Weg schwieriger wird. Sind diese Voraussetzungen genug, um Sie ans Ziel zu bringen? Vielleicht. Aber es gibt noch eine weitere Frage, die beantwortet werden muss. Eine, die darüber entscheidet, ob der angestrebte Traum all die Mühe, die Zeit und die Aufmerksamkeit wert ist, die Sie ihm schenken. Sie müssen die Erfüllungs-Frage beantworten: Bringt es mir Erfüllung, an meinem Traum zu arbeiten?

„Ist das wirklich von Bedeutung?", fragen Sie sich vielleicht. „Was macht es schon für einen Unterschied, solange ich meinen Traum erreiche, ohne dabei meine Werte über Bord zu werfen?"

Einen Traum zu erreichen, bedeutet mehr als einfach nur eine Aufgabe zu erfüllen. Es geht darum, was der Prozess aus meinem Charakter macht!

Ich bin davon überzeugt, dass es sehr wohl einen Unterschied macht, denn einen Traum zu erreichen, bedeutet mehr, als einfach nur eine Aufgabe zu erfüllen. Es geht darum, was der Prozess aus meinem Charakter macht! Ein großartiger Traum ist nicht einfach nur ein Ziel. Er ist der Katalysator für eine große Reise. Wenn diese Reise die richtige ist und Sie die Erfüllungs-Frage positiv beantworten können, dann möchte ich auch gar nicht behaupten, dass das Ziel egal ist. Aber ich behaupte, dass es die Reise immer wert ist, selbst wenn Sie den Traum nicht ganz erreichen. Warum? Weil die Reise selbst erfüllend ist.

ERFÜLLUNG ODER FRUSTRATION?

Es herrscht immer erst eine große Lücke zwischen der Entstehung eines Traumes und seiner Umsetzung. Die Frage, die Sie sich selbst stellen müssen, ist: Ist das eine Lücke der Erfüllung oder eine Lücke der Frustration? Ist es eine Lücke der Frustration, dann werden Sie sich an den meisten Tagen unglücklich fühlen. Und jeder Tag, an dem Sie frustriert anstatt erfüllt sind, verringert Ihre Chancen, dass Sie auf dem Weg zu Ihrem Traum in Bewegung bleiben.

Der Autor und Marketingexperte Seth Godin bezeichnet diese Lücke zwischen dem Beginn der Reise und den ersten sichtbaren Ergebnissen als „The Dip“ (Das Tal) und hat sogar ein Buch darüber geschrieben. Er sagt, dass jeder versuchen sollte, bei dem was er tut, der Beste zu sein. Er glaubt, dass dies der einzige Weg zum Erfolg ist. (Er argumentiert, dass alles, was wir tun, und nicht das Potenzial hat, uns an die Spitze zu bringen, eine Sackgasse ist und unterlassen werden sollte.) Aber um der

Beste zu werden, müssen wir erst durch „The Dip" hindurchgehen, das in etwa so aussieht: „ein Tal, gefolgt von einem steilen, hohen Gipfel. Dieser metaphorische Gipfel ist genau der, den man erklimmen muss, wenn man bei etwas wirklich außergewöhnlich gut sein möchte."

Godin sagt: „All unsere Erfolge sind gleich und all unsere Misserfolge auch. Wir sind erfolgreich, wenn wir etwas Außergewöhnliches tun. Wir versagen, wenn wir zu schnell aufgeben. Wir haben Erfolg, wenn wir bei dem, was wir tun, der Beste der Welt sind. Wir versagen, wenn wir uns von Aufgaben ablenken lassen, die wir eigentlich loslassen sollten."[2] Je tiefer das Tal, behauptet Godin, desto größer wird die Belohnung sein, denn das Tal wird all die anderen aussortieren, die ebenfalls denselben Weg gewählt haben. Ich würde sagen, dass das Tal beides symbolisiert: sowohl die Herausforderungen, denen man sich stellen muss, als auch all das, das man lernen muss, um die gewünschten Ergebnisse zu erreichen. Um unsere Träume zu realisieren, müssen wir das Tal zwischen dem Ursprung und der Realisierung durchschreiten. Das bedeutet, Herausforderungen zu überwinden, immer wieder zu lernen und harte Arbeit zu leisten. Wenn wir dabei nicht das starke Gefühl der Erfüllung haben, das uns schon auf dem Weg Zufriedenheit schenkt, werden wir in Schwierigkeiten geraten.

VON DER WALLSTREET INS BUSCHLAND AFRIKAS

Ich bin immer wieder fasziniert, wenn ich einen Bericht über eine Person lese, die auf eine erfolgreiche Karriere verzichtet, um ihren Traum zu leben. Letztens habe ich in den Magazinen *Fortune* und *Forbes* eine solche Geschichte gelesen. Es ging um Jacqueline Novogratz. Diese Frau ließ eine aussichtsreiche, sehr lukrative Karriere an der Wallstreet hinter sich, um etwas zu tun, das sie viel erfüllender findet.

Novogratz hat einen Sinn für alles, das mit Geschäft zu tun hat. Als Älteste von sieben Kindern kämpfte sie sich durchs College und nahm dann einen Arbeitsplatz in einer internationalen Bank, der Chase

Manhattan Bank, an. Ich glaube, man darf behaupten, dass ihre Familie Unternehmertum und Finanzen im Blut hat. Drei ihrer Geschwister schlugen einen ähnlichen Weg ein und können auf sehr erfolgreiche Karrieren im Finanzwesen zurückblicken. Einer davon ist ihr Bruder Mike, Geschäftsführer der Fortress Investment Group. 2007 stand er auf der Liste der reichsten Menschen weltweit im *Forbes Magazine*.[3]

Jacqueline Novogratz bezeichnet Henry Ford als einen ihrer Unternehmerhelden, da er „die Verbindung zwischen Unternehmen und Verbrauchern erkannte – er verstand, dass seine Mitarbeiter gleichzeitig seine Zielgruppe waren. Er schuf Arbeitsplätze mit besseren Lohnverhältnissen und stellte Produkte her, die sich Arbeitnehmer leisten konnten."[4]

Neben ihrem Herz für Finanzen hat Novogratz auch ein Herz für Menschen. Sie hatte immer schon das starke Bedürfnis, Menschen aus ärmeren Verhältnissen zu helfen. Ein weiteres ihrer Vorbilder ist Mahatma Gandhi, da er „die Wichtigkeit der Gleichberechtigung und menschlichen Würde verstand". Sie bewundert seine „ausgezeichneten Fähigkeiten der Vermarktung und der Kommunikation. Durch seine Symbolik und seine Worte veränderte er erst einen Kontinent und dann die Welt."[5]

Drei Jahre lang war Novogratz weltweit für die Chase Manhattan Bank unterwegs. Sie bereiste in dieser Zeit 40 Länder. Als sie in Brasilien war, steckte das Land gerade in einer schweren Schuldenkrise und das traf Novogratz mitten ins Herz. „Ich sah all diese Menschen in den Slums, die nicht einmal ein Bankkonto besaßen, während wir den Reichen Millionen in Form von Krediten gaben", sagt sie. „Das ergab für mich irgendwie keinen Sinn."[6] Sie kündigte und schlug eine ganz neue Richtung ein. Sie wollte den Ärmsten der Armen auf der Welt helfen.

Novogratz erinnert sich, wie sie als junge, idealistische Frau an der Elfenbeinküste ankam: „Ich hatte gerade die Wallstreet verlassen, hatte meine Haare wie Margaret Mead geschnitten, fast meinen ganzen Besitz weggegeben und kam dort nur mit allem Lebensnotwendigen an – Gedichten, einigen Kleidungsstücken und natürlich meiner Gitarre –, da ich ja schließlich die Welt retten wollte und dachte, dass ich einfach mit dem afrikanischen Kontinent anfange."[7] Ich brauche wohl nicht zu erwähnen, dass sie etwas naiv war. Aber sie involvierte sich in ein Projekt, das ihre beiden Herzen – Menschen zu helfen und das Unternehmertum – verband, die Vergabe von Mikrokrediten. Sie hörte von einer Bäckerei, die von 20 ehemaligen Prostituierten in Kigali, Ruanda, geführt wurde. Als sie sich dieses Projekt genauer ansah, stellte sie jedoch fest, dass es sich einfach um eine Gruppe alleinstehender Mütter handelte, die von einer Kirchengemeinde unterstützt und in einer Bäckerei, die rote Zahlen schrieb, beschäftigt wurden. Sie bot ihre Hilfe an, um daraus ein gewinnbringendes Unternehmen zu machen – und mit der Zeit schaffte sie das auch. Die Frauen erhöhten ihr Einkommen von 50 Cent pro Tag, das sie von der Wohltätigkeitsorganisation bekamen, auf das über Dreifache des nationalen Tagesdurchschnittslohnes. Als Novogratz noch an der Wallstreet arbeitete, erkannte sie „die Kraft des Kapitals, Unternehmen zu erschaffen, und die Kraft der Unternehmen, Veränderung zu schaffen."[8] Als sie weitere Erfahrungen sammelte, wurde ihre Vision immer klarer. Sie wollte die Kraft und Nachhaltigkeit eines Unternehmens mit dem Bestreben der Wohltätigkeitsorganisationen, den Ärmsten zu helfen, verbinden. Sie schrieb sich an der Stanford University ein und machte ihren MBA. 2001 gründete sie dann den Acumen Fund. Auf seiner Webseite wird dieser folgendermaßen definiert:

> „Acumen Fund ist ein gemeinnütziger Fonds, der sich unternehmerischer Ansätze bedient, um die Probleme der weltweiten Armut zu lösen. Wir möchten beweisen, dass ein wenig Investitionskapital, kombiniert mit viel unternehmerischem Scharfsinn, florierende Unternehmen hervorbringen kann, die wiederum einer großen Anzahl von Armen zugutekommen. Unsere Investitionen konzentrieren sich darauf, erschwingliche, notwendige Güter und Dienstleistungen – wie Gesundheit, Wasser, Wohnungen und Strom – durch innovative, marktorientierte Ansätze zu liefern."[9]

Novogratz hatte bemerkt, dass Wohltätigkeitsorganisationen alleine wenig dafür tun können, um die Herausforderungen der Armut zu beseitigen, da sie keine Langzeitlösungen bieten. Unternehmertum allein hilft den Ärmsten auch nicht, da es darauf ausgerichtet ist, schnell Gewinn abzuwerfen und die Armen nicht berücksichtigt. Novogratz sagt: „Marktorientierte Ansätze, die nachhaltige Unternehmen unterstützen, die das Potenzial für Wachstum bieten, auch wenn die Spenden eines Tages nicht mehr fließen, geben den Armen die Kraft, langfristig ihre eigenen Probleme zu lösen. Unser Ziel ist es, die Sichtweise zu verändern: Arme Menschen sollen nicht passive Empfänger von Spenden sein, sondern als Individuen wahrgenommen werden, die das Potenzial haben, die Verantwortung für ihre eigene Zukunft zu übernehmen."[10]

Viele Wohltätigkeitsorganisationen helfen den Menschen in Entwicklungsländern, indem sie Mikrokredite zum Beispiel an Frauen vergeben, die sich mit 150 Dollar eine Nähmaschine kaufen. Acumen hat einen anderen Ansatz gewählt. Hier werden 600.000 bis 1 Million Dollar in Unternehmen investiert, die Produkte und Dienstleistungen für die Armen in Ländern wie Ägypten, Indien, Kenia, Pakistan oder Tansania zur Verfügung stellen und gleichzeitig Arbeitsplätze in diesen Ländern schaffen. Bisher hat Acumen 27 Millionen Dollar in 18 verschiedenen Unternehmen in Asien und Afrika angelegt. Dabei wurde in ganz unterschiedliche Projekte investiert, wie etwa in das Sanitätswesen in Mumbai, in eine chemische Reinigung von Moskitonetzen in Tansania, um vor Malaria zu schützen, in bezahlbare Mietwohnungen in Pakistan und in Bewässerungsanlagen für kleine Farmen in Indien.

Als Novogratz damals in Afrika begann, dachte sie, dass sie ganz schnell die Welt verändern würde. Nach nun mehr als 20 Jahren Erfahrung hat sie diese Naivität abgelegt, ist aber trotzdem noch voller Leidenschaft für ihre Tätigkeit. Diese Arbeit schenkt ihr ganz offensichtlich Erfüllung. „Auch wenn wir erst am Anfang stehen", sagt sie, „ist der Nervenkitzel der realen, messbaren Veränderungen für mich immer noch außergewöhnlich. Deshalb können wir nicht nur mit 100 oder 200 Menschen alles Mögliche ausprobieren. Wir müssen daran arbeiten, die Leben von Millionen von Menschen zu verändern. Ich denke, wir können es schaffen – die ganze Welt gemeinsam."[11]

WIE MAN IM TAL ERFÜLLUNG FINDET

Wenn Sie sich wünschen, dass Ihre Reise nachhaltige Erfüllung bringt, dann sollte sie Ihnen Zufriedenheit bieten. Sie müssen dazu imstande sein, die Erfüllungs-Frage mit einem klaren „Ja" zu beantworten, so wie Jacqueline Novogratz. Wie macht man das? Indem man die Dinge lernt, die erfüllte Menschen anwenden, während sie sich im Tal zwischen dem Ursprung ihres Traumes und seiner Realisierung befinden. Hier sind sie:

1. ERFÜLLTE MENSCHEN KENNEN DEN UNTERSCHIED ZWISCHEN DEM URSPRUNG DES TRAUMES UND SEINER REALISIERUNG.

Wenn Sie die Wirklichkeits-Frage positiv beantwortet haben, dann ist Ihr Traum erreichbar. Das ideale Bild des Traumes – das sie sich in Ihrem Kopf ausmalen – ist es aber nicht. Es ist essenziell wichtig, dass Sie dies verstehen, wenn Sie bereits auf der Reise erfüllt sein möchten. Wenn Sie es nicht verstehen, dann erwartet Sie Frust.

Letztens hörte ich auf einer CD des Redners und Unternehmensberaters Dan Sullivan, wie er den Unterschied zwischen „ideal" und „real" beschreibt. Er versteht „ideal" als „ein Produkt unseres Verstandes – ein Werkzeug unseres Hirns –, das uns befähigt, die Zukunft greifbarer zu machen. Das Ideal ist ein Bild unserer Vorstellung von den gewünschten Ereignissen und Situationen in der Zukunft, das uns befähigt, vorwärts zu gehen. Dieses Ideal existiert weder außerhalb unseres Kopfes, noch ist es erreichbar."[12]

Warum ist das ideale Bild Ihres Traumes unerreichbar? Weil es darauf basiert, dass alles perfekt läuft und das ist unmöglich. Das Leben ist im besten Fall chaotisch. Es steckt immer voller Überraschungen – sowohl guter als auch schlechter. Wenn Sie dieses ideale Bild Ihres Traumes brauchen, um erfüllt zu sein, dann werden Sie *niemals* erfüllt sein. Sie werden für immer enttäuscht sein.

Das bedeutet jetzt nicht, dass Sie Ihre ideale Vision auf die Seite schieben sollen. Sie ist notwendig, um Ihnen dabei zu helfen, Ziele zu entwickeln, innere Motivation zu finden und nach Spitzenleistung zu streben. Aber Sie müssen Ihr Ideal auch mäßigen. Während idealistische Träume danach verlangen, sofort vollständig realisiert zu werden, geben Ihnen die realistischen Träume schon in der Zeit, die man braucht, bis sie Realität werden, das Gefühl „beschenkt worden zu sein". Während die idealistischen Träume nach nicht weniger als nach Perfektion verlangen, lassen Ihnen die realistischen Träume Raum, um menschlich und unvollkommen zu sein. Während idealistische Träume Sie in Richtung Enttäuschung führen, bringen Sie die realistischen Träume auf Erfolgskurs.

2. ERFÜLLTE MENSCHEN ERKENNEN, DASS DIE GRÖSSE DES TRAUMES AUCH DIE GRÖSSE DES TALES BESTIMMT.

Je größer der Traum, desto mehr Erfüllung schenkt er, doch je größer der Traum, desto größer ist auch das Tal zwischen Ursprung und Erfüllung. Wenn Sie sich ein großes, herausforderndes, waghalsiges Ziel gesteckt haben, dann werden Sie auch in einem großen, herausfordernden, waghalsigen Tal verweilen müssen. Wenn Sie sich für die Mutter aller Ziele entschieden haben, werden Sie auch die Mutter aller Täler erleben! Es ist ganz einfach so: je größer das Flugzeug, desto länger die Startbahn, je größer das Ziel, desto größer das Tal.

Andrew Carnegie, zu Beginn des 20. Jahrhunderts der reichste Amerikaner, stellte fest: „Wenn Sie glücklich sein möchten, setzen Sie sich ein Ziel, das Ihre Gedanken bestimmt, Ihre Energien freisetzt und Ihre Hoffnungen inspiriert." Obwohl dies ein wertvoller Rat ist, behalten Sie im Kopf, dass Sie sich auf eine lange Reise vorbereiten – und diese Reise ermüdet viele. Wenn Sie zu denen gehören möchten, die durchhalten, dann werden Sie Entschlossenheit brauchen, um in Bewegung zu bleiben, Kreativität, um Hindernisse zu überwinden, und Menschen, die Ihnen helfen die Lasten zu tragen.

> *„Wenn Sie glücklich sein möchten, setzen Sie sich ein Ziel, das Ihre Gedanken bestimmt, Ihre Energien freisetzt und Ihre Hoffnungen inspiriert."*
>
> ANDREW CARNEGIE

3. ERFÜLLTE MENSCHEN TRÄUMEN WEITER, WÄHREND SIE REISEN.

Um unsere Träume lebendig zu halten und Erfüllung in ihrer Realisierung zu finden, müssen wir es uns erlauben, weiterhin zu träumen. Dies ist ein so wichtiger Teil unseres menschlichen Seins, dass es die Macht hat, uns in Bewegung zu halten. Als der Nobelpreisgewinner und Autor John Steinbeck an *Jenseits von Eden* arbeitete, schrieb er seinem Lektor:

> „Ich werde Adams Lebenspläne niederschreiben. Die Tatsache, dass er nicht einen davon realisieren wird, ist nicht von Bedeutung. Pläne sind etwas Realistisches und keine Erfahrungen. Ein reiches Leben ist reich an Plänen. Wenn sie nicht zustande kommen, wurden sie dennoch ein Stück weit realisiert. Sollten sie umgesetzt werden, kann das sogar

enttäuschend sein. Deshalb wird eine Geschichte von einem Erlebnis immer besser, je mehr Zeit zwischen Erlebnis und Geschichte vergeht. Ich glaube sogar, dass man mehr über einen Menschen weiß, wenn man seine Pläne kennt, als man anders über ihn in Erfahrung bringen kann. Pläne sind Tagträume und diese sind ein absoluter Maßstab für das Leben. Ich beschäftige mich deshalb so sehr mit den Plänen, weil ich die ganze Person beschreiben möchte. Was für ein seltsames Leben es ist, auf der Suche nach dem Außergewöhnlichen. Wir Menschen haben etwas Eigenartiges. Eines der Dinge, das uns von all den anderen Lebewesen unterscheidet, ist unsere Fähigkeit zu träumen und zu planen."[13]

Ich denke, die meisten kreativen Menschen verstehen intuitiv, wie wichtig es ist, zu träumen. Aus diesem Prozess entstehen Inspiration, Motivation und Erfüllung. George Lucas, der Urheber und Produzent der Star-Wars-Filme, erzählt, was ihn und seine Kollegen in schwierigen Zeiten angetrieben hat: „Wir träumten ständig davon, wie es sein würde." Wenn Sie nicht schon von Natur aus eine kreative Person sind, dann müssen Sie die Fähigkeit zu träumen vielleicht erlernen. Wenn Sie dies mit Humor tun, wird es Ihnen nicht schwerfallen. Ich hörte einmal von einem Studenten, der auf dem Campus mit seinem Fahrrad fuhr. Auf seinem T-Shirt stand „Ich werde einmal Arzt" und auf seinem Fahrrad stand „Ich werde einmal ein Mercedes". Was für ein geniales Beispiel! Diese Person hat gelernt, zu träumen.

4. ERFÜLLTE MENSCHEN SCHÄTZEN AUF IHRER REISE JEDEN SCHRITT NACH VORN.

Ich habe einen Freund, der mir auf die Frage, wie es ihm geht, immer die gleiche Antwort gibt: „Ich lebe meinen Traum." Bedeutet das, dass er seinen Traum schon erreicht hat? Nein. Was er damit ausdrückt ist, dass er die Erfüllungs-Frage ganz klar positiv beantwortet. Schon allein auf den Traum hinzuarbeiten, bringt Erfüllung!

Jim Rohn verdeutlicht: „Die zwei Erfolgskiller sind Ungeduld und Gier." Ich glaube, sie sind auch oft die Traumkiller. Die meisten Menschen wünschen sich schnelle und drastische Ergebnisse. Tatsächlich werden die meisten Träume jedoch langsam umgesetzt und die Ergebnisse sind unspektakulär. Wenn Sie bereits ein großes Lebensziel erreicht haben, dann wissen Sie schon, dass das Erreichen eines Traumes weit weniger aufregend ist als die Vorstellung davon. Genau deshalb müssen wir lernen, Erfüllung auf unserer Reise und in den kleinen Schritten auf dem Weg zu finden. Amelia Earhart, eine Pionierin der Luftfahrt, stellte fest: „Man kann alles tun, wozu man sich entscheidet. Man kann handeln, um sein Leben zu verändern und zu gestalten und die Durchführung, der Prozess selbst, ist die Belohnung."

„Die zwei Erfolgskiller sind Ungeduld und Gier."

JIM ROHN

Die erfolgreichsten – und zufriedensten – Menschen, die ich kenne, erleben auf ihrer Reise Freude. Einer dieser Menschen ist der Trainer John Wooden. In dem Buch *The Essential Wooden* schreibt er darüber, wie sehr er den Prozess seiner Karriere genossen hat:

> „Wenn ich mir einen einzigen Tag aussuchen dürfte – bezogen auf den Sport –, um diesen noch einmal zu leben, würde Sie meine Wahl überraschen.
> Es wäre nicht jener Tag im Jahr 1972, an dem unser Basketballteam der Martinsville High School die Meisterschaft von Indiana gewann. Noch wäre es irgendein Spiel, das ich als Teil der Purdue Boilermakers oder am Indiana State Teachers College als Trainer, noch mit der UCLA erlebt habe.

> Wenn ich die Zeit zurückdrehen könnte, würde meine Wahl auf diesen Tag fallen: Ich würde gern noch einmal einen Trainingstag auf dem Basketballplatz durchführen.
> Jeder Trainingstag war bei Weitem das Erfüllendste, Beste und Denkwürdigste, das ich als Trainer tat – junge Menschen zu lehren, wie sie als Teil eines Teams Erfolg haben können.
> ‚Der Weg ist besser als das Ziel', schrieb Cervantes. Der Kampf, die Planung, das Lehren und Lernen, die Suche (womit natürlich die Reise gemeint ist) übertreffen für mich alles andere, sogar die Rekorde, Titel oder die nationale Meisterschaft.
> Die Preise und Anerkennungen und das Endergebnis – all das hat seine Berechtigung und ich möchte den Wert nicht herabsetzen –, aber für mich hat Cervantes recht: Meine Freude fand ich auf dem Weg.
> Vielleicht sind Sie auf der Suche nach der Quelle Ihres eigenen Glücks – Ihrer Freude. Finden Sie diese auf Ihrer Reise oder nur im Preis, dem Ziel?"[14]

Wooden hat im sportlichen Bereich mehr erreicht als die meisten anderen Trainer. Die Menschen träumen davon, auch nur den Hauch seines Erfolges zu haben. Dennoch fand er seine Freude nicht in den acht Meisterschaftstiteln, auch nicht in seiner unbesiegten Saison, sondern auf dem Weg.

5. ERFÜLLTE MENSCHEN MACHEN NEUE ENTDECKUNGEN, WÄHREND SIE SICH IM TAL BEFINDEN.

Wenn Sie weiter auf Ihren Traum zugehen und Ihre Augen auf dem Weg offenhalten, dann werden Sie auch auf offene Türen stoßen, die Sie zu wundervollen Entdeckungen führen. Der Wissenschaftler Koichi Tanaka beschreibt dieses Phänomen und wie es auf der Reise zu einem

Traum zustande kommen kann. Über die Zeit, als er daran arbeitete, ein Ion mit dem Laser entstehen zu lassen, sagt er: „Ich hatte wochen- und monatelang keinen Erfolg, bevor es mir gelang, ein Ion entstehen zu lassen. Warum setzte ich die Versuche stets fort? Weil es mir Freude bereitete. Es machte mir Spaß, etwas zu entdecken, das ich vorher noch nicht wusste, und diese Freude befähigte mich, ausdauernd zu sein." Diese Ausdauer half ihm dabei, den Nobelpreis für Chemie zu erhalten.

Auch Sie haben das Potenzial, auf Ihrem Weg wundervolle Entdeckungen zu machen. Keine wird jedoch größer sein als das, was Sie über sich selbst herausfinden werden. So war es für mich. Wenn Sie Ihrem Traum folgen, dann werden Sie herausfinden, dass Sie mehr Ausdauer besitzen, als Sie vielleicht annehmen. Sie haben viel mehr Ressourcen, als Sie sich vorstellen. Sie können Orte erreichen und Dinge tun, die Sie für unerreichbar halten.

Sie haben das Potenzial auf Ihrem Weg wundervolle Entdeckungen zu machen. Keine wird jedoch größer sein als das, was Sie über sich selbst herausfinden werden.

Die Reise zu meinem Traum hat mich aus meiner Komfortzone gerissen, mein Denken umgekrempelt, mir Selbstvertrauen geschenkt und meine Berufung gestärkt. Meine Reise zum Traum und meine Persönlichkeitsentfaltung haben sich so stark miteinander verbunden, dass ich mich heute frage, ob *ich den Traum erschaffen habe oder der Traum mich*?

Der Autor Thomas Merton schrieb, dass wir bereits alles haben, was wir brauchen. Damit meinte er, dass wir nicht Dingen im Außen nachjagen müssen, um Erfüllung zu finden. Es ist in Wirklichkeit eine Sache der Einstellung. Wir können uns dazu entscheiden, erfüllt zu sein, zufrieden mit unserem Leben – nicht, indem wir träge werden, sondern indem wir neugierig sind und auf unsere Träume zugehen. Der größte Wert Ihres Traumes wird nicht in dem bestehen, was Sie dadurch bekommen; er wird darin bestehen, *wer* Sie durch die Reise werden. Am Ende erobern wir nicht unsere Träume, sondern uns selbst! Sie und ich – wir können uns selbst entdecken, wenn wir bereit sind, im Tal nach Erfüllung zu suchen.

Der menschliche Geist ist ein wahres Wunder. Wenn er einmal eine neue Idee angenommen oder eine neue Wahrheit erkannt hat, dann ist er für immer verändert. Einmal erweitert nimmt unser Geist eine neue Form an und kehrt nie wieder zu seiner alten zurück. Wenn wir inneres Wachstum erleben, dann entsteht Nutzen im Äußeren, und wenn dies geschieht, dann werden wir erfüllt. Kein Wunder, dass die Kinderbuchautorin Elizabeth Coatsworth sagte: „Solange ich träume, bin ich ewig jung."

Am Ende erobern wir nicht unsere Träume, sondern uns selbst!

6. ERFÜLLTE MENSCHEN GLAUBEN DEM NATÜRLICHEN GESETZ DER BALANCE: DAS LEBEN IST SOWOHL GUT ALS AUCH SCHLECHT.

Optimisten tendieren dazu, zu denken, dass alles im Leben gut ist. Pessimisten glauben, dass alles schlecht ist. Das Leben ist beides. Nur Menschen, die diese Wahrheit akzeptieren *und* annehmen, werden Erfüllung finden. Warum? Weil Menschen, die das zwar akzeptieren, aber nicht annehmen, apathisch werden und jeder auftretenden Schwierigkeit mit Schulterzucken und einem Seufzen begegnen. Sie werden überleben, aber keinen Erfolg haben.

Um einen Traum zu erreichen – und während des Prozesses Erfüllung zu finden –, muss man aktiv sein, sowohl in schlechten als auch in guten Zeiten. Was ich an erfolgreichen Menschen immer wieder beobachtet habe, ist, dass sie das Richtige tun, egal wie sie sich fühlen. Dadurch, dass sie das Richtige tun, fühlen sie sich gut. Auf der anderen Seite warten die erfolglosen Menschen darauf, dass sie sich gut fühlen, bevor sie das Richtige tun – mit dem Ergebnis, dass sie weder tun, was richtig ist, noch sich gut fühlen.

Wenn Sie im Tal reisen, werden Sie sich den Großteil der Zeit nicht danach fühlen, das Richtige zu tun, um Ihren Traum realisieren zu können. Aber genau das müssen Sie trotzdem tun. Das hat auch Nelson Mandela getan. Er hat das Richtige getan, ob er sich danach fühlte oder nicht. Er sagt: „Ich habe herausgefunden, dass man, nachdem man einen großen Berg bestiegen hat, dahinter weitere Berge vorfindet. Ich hielt einen Moment inne, um zu rasten, einen Augenblick lang die wundervolle Aussicht zu genießen und auf die überwundene Strecke zurückzuschauen. Aber ich kann nur einen Moment lang rasten, denn mit der Freiheit kommt auch die Verantwortung und ich wage es nicht, zu trödeln, denn mein langer Weg ist noch nicht beendet.“[15]

Erfolgreiche Menschen tun das Richtige,
egal, wie sie sich fühlen.
Und dadurch, dass sie das Richtige tun, fühlen sie sich gut.

Wenn Sie immer das Richtige tun können – egal, wie Sie sich fühlen, egal, wie die Umstände gerade stehen und egal, was andere über Sie sagen oder wie sie reagieren – werden Sie mit sich selbst zufrieden sein. Dies wird am Ende sehr viel dazu beitragen, ob Sie sich erfüllt fühlen.

LIEBEN SIE DIE REISE

Es gibt ein altes Sprichwort, das besagt: Wer seine Arbeit liebt, arbeitet nie. Ich halte das für nicht ganz wahr. Die meisten Menschen arbeiten sehr hart, auch wenn sie ihre Arbeit lieben. Sie müssen Dinge tun, die sie nicht mögen. Sie müssen mehr leisten, als ihnen lieb und angenehm ist. Folgendes ist vielleicht zutreffender: Wenn man etwas tut, woran man glaubt, dann bringt einem die harte Arbeit tiefe Zufriedenheit. Die Arbeit ist erfüllend.

Die Romanautorin Ursula K. Le Guin behauptete: „Es ist gut, einen Zielpunkt zu haben, auf den man zugeht, aber am Ende ist die Reise selbst entscheidend." Ich habe viele Menschen kennengelernt, die an der ‚Zielkrankheit' litten. Sie denken, dass ihnen ein bestimmtes Ziel in ihrem Leben Freude bringen wird. Das ist schade, denn oft ist es so, dass wir, wenn wir endlich am Ziel ankommen, entdecken, dass es nicht so ist, wie wir es uns vorgestellt haben. Wenn wir uns zu sehr auf ein Ziel fixieren – selbst unser Traum-Ziel –, könnten wir all die großartigen Gelegenheiten verpassen, die uns auf dem Weg begegnen. Man verpasst die Freude am heutigen Tag! Wenn Sie davon überzeugt sind, dass eines Tages der ideale Tag kommen wird, dann geben Sie heute automatisch nicht ihr Bestes – oder holen nicht das Beste aus dem Tag heraus.

Wenn Sie nichts mit Ihrem Leben anfangen, ist es ganz egal, wie lang es ist. Es ist nicht genug, einfach nur zu überleben. Sie müssen wirklich leben! Es ist nichts Außergewöhnliches dabei, die Tage zwischen Lebensanfang und Tod einfach nur zu überbrücken. Die Strecke nur zu überwinden – das war auch das Ziel von Rocky Balboa im ersten *Rocky*-Film. Er war der Meinung, dass er keine Chance habe, zu gewinnen, also setzte er sich das Ziel, einfach weiterzukämpfen, sich selbst nicht zu blamieren und nicht k. o. geschlagen zu werden. Bevor er in jenem großen Kampf einen heftigen Schlag einstecken musste, hatte er keine Ziele. Er existierte einfach und reagierte auf das, was die anderen um ihn herum taten. Dann aber, als er sich das erste Ziel setzte, seinen ersten Traum hatte, passierte etwas mit ihm. Während seiner Wandlung fing er an, sich zu entdecken. Er fand heraus, dass er zu mehr fähig war, als er angenommen hatte. Er genoss die Reise und das führte dazu, dass er größere Träume träumte. Schließlich gewann er natürlich – in den späteren Filmen – die Weltmeisterschaft der Schwergewichte.

Wenn Sie nichts mit Ihrem Leben anfangen, ist es ganz egal, wie lang es ist. Es ist nicht genug, einfach nur zu überleben. Sie müssen wirklich leben!

Rocky ist nur eine erfundene Figur. Aber seine Reise eröffnet uns den Blick dafür, was es bedeutet, auf der Reise zu einem Traum, Erfüllung zu finden. Es geht um den Prozess an sich. Wer man durch einen Prozess wird, das ist der Unterschied. Wenn Sie auf Ihrer Reise Zufriedenheit finden können, wenn Sie die Erfüllungs-Frage positiv beantworten können, dann gehen Sie am Ende des Tages mit der Gewissheit ins Bett, dass Sie diesen Tag voll ausgeschöpft haben, egal, was der morgige Tag bringen mag.

KÖNNEN SIE DIE ERFÜLLUNGS-FRAGE POSITIV BEANTWORTEN?

BRINGT ES MIR ERFÜLLUNG, AN MEINEM TRAUM ZU ARBEITEN?

Wenn Sie die Erfüllungs-Frage nicht positiv beantworten können, dann haben Sie den falschen Traum oder die falsche Einstellung dazu. Wenn Sie das hassen, das Sie auf dem Weg zu Ihrem Traum tun müssen, dann sind Sie in die falsche Richtung unterwegs. Betrachten Sie Ihre Motive. Versuchen Sie, zu erkennen, warum Sie sich diesen Traum als Ziel gewählt haben. Bestehen zwischen Ihnen als Person und Ihrem Traum Widersprüche? Ich möchte mich nicht wiederholen, aber vielleicht müssen Sie nochmals zur Besitz-Frage zurückkehren oder vielleicht war Ihre Antwort auf die Leidenschafts-Frage nicht ehrlich oder vielleicht bezahlen Sie einen zu hohen Preis für Ihren Traum. Wenn die Realisierung Ihres Traumes von Ihnen verlangt, Ihre Werte zu verbiegen, dann müssen Sie einen anderen Traum wählen.

Vielleicht liegt das Problem auch in Ihrer Einstellung. In diesem Fall untersuchen Sie genau, wie Sie an das Leben im Tal zwischen dem Ursprung und der Realisierung Ihres Traumes herangehen:

Sind Sie zu idealistisch? Hören Sie auf damit, Perfektion zu erwarten. Akzeptieren Sie, wie sich der Weg zu Ihrem Traum gestaltet, anstatt an der Perfektion festzuhalten. Erinnern Sie sich daran, dass das Leben sowohl gut als auch schlecht ist.

Entmutigt Sie die Größe des Tales? Wenn Ihr Traum groß ist, so ist es auch das Tal. Ändern Sie Ihre Erwartung in Bezug auf die Länge des Weges, bis Sie Ihren Traum erreichen. 90 % aller Enttäuschungen haben Ihren Ursprung in unrealistischen Erwartungen.

Haben Sie aufgehört, täglich zu träumen? Wenn sich manche Menschen auf den Weg der Realisierung begeben, meinen sie, dass sie ab sofort nur noch *damit* beschäftigt sein müssen. Dem ist nicht so. Träumen Sie jeden Tag ein kleines bisschen. Entdecken Sie Ihre Möglichkeiten. Nehmen Sie Gelegenheiten wahr. Seien Sie kreativ. Weiterhin zu träumen wird Ihnen dabei helfen, vorwärts zu gehen.

Schätzen Sie die kleinen Fortschritte? Eine Art, wie Sie auf dem Weg Erfüllung erfahren können, ist, die Erfolge zu feiern. Erkennen Sie es an, wenn Sie einen Meilenstein erreicht haben. Sich selbst für den Fortschritt zu belohnen, wird Sie dazu ermutigen, weiterzuarbeiten und vorwärts zu gehen.

Haben Sie persönliche Entdeckungen gemacht und wurde Ihr Traum dadurch größer? Der sicherste Weg, einen großen Traum zu erreichen ist der, sich selbst zu entfalten. Je größer der Traum, desto größer muss auch die Person sein, die ihn erreichen will. Was können Sie in der derzeitigen Situation über sich selbst lernen? Wie können Sie wachsen? Vergessen Sie nie, dass der größte Lohn der Reise der ist, zu welcher Person Sie durch den Prozess werden.

KAPITEL 10

Die Bedeutsamkeits-Frage: *Wirkt sich mein Traum positiv auf andere aus?*

Wenn ein Mensch – aus welchem Grund auch immer – die Möglichkeit hat, ein außergewöhnliches Leben zu führen, hat er kein Recht, es nur für sich selbst zu behalten.

Jacques-Yves Cousteau

Wenn Sie Ihren Traum wirklich auf den Prüfstand stellen möchten, müssen Sie sich selbst noch eine letzte Frage beantworten, um herauszufinden, ob es Ihr Traum wert ist, dass Sie ihm Ihr Leben widmen. Sie werden sehen, dass dieses Kapitel das kürzeste des Buches ist. Dennoch hat die letzte Frage den allergrößten Einfluss. Es ist die Bedeutsamkeits-Frage: Wirkt sich mein Traum positiv auf andere aus?

WEM DIENT IHR TRAUM?

In meinem Regal im Büro habe ich einige Bücher, die ich sehr schätze. Weder sind es die ältesten Bücher, die ich besitze, noch sind es die wertvollsten. Für die Sammler: Ich besitze auch ein paar, die wirklich wertvoll sind, zum Beispiel die Romansammlung von Horatio Alger und einige Originalschriftstücke von John Wesley, einem Prediger aus dem 17. Jahrhundert. Nein, die Bücher an diesem besonderen Ort haben keinen finanziellen Wert, aber einen großen Wert für mich persönlich. Es sind die Bücher, die den größten Einfluss auf mein Leben hatten. Jedes repräsentiert eine andere Phase meines Lebens und war ein Werkzeug, um auf meinem Lebensweg vorwärts zu kommen. Ich stehe oft vor dieser Büchersammlung und nehme eines herunter, lese mir die Notizen durch, die ich am Rand oder auf Zetteln vermerkt habe, und bin dankbar dafür, wie die Gedanken des Autors meine persönliche Entwicklung beeinflusst und gefördert haben.

Als ich an dem Buch *Ihr Traum auf dem Prüfstand* arbeitete, nahm ich das Buch *Halbzeit* von Bob Buford zur Hand. Der Untertitel sagt, worum es in diesem Buch geht: „Sie können nicht alles machen, aber alles könnte mehr Sinn haben!" Dieses Buch hat mich sehr geprägt, als ich Mitte 40 war.

„Die erste Hälfte des Lebens", schreibt Buford, „hat mit Gewinn und Profit zu tun, mit Lernen und Verdienen. Die zweite Hälfte ist risikoreicher, weil es darum geht, über den Moment hinaus zu leben."[1] Diese Worte forderten mich definitiv heraus. Sie veranlassten, dass ich mir über mich selbst Gedanken machte und anfing, nach etwas Größerem als meinem eigenen Egoismus zu streben.

> *„Die erste Hälfte des Lebens hat mit Gewinn und Profit zu tun, mit Lernen und Verdienen. Die zweite Hälfte ist risikoreicher, da es darum geht, über den Moment hinaus zu leben."*
>
> BOB BUFORD

Die großen Männer und Frauen der Geschichte wurden nicht dafür berühmt, dass sie so viel verdient oder besessen haben. Sie wurden Helden, weil sie sich selbst den Menschen hingaben und etwas schufen, das über sie selbst hinausging. Ihr Traum war es, etwas zu tun, wovon andere einen Nutzen hatten. Nur eine kleine Minderheit der Menschen ist bereit dazu, an ihrem Traum festzuhalten, um etwas zu bewegen und alles für die Erfüllung des Traumes aufzugeben. Über diese Menschen wird man nach Ihrem Tode niemals sagen, dass sie ihr Leben nicht gelebt haben. Ihr Traum wird nach ihnen weiterleben, denn sie lebten für andere. Sie konnten die Bedeutsamkeits-Frage positiv beantworten: Wirkt sich mein Traum positiv auf andere aus?

EIN ERSTAUNLICHES TALENT

Eine der bemerkenswertesten Geschichten, die ich jemals über eine Person gelesen habe, handelt von William Wilberforce. Er verwandelte seine unglaublich egoistischen Motive in außergewöhnlich selbstlose Träume. Sein Name war gänzlich unbekannt, bis der Film *Amazing Grace* in die Kinos kam. Wilberforce' Traum war die Abschaffung der Sklaverei und am Ende widmete er diesem Traum sein gesamtes Leben.

Wilberforce wurde 1759 in England geboren, als der britische Sklavenhandel voll im Gange war und ein Großteil der britischen Wirtschaft davon abhing. Sein Vater starb, als er noch ein Junge war, und einen Teil seiner Jugend verbrachte er mit seiner sehr gläubigen Tante und seinem Onkel. In ihrem Haus kam er im Alter von elf oder zwölf Jahren zum ersten Mal mit dem Thema Sklaverei in Berührung. Dort traf er auch John Newton, den früheren Kapitän eines Sklavenschiffes, der seinem alten Leben den Rücken gekehrt hatte und anglikanischer Priester geworden war. Damals war jedoch noch nicht ersichtlich, dass dieses Treffen einen bleibenden Eindruck bei Wilberforce hinterlassen würde – bis zu einem Zeitpunkt einige Jahre später.

Wilberforce wuchs als Kind von Privilegierten und Reichen auf. Er besuchte die Universität in Cambridge, profilierte sich aber nicht akademisch. Vielmehr war er für seinen Charme, seinen Humor und seine Unterhaltungskunst bei seinen Freunden bekannt. Während andere studierten, ging er auf Partys und alberte mit anderen Studenten herum. Man kann sagen, dass er nichts aus seiner Zeit machte – etwas, das er später im Leben bereute.

Er besaß von Natur aus erstaunliches Talent und entschloss sich im Alter von 20 Jahren, sich ins britische Unterhaus wählen zu lassen. In der damaligen Zeit beruhte politischer Erfolg auf zwei Ursachen: rhetorisches Talent und Reichtum. Wilberforce hatte beides im Überfluss. In nur wenigen Monaten gab er 9.000 Pfund aus, eine riesige Summe, um seine Kandidatur zu fördern. Zwei Wochen nach seinem 21. Geburtstag wurde er ins Parlament gewählt und hatte dieselbe Anzahl von Stimmen erhalten wie alle seine Herausforderer zusammen.

Wilberforce wurde sofort willkommen geheißen und in die populärsten politischen Kreise Londons aufgenommen. Schnell bekam er Zugang zu fünf elitären Klubs, in denen gemeinsam diniert oder gespielt wurde. Obwohl er von Statur her klein war, hinterließ er großen Eindruck. Seine zwischenmenschlichen Fähigkeiten waren unübertroffen. Er hatte eine ausgezeichnete Singstimme, die er zur Unterhaltung seiner Freunde nutzte. Einige bezeichneten ihn als „humorvollsten Mann Englands".[2] Er war ein begnadeter Redner, dessen Stimme die Menschen fesselnd fanden. Nachdem er ein paar Jahre im Parlament war, konnte kaum jemand seinen rhetorischen Fähigkeiten das Wasser reichen. Der Biograf Eric Metaxas bemerkte, dass er im Alter von 24 Jahren „unaufhaltsam schien. Mit seiner außergewöhnlichen Redegewandtheit, seiner Brillanz und seinem Charme – und mit dem Premierminister [William Pitt] als bestem Freund – schien es kein Ende für seine Karriere zu geben."[3]

Aber wohin wollte er emporsteigen? Über eine erfolgreiche Parlamentskarriere hinaus – die für nahezu alle anderen ein unendlich schweres Ziel gewesen wäre – hatte er keine Träume. Er hatte Ambitionen, war talentiert, aber doch orientierungslos. Jahre später sagte Wilberforce: „In den ersten Jahren im Parlament habe ich nichts bewegt – nichts von Bedeutung. Mein eigenes Ansehen war mein Lieblingsprojekt."[4] Er lief wirklich Gefahr, sein Leben zu verschwenden.

EIN ERSTAUNLICHER TRAUM

Doch im Jahr 1784 fand eine Wandlung statt, als Wilberforce begann, den Glauben seiner Jugend wiederzuentdecken. Während des Prozesses durchlebte er das, was er selbst als „die große Veränderung" bezeichnete. Dies hat ihn für immer verändert. Zwei Jahre später war er ein anderer Mensch und die Veränderungen brachten Träume hervor, die größer waren, als ihm lieb war. Er hatte das starke Verlangen, den Armen in England zu helfen und die vielen sozialen Probleme, die die Nation plagten, anzugehen: ausufernder Alkoholismus, Kinderprostitution, fehlende Bildung für die Armen, Kriminalität, brutale öffentliche Hinrichtungen und Tierquälerei. Er widmete sich sofort diesen Aufgaben. Aber noch ein weiterer wichtiger Punkt wurde einige Jahre später sein Traum: die Abschaffung der Sklaverei.

Über die Sklaverei sagt man, dass sie so alt sei wie die Menschheit und die ältesten Aufzeichnungen und öffentlichen Schriften scheinen diese Sicht zu unterstützen. Doch während des 16. und 17. Jahrhunderts entwickelte sich in der westlichen Welt eine besonders brutale Form der Sklaverei und England war Mittelpunkt davon. Englische Sklavenschiffe verließen die englische Küste, um Güter nach Afrika zu transportieren. Als sie dort ankamen, entluden sie die Waren, um sie zu verkaufen, und segelten dann die Küste auf und ab, um Menschen von afrikanischen Sklavenhändlern zu kaufen, die ihren Lebensunterhalt damit verdienten, Männer, Frauen und Kinder zu entführen und sie in die Sklaverei zu verkaufen. Sobald die Schiffe randvoll mit Menschen in Ketten waren, machte sich der Kapitän auf die lange und äußerst unangenehme Reise über den Atlantik zu den Westindischen Inseln, wo die Sklaven verkauft wurden. Die meisten von ihnen mussten sich in nur wenigen Jahren auf den dortigen Zuckerplantagen im wahrsten Sinne des Wortes zu Tode schuften. Andere wurden an die amerikanischen Kolonien verkauft, aus denen später die Vereinten Staaten wurden.

Die meisten Menschen in England waren sich 1780 dieser Kette von Ereignissen nicht bewusst. Als Wilberforce sich mit allen Fakten vertraut gemacht hatte, beschloss er, sich ganz der Aufgabe zu widmen, den Sklavenhandel zu beenden. Er erkannte darin seine Pflicht und seine Berufung fürs Leben. Wilberforce bemerkte: „Es ist komisch, dass die meisten Edelmänner und religiösen Führer nicht erkennen, dass ihre Verantwortung mit ihrem Vermögen wächst und dass sie für diese [selbstsüchtige] Verschwendung irgendwann bestraft werden.“[5]

1787 begann Wilberforce seine Mission. Er glaubte, dass die Mitglieder des Parlaments sofort für die Abschaffung stimmen würden, wenn sie über den Umfang der Grausamkeit der Sklaverei aufgeklärt würden. Er und weitere Anhänger der Abschaffung sammelten eine unglaubliche Anzahl von Beweisen für all die Brutalität des Sklavenhandels und präsentierten diese dem Parlament. In seiner ersten Rede zu dem Thema sagte Wilberforce:

> „So viel Leid auf so engem Raum ist mehr als die menschliche Vorstellungskraft jemals erfassen kann … so ungeheuerlich, so fürchterlich, so endlos scheint die Boshaftigkeit zu sein, dass ich mich voll zu deren Abschaffung entschlossen habe. Ein Handel, der mit Frevel beginnt, und auf diese Art und Weise ausgeführt wird, muss abgeschafft werden, egal, was der Preis dafür ist – lassen Sie die Konsequenzen sein, wie sie sein mögen; ich habe mich selbst dazu entschlossen, nicht eher Ruhe zu geben, als bis die Abschaffung beschlossene Sache ist.“[6]

Trotz seiner Redegewandtheit und der überwältigenden Beweislast gegen die Sklaverei, konnte er nicht genügend Stimmen für deren Abschaffung gewinnen.

Im nächsten Jahr klärten Wilberforce und seine Freunde die Bevölkerung in ganz England über die Frevel der Sklaverei auf. Dichter schrieben darüber. Ein Bild davon, wie Männer, Frauen und Kinder in den Sklavenschiffen zusammengepfercht wurden, wurde in Schaufenstern und Gasthäusern in ganz England ausgehängt. Schriftstücke wurden veröffentlicht. Josiah Wedgwood schnitzte die Figur eines angeketteten Sklaven mit der Inschrift: „Bin ich kein Mensch, kein Bruder?" Das öffentliche Mitgefühl für die Sklaven wurde stärker, aber sie konnten immer noch nicht genügend Stimmen generieren, um den Handel abzuschaffen.

20 Jahre lang kämpfte Wilberforce gegen die Sklaverei. Zwischen 1787 und 1807 wurde dem Parlament elfmal der Gesetzentwurf zur Abschaffung des Sklavenhandels vorgelegt und jedes Mal abgelehnt. Wilberforce hätte wohl aufgegeben, wenn ihn nicht immer wieder andere, die wussten, dass er das Richtige tat, ermutigt hätten. Einer von ihnen war der Prediger John Wesley. Im Alter von 87 Jahren schrieb Wesley seinen letzten Brief, bevor er starb, und sandte diesen an Wilberforce. Er schrieb:

> „Herr Wilberforce,
>
> sofern die göttliche Macht Sie nicht dazu berufen hat *athanasius contra mundum* [allein gegen den Rest der Welt] zu sein, kann ich nicht erkennen, wie Sie Ihr edles Vorhaben – gegen diese abscheuliche Schurkerei, die ein Skandal der Religion, ein Skandal Englands und ein Skandal der Menschlichkeit ist – vorzugehen, umsetzen werden können. Wenn nicht Gott Sie für diese eine Sache berufen hat, dann werden Sie durch die Anfechtungen der Menschen und des Teufels ermüden. Aber wenn Gott für Sie ist, wer könnte gegen Sie sein? Sind alle diese zusammen stärker als Gott? Oh, werden Sie nicht müde das Richtige zu tun! Machen Sie im Namen Gottes und seiner Kraft weiter, bis sogar die amerikanische Sklaverei (das Abscheulichste, das jemals unter der Sonne geschah) deshalb verblasst.
> Heute Morgen habe ich ein Traktat gelesen, das von einem armen Schwarzen geschrieben worden war, und ich war geschockt über

den Umstand, dass ein Mann mit schwarzer Hautfarbe, der von einem weißen Mann falsch oder frevelhaft behandelt worden war, keine Wiedergutmachung erhält; es ist ‚Gesetz' in unseren Kolonien, dass das Wort eines Schwarzen gegen einen Weißen nichts gilt. Was für eine Ungerechtigkeit ist das?
Dass der, der Sie von Jugend an geleitet hat, Sie auch weiterhin in all diesem stärken möge, dies ist mein Gebet für Sie.

Ihr zugetaner Diener
John Wesley“[7]

Wilberforce hielt durch, da er wusste, was auf dem Spiel stand: das Leben von Millionen. Am 23. Februar 1807 wurde schließlich das Gesetz erlassen, das den Sklavenhandel verbot, nachdem es schon dem Oberhaus vorgelegt worden war und Zustimmung erhalten hatte. Im Unterhaus erhielt das Gesetz 283 Stimmen und nur 16 Gegenstimmen. Damit wurde der erste Teil von Wilberforce' Traum wahr. Obwohl es noch weitere 26 Jahre dauerte und Wilberforce mittlerweile seinen Sitz im Parlament an jemand anderen übergeben hatte, wurde auch der zweite Teil seines Traumes im Jahr 1833 wahr, als das Unterhaus dafür stimmte, die gesamte Sklaverei im englischen Königreich abzuschaffen. Drei Tage später starb Wilberforce.

EINE GEWALTIGE AUSWIRKUNG

Es ist schwierig, die Auswirkung abzuschätzen, die die Realisierung seines Traumes auf die Welt hatte. Es ist offensichtlich, dass er einer gewaltigen Zahl von Menschen geholfen hat, die sonst in die Sklaverei verkauft worden wären. Der Schriftsteller Eric Metaxas behauptet sogar, dass die Auswirkungen der Abschaffung des Sklavenhandels noch viel größere Folgewirkungen hatten. Folgendes schrieb er, nachdem Wilberforce gesiegt hatte:

> „Wir haben plötzlich eine Welt betreten, in der man nie wieder danach fragen würde, ob wir als Gesellschaft dafür verantwortlich seien, den Armen und Leidgeplagten zu helfen. Wir würden uns nur um das *Wie* Gedanken machen … Als diese Idee die Welt erfasste, hat sich die Welt verändert. Die Sklaverei und der Sklavenhandel würden bald weitestgehend abgeschafft sein, aber auch weit weniger abscheuliche gesellschaftliche Gräueltaten würden abgeschafft werden. Zum ersten Mal in der Geschichte formierten sich Menschengruppen gegen jegliches mögliche Übel der Gesellschaft."[8]

Deshalb bezeichnet Metaxas Wilberforce auch als „den größten sozialen Reformator aller Zeiten". Metaxas fährt fort: „Die Welt, in die er 1759 hineingeboren wurde, war eine andere Welt als die, die er 1833 verließ, so unterschiedlich wie Blei und Gold. Wilberforce stieß ein soziales Erdbeben an, das die Kontinente neu ausrichtete und dessen Stärke wir erst jetzt beginnen, voll zu schätzen."[9]

EINE FRAGE, DIE SCHRITTWEISE BEANTWORTET WIRD

Ich glaube, dass es schwer sein kann, die Bedeutsamkeits-Frage in jungen Jahren klar zu beantworten. In den ersten Phasen unseres Lebens sind wir meist damit beschäftigt, unsere Talente zu entdecken, unsere Möglichkeiten zu erkunden und nach unserer Berufung zu suchen. Das ist gut so. Aber je älter wir werden, desto gesünder ist es, unseren Fokus von uns weg zu richten, Träume zu träumen, die anderen von Nutzen sind, nicht nur uns selbst. Für die meisten Menschen ist das ein Prozess. Und hier ist die gute Nachricht: Es ist nie zu spät, anderen zu helfen, und die meisten Menschen leisten ihren Beitrag dazu nicht, wenn sie jung sind, sondern wenn sie älter sind.

Die Fähigkeit, die Bedeutsamkeits-Frage – Wirkt sich mein Traum positiv auf andere aus? – mit „Ja“ zu beantworten, kam für mich Schritt für Schritt. Vielleicht wird es auch für Sie so sein. Ich möchte Ihnen zeigen, wie sie sich in meinem Leben entfaltet hat, indem ich Ihnen folgende drei Aussagen mitgebe:

1. ICH MÖCHTE FÜR MICH SELBST ETWAS BEDEUTUNGSVOLLES TUN.

Wenn Sie diese Aussage lesen, denken Sie bestimmt, dass sie ziemlich egoistisch ist, oder? Ihre erste Reaktion ist vielleicht, Abstand davon zu nehmen, besonders wenn man sie im Licht dieses Kapitels betrachtet. Ich hoffe, dass Sie es dennoch nicht tun, denn: Diese Empfindung ist nicht unbedingt nur egoistisch.

Als Sie zum Beispiel das letzte Mal in einem Flugzeug saßen, haben Sie bestimmt gehört, wie die Stewardess Anweisungen dazu gab, was bei einem Notfall zu tun ist. Wenn die Innenkabine Druck verliert und die Passagiere die Sauerstoffmaske benötigen, was sollten Sie dann als Erstes tun? Ihre eigene Maske aufsetzen und erst *dann* anderen helfen. Warum ist das so? Weil es unmöglich ist, anderen zu helfen, wenn Sie nicht selbst für sich gesorgt haben.

Ich glaube, dass ein bedeutungsvoller Traum erst dann realisiert werden kann, wenn eine Person etwas zu geben hat. Das bedeutet, sich eine persönliche Quelle zu erschließen, aus der man schöpfen und anderen dienen kann. Im Fall von William Wilberforce war seine Startposition der Sitz im Parlament. Er musste einen Sitz in der Regierung haben, um etwas bewegen zu können. Für mich bedeutete das, eine Kirchengemeinde aufzubauen. Ich musste Leadership erst erlernen und an meiner Kommunikationsfähigkeit arbeiten, bevor ich anderen Menschen von Nutzen sein konnte. Für Sie bedeutet das vielleicht, an Ihrer Karriere zu arbeiten, eine Ausbildung abzuschließen oder Geld zu verdienen, das verwendet werden kann, um anderen zu dienen. Wenn Sie nichts

Bedeutungsvolles getan haben, um sich selbst zu helfen, wie werden Sie jemals dazu imstande sein, anderen zu helfen?

Ein bedeutungsvoller Traum kann erst dann realisiert werden, wenn eine Person etwas zu geben hat.

Wenn ich zu einer Gruppe von Führungskräften spreche, dann stelle ich ihnen immer zwei Fragen: (1) „Was tun Sie, um in sich selbst zu investieren?“ und (2) „Was tun Sie, um in andere zu investieren?“ Bevor jemand nicht in sich selbst investiert, wird er sich sehr schwer damit tun, in andere zu investieren. Sie können anderen nicht geben, was sie selbst nicht haben.

2. ICH MÖCHTE FÜR ANDERE ETWAS BEDEUTUNGSVOLLES TUN.

Oft sind wir genauso wie William Wilberforce, wenn wir unser Leben beginnen. Wir sind ambitioniert. Unser Ziel ist es, vorwärts zu kommen. Wir möchten etwas für uns selbst erreichen. Soichiro Honda, der Gründer der Firma Honda, sagte, dass es in seiner ersten Vision nicht darum ging, eine große Firma aufzubauen, oder irgendwelche anderen erhabenen Ziele. Er gab zu: „Ich hatte die Idee, einen Motor in ein Fahrrad zu integrieren, einfach weil ich nicht in überfüllten Zügen oder Bussen unterwegs sein wollte.“ Aber im Leben aller erfolgreichen Menschen kommt der Tag, an dem sie sich entscheiden müssen. Besteigen sie den Gipfel des Erfolges für sich selbst oder besteigen sie diesen, damit sie anderen ihre Hand reichen, andere aufbauen und ihnen beim Emporsteigen helfen können?

Stellen wir uns der Wahrheit: Erfolg kann Menschen egoistisch machen. Wenn man das Beste aus seinem mitgegebenen Talent und harter Arbeit macht, dann könnte man auch ein Egoist werden, der fragt:

„Was kann ich aus anderen noch herausholen?“ Wäre es nicht viel besser, ein Träumer zu werden, der fragt: „Was kann ich anderen geben?“

Was tun Sie, um in sich selbst zu investieren und was tun Sie, um in andere zu investieren?

Wenn Sie die Bedeutsamkeits-Frage positiv beantworten und Ihr Traum anderen von Nutzen ist, dann sind Sie auf dem richtigen Weg. Das bedeutet nicht, dass Sie die ganze Welt retten müssen. Sie sollten mit etwas Kleinem beginnen und dafür Ihr Bestes geben.

Kürzlich habe ich ein Buch mit dem Titel *Mutter Teresa – Komm, sei mein Licht! Die geheimen Aufzeichnungen der Heiligen von Kalkutta* gelesen. Es enthält viele von Herzen kommende Briefe von Mutter Teresa, die sie an Ihre Vorgesetzten schrieb. Darin teilt sie ihre persönlichen Gedanken über ihr Leben und die Berufung, Menschen zu dienen, mit. In einem Brief schrieb sie über die Erfolgsaussichten des von ihr gegründeten Ordens *Missionarinnen der Nächstenliebe*:

> „Ich weiß nicht, wie der Erfolg aussehen wird, aber wenn *Missionarinnen der Nächstenliebe* Freude in eine betrübte Familie bringt, ein unschuldiges Kind für Jesus von der Straße holt, einem Sterbenden hilft, in Frieden mit Gott zu sterben, glauben Sie nicht, Euer Gnaden, das wäre all die Opfer wert – für diese eine Person – weil dieser eine Mensch dem Herzen Jesu große Freude bringt.“[10]

Nur wenige Menschen würden die Wirkungen anzweifeln, die Mutter Teresa mit ihrem Leben hervorgerufen hat. Sie inspirierte Millionen, saß mit Präsidenten und Königen zusammen und war der Welt ein Vorbild dafür, was es bedeutet, zu dienen. Dennoch, wie Sie sehen können, begann ihr Traum, anderen zu helfen, ganz klein, mit dem Ziel, eine unglückliche

Familie, ein unschuldiges Kind oder eine sterbende Person positiv zu berühren. Sie sagte einmal: „Ein verlebter Tag, an dem man nichts Gutes für einen anderen getan hat, war es nicht wert, gelebt zu werden."

> *„Ein verlebter Tag, an dem man nichts Gutes für einen anderen getan hat, war es nicht wert, gelebt zu werden."*
>
> *MUTTER TERESA*

Nelson Mandela, auch eine Person, deren Traum vielen Menschen geholfen hat, wuchs ebenfalls in seinen Traum hinein. Zuerst wurde er durch den Traum von der Freiheit für sich selbst angetrieben, aber schließlich erweiterte sich sein Traum und schloss andere ein. Er sagte:

> „Ich erkannte langsam, dass nicht nur ich gefangen war, sondern auch meine Brüder und Schwestern. Ich sah, dass nicht nur meine eigene Freiheit eingeschränkt war, sondern die Freiheit aller, die aussahen wie ich. Deshalb trat ich dem African [National] Congress bei und deshalb wurde aus der Sehnsucht nach meiner eigenen Freiheit die noch größere Sehnsucht nach der Freiheit meines Volkes. Es war dieses tiefe Verlangen nach Freiheit für mein Volk, damit es ein Leben in Würde und Selbstachtung führen konnte, das mein Leben erfüllte. Diese Tatsache verwandelte einen ängstlichen Burschen in einen mutigen Mann, machte aus einem gesetzestreuen Anwalt einen Verbrecher, aus einem liebevollen Familienvater einen Heimatlosen und zwang einen lebenslustigen Menschen dazu, wie ein Mönch zu leben."[11]

Als Mandela an der Weggabelung seines Lebens stand – an der ein Weg zu persönlichem Erfolg führte und der andere dahin, anderen zu dienen –, entschied er sich für den steinigeren Weg, anderen zu helfen. Wir alle kennen die Auswirkungen seiner Entscheidung.

> *„Ich habe nie eine Erfindung perfektioniert, ohne daran zu denken, welchen Nutzen die Menschen dadurch haben.“*
>
> THOMAS EDISON

Wurden Sie bereits mit dieser Entscheidung konfrontiert? Sie verlangt nicht, Ihren Traum aufzugeben. Sie bedeutet, diesen zu erweitern! Thomas Edison sagte: „Ich habe nie eine Erfindung perfektioniert, ohne daran zu denken, welchen Nutzen die Menschen dadurch haben.“ Er hörte nie auf, ein Erfinder zu sein, damit er anderen weiterhin helfen konnte. William Wilberforce hat seinen Sitz im Parlament nicht aufgegeben, um anderen helfen zu können, obwohl er es sogar einmal in Erwägung gezogen hatte. Nein, jeder von ihnen nutzte, was er bereits für sich selbst erreicht hatte, und schuf daraus einen Nutzen für andere. Sie entwickelten ein Dienerherz für ihre Mitmenschen.

Zu oft träumen wir von Dingen, die die Welt verändern, obwohl wir gerade erst am Anfang stehen, und schon allein der Gedanke, diese anzupacken, schüchtert uns ein. Das ist ein weiterer Grund dafür, klein anzufangen. Wenn Sie in der zweiten Wachstumsphase der Bedeutsamkeits-Frage stecken, dann versuchen Sie nicht, allen zu helfen! Versuchen Sie einfach, jemandem zu helfen! Packen Sie es an und mit der Zeit werden Sie das leben, was Franz von Assisi beschreibt, als er sagte: „Tue erst das Notwendige, dann das Mögliche und plötzlich schaffst du das Unmögliche.“ Aber selbst wenn Sie nie dazu kommen, ganz große Dinge umzusetzen, werden Sie eine tiefe Zufriedenheit dadurch empfinden, dass Sie das Richtige tun. Keine Wohltat ist zu klein, um sie zu verwehren.

3. ICH MÖCHTE MIT ANDEREN ETWAS BEDEUTUNGSVOLLES TUN.

Tom Brokaw, ein pensionierter Nachrichtensprecher, beobachtete: „Es ist einfach, schnelles Geld zu machen. Es ist viel herausforderndrer, etwas zu bewegen." Ein Grund dafür ist: Etwas zu bewegen, setzt Teamwork voraus. Mutter Teresa bewegte nichts allein, ebenso weder Nelson Mandela noch William Wilberforce. Ihre Träume waren groß und deshalb brauchten sie die Unterstützung vieler, um sie umsetzen zu können.

Menschen, die einen bedeutungsvollen Traum mit anderen gemeinsam erreichen wollen, müssen dazu fähig sein, anderen Menschen dabei zu helfen, sich damit zu identifizieren. Wenn dies geschieht, wird es für alle ein wundervolles Geschenk sein. Wenn Sie und ich einen Traum mit anderen teilen können, dann werden unser aller Möglichkeiten erweitert – unsere eigenen und die der anderen.

Im Alter von 61 Jahren kann ich nun lächeln, wenn ich auf meine Traum-Reise zurückblicke. Als ich damals mit der Sehnsucht begann, anderen etwas Bedeutungsvolles zu geben, realisierte ich kaum, welche Bedeutsamkeit ich selbst dadurch gewinnen würde! Heute verstehe ich es. Wir *sollten nichts* bekommen, ohne zu geben, und wir *können* nichts geben, ohne im Gegenzug etwas zu erhalten. Unser Leben gleicht einem Fluss und nicht einem Staubecken. Anderen Menschen einen Nutzen zu bieten ist der sicherste Weg, seinem eigenen Leben von Nutzen zu sein.

Wir sollten nichts bekommen, ohne zu geben, und wir können nichts geben, ohne im Gegenzug etwas zu erhalten.

Einen Traum gemeinsam zu realisieren, bedeutet, gemeinsam zu üben, gemeinsam Opfer zu bringen, gemeinsam zu arbeiten, gemeinsam zu planen, miteinander zu kommunizieren, gemeinsam zu gewinnen und gemeinsam zu feiern! Wie wundervoll – genau das bedeutet Gemeinschaft. In dieser Gruppe verändert sich das Denken der Mitglieder ganz bewusst von „die Gemeinschaft für mich" hin zu „ich für die Gemeinschaft". Sich selbst der Sache zu widmen, anderen von Nutzen zu sein und sich einer Gruppe mit diesem Ziel anzuschließen, ist die höchste Form, einen Traum zu leben.

Vor einigen Jahren fasste die Autorin und Rednerin Florence Littauer diese Wahrheit in ausdrucksstarke Worte. Sie erklärte die folgenden Schritte, wie man einen Traum entwickelt, der die Bedeutsamkeits-Frage positiv beantwortet:

> „*Wagen Sie es, zu träumen.* Zu träumen bedeutet, ein Wagnis einzugehen, aus den bequemen Umständen herauszutreten.
> *Bereiten Sie sich vor, zu träumen.* Die richtige Organisation bestimmt den Erfolg. Ein guter Anfang bedeutet einen guten Abschluss. Vorbereitung gibt Ihrem Traum eine Chance.
> *Füllen Sie den Traum.* Ziehen Sie ihn an. Ihr Traum ist kein Anhängsel ihres Lebens, er ist Ihr Leben.
> *Pflegen Sie Ihren Traum.* Ständige Wartung ist notwendig, um einen Traum lebendig zu halten. Träume brauchen stetige, liebevolle Zuwendung.
> *Teilen Sie Ihren Traum.* Geben Sie ihn an andere weiter. Lassen Sie sie Teil davon werden und dann realisieren Sie den Traum gemeinsam."

Ein Traum ist kein Menschenleben wert, wenn er nicht anderen dient. Er ist nicht erfüllend, bis er nicht gemeinsam mit anderen gelebt wird. Deshalb sind wir auf dieser Erde, um anderen zu helfen. So wie Woodrow Wilson sagte: „Sie sind nicht hier auf der Welt, um einfach über die Runden zu kommen. Sie sind hier, um der Welt zu helfen, erfüllter zu leben, mit einer größeren Vision, einem feineren Sinn für Hoffnung und Erfolg. Sie sind hier, um die Welt reicher zu machen und Sie berauben sich selbst, wenn Sie diese Berufung vergessen."

WIE BEANTWORTEN SIE DIE BEDEUTSAMKEITS-FRAGE?

Ein Segensspruch aus dem Mittleren Osten lautet: „Als Du geboren wurdest, weintest Du und die Welt jubelte. Mögest Du ein solch Leben führen, dass die Welt weint und Du selbst jubelst, wenn Du stirbst." Ob dieser Segen in unserem Leben wahr wird, hängt stark davon ab, wie wir die Bedeutsamkeits-Frage beantworten.

Zu Beginn dieses Kapitels erwähnte ich *Halbzeit*. Darin stellt Bob Buford die Frage: „Wenn Sie an der Umsetzung Ihres Traumes arbeiten, welchen Unterschied wird dies in 50, 100 oder 500 Jahren machen?"[12] Die Träume der Menschen, von denen ich in diesem Kapitel erzählte, haben bis heute Auswirkungen. Seit dem Tod von Wilberforce sind 175 Jahre vergangen und die Auswirkungen seines Traumes sind immer noch spürbar. Wenn Ihr Traum nicht anderen von Nutzen ist, nur Sie selbst weiterbringt, dann verliert er schon fünf Minuten, nachdem Sie gegangen sind, seine Bedeutung.

Worauf ist Ihr Traum ausgerichtet? Kämpfen Sie ums Überleben? Sind Sie auf der Suche nach Erfolg? Streben Sie nach etwas Bedeutungsvollem? Die Entscheidung liegt wirklich bei Ihnen! Welcher Art von Traum werden Sie Ihr Leben widmen? Sie haben sicherlich schon einmal den Spruch gehört: „Ein einziger Tag verändert alles." Wir alle wissen, dass das wahr ist. Eine Geburt, ein Todesfall, eine Hochzeit, eine einzigartige Gelegenheit, eine Tragödie – all das kann das Leben von einem Tag zum anderen verändern. Man könnte aber auch sagen: „Ein Traum verändert alles." Ein Mensch mit einem bedeutungsvollen Traum kann zum Katalysator für Veränderung in der ganzen Welt werden. Sie können mit „Ja" auf die Bedeutsamkeits-Frage antworten und weder Sie, noch die anderen werden jemals wieder der-/dieselbe sein. Was für ein wundervoller Traum.

KÖNNEN SIE DIE BEDEUTSAMKEITS-FRAGE POSITIV BEANTWORTEN?

WIRKT SICH MEIN TRAUM POSITIV AUF ANDERE AUS?

In welcher Phase des Lebens befinden Sie sich gerade?

Überleben Sie nur einfach? Wenn dem so ist, dann ist es endlich an der Zeit, einen Schritt auf den Erfolg zuzugehen. Sie können nicht geben, was Sie nicht haben. Schaffen Sie die Grundlage und die Plattform fürs Geben, indem Sie etwas Bedeutungsvolles für sich selbst tun. Wenn Sie Ihrem Traum noch nicht nachfolgen, fangen Sie damit an!

Sind Sie bereits erfolgreich? Wenn Sie hier angekommen sind, stehen Sie vielleicht kurz vor der Weggabelung, an der Sie sich entscheiden müssen, ob Sie Ihr Leben für sich selbst oder für andere leben möchten. Wie können Sie Ihren Traum so erweitern, dass andere Teil davon werden können und dass andere einen Nutzen von dem haben, was Sie bereits erreicht haben?

Streben Sie Bedeutsamkeit an? Ist dies der Fall, dann ist es an der Zeit, Ihren Beitrag auf die nächste Stufe zu heben. Einer allein ist nicht genug, um Großartiges zu vollbringen. Träumen Sie noch größer und lassen Sie andere ein Teil davon werden. Dadurch werden Sie wachsen, die anderen werden wachsen und noch mehr Menschen werden auf noch bedeutungsvollere Art einen Nutzen davon haben. Wozu fühlen Sie sich berufen? Wem können Sie am besten helfen? Wie können Sie Ihre Lebenszeit zum Nutzen anderer am besten einsetzen?

FAZIT:

Rückschau und Vorschau

1969 begann ich, davon zu träumen, im Leben anderer einen Nutzen zu stiften. Nach zehn Jahren, in denen ich dieser Vision gefolgt war, dachte ich darüber nach, ob ich darin Erfolg hatte. Zu meiner Überraschung stellte ich als Erstes fest, dass mein Traum, anderen zu helfen, in erster Linie mir selbst geholfen hatte!

Wenn ich nun zurückblicke, dann erkenne ich, dass sich dies für mich stets bestätigt hat.

Folgendes habe ich erkannt:

- *Mein Traum hat mir geholfen, mich zu fokussieren.* Jedes Mal, als ich versucht war, von meiner Berufung abzukommen, hat mich mein Traum auf den richtigen Kurs zurückgeholt.
- *Mein Traum hat mir geholfen, mich auszustrecken.* Oft wollte ich meine Komfortzone nicht verlassen, aber mein Traum zwang mich immer wieder dazu und forderte mich auf, zu wachsen.
- *Mein Traum hat mir geholfen, Opfer zu bringen.* Als der Preis für meinen Erfolg höher wurde, hat mich mein Traum ermutigt, diesen zu bezahlen, und mich daran erinnert, dass es keine Abkürzungen auf dem Weg zum Erfolg gibt.
- *Mein Traum hat mir geholfen, durchzuhalten.* Wenn ich an meinen Traum dachte, war Aufgeben niemals eine Option. Niemand hat jemals sein Ziel erreicht, indem er auf dem Weg anhielt. Träume kommen nicht zu uns, wir müssen zu ihnen kommen.

- *Mein Traum hat mir geholfen, Gewinner anzuziehen.* Die Größe meines Traumes bestimmte die Art der Menschen, die von ihm angezogen wurden. Oberflächliche Träume ziehen oberflächliche Menschen an. Tiefgründige Träume ziehen tiefgründige Menschen an.
- *Mein Traum hat mir geholfen, mich auf Gott und andere zu verlassen.* Mein Traum war zu groß für mich allein. Ich brauchte die Hilfe Gottes und die Hilfe anderer. Sie haben es getan und jeder hatte dadurch einen Gewinn!

Ihr Traum kann dasselbe für Sie tun – aber nur, wenn Sie Ihren Traum auf den Prüfstand stellen und fähig sind, die Fragen in diesem Buch mit „Ja“ zu beantworten.

Wie Sie vielleicht festgestellt haben, habe ich in jedem Kapitel die Geschichte einer Person erzählt, deren Reise die jeweilige Frage veranschaulicht. Ich hoffe, Sie fanden diese Geschichten hilfreich. Es wäre jedoch auch möglich gewesen, jede dieser Personen für jedes andere Kapitel in diesem Buch als Beispiel anzuführen. Warum erwähne ich das nun? Weil alle diese Menschen auf jede der Fragen in diesem Buch mit „Ja“ geantwortet hätten. Sehen Sie sich die Fragen noch einmal an:

1. Die Eigentums-Frage: Ist mein Traum wirklich *mein* Traum?
2. Die Klarheits-Frage: Sehe ich meinen Traum wirklich glasklar?
3. Die Wirklichkeits-Frage: Verlasse ich mich auf Faktoren, die ich selbst kontrollieren kann, um meinen Traum zu erreichen?
4. Die Leidenschafts-Frage: Zwingt mich mein Traum, ihm zu folgen?
5. Die Navigations-Frage: Habe ich eine Strategie, um meinen Traum zu erreichen?

6. Die Personen-Frage: Bin ich mit den Menschen verbunden, die ich brauche, um meinen Traum zu realisieren?
7. Die Kosten-Frage: Bin ich bereit, den Preis für meinen Traum zu bezahlen?
8. Die Entschlossenheits-Frage: Komme ich meinem Traum näher?
9. Die Erfüllungs-Frage: Bringt es mir Erfüllung, an meinem Traum zu arbeiten?
10. Die Bedeutsamkeits-Frage: Wirkt sich mein Traum positiv auf andere aus?

Jede dieser Personen war in vollem Besitz ihres Traumes. Jede hatte ihn glasklar vor sich. Sie verließen sich alle auf ihre eigenen Fähigkeiten, Talente, harte Arbeit und all die anderen Elemente ihres Einflussbereiches, um ihrem Traum zu folgen. Alle waren mit Leidenschaft erfüllt, die sie regelrecht zwang, dem Traum zu folgen. Jede hatte eine Strategie zur Umsetzung. Sie wurden von anderen unterstützt, bezahlten den Preis, waren entschlossen in ihren Bemühungen und fanden Erfüllung auf dem Weg zur Realisierung ihres Traumes. Jede bemühte sich auf der Reise, anderen einen Nutzen zu stiften, nicht nur sich selbst.

Ich wollte dies erwähnen, da ich Sie daran erinnern möchte, dass es nicht reicht nur eine Frage oder ein paar davon mit „Ja" zu beantworten, wenn Sie Ihren Traum wirklich leben möchten. Je öfter Sie eine positive Antwort geben können, desto besser stehen Ihre Chancen, den Traum umzusetzen.

Genauso soll es sein, denn wenn Sie Ihren Traum umsetzen, wird die Welt zu einem besseren Ort!

QUELLENVERZEICHNIS:

Einleitung

1. **Gary Hamel und C.K. Prahalad:** *Wettlauf um die Zukunft (manager magazine Edition): Wie Sie mit bahnbrechenden Strategien die Kontrolle über Ihre Branche gewinnen und die Märkte von morgen schaffen* **(Überreuter Wirtschaft, 1997)**

2. **Mark Twain:** *Meine Weltreise nach Indien: Following the Equator* **(MARIXVERLAG, 2010)**

3. **Zitat von Bruce Lockerbie. Mit freundlicher Genehmigung.**

4. **Kenneth Hildebrand:** *Achieving Real Happiness* **(New York: Harper & Brothers, 1955)**

5. **Karen Lynn Eve Greno-Malsch, „Children's Use of Interpersonal Negotiation Strategies as a Function of Their Level of Self-worth" (PhD diss., University of Wisconsin, Milwaukee, 1998)**

6. **Max Lucado:** *Der Himmel applaudiert* **(Francke-Buchhandlung, 2004)**

7. **Howard Schultz:** *Die Erfolgsstory Starbucks. Eine trendige Kaffeebar erobert die Welt* **(Signum, 2003)**

Kapitel 1

1. **Cecil G. Osborne:** *The Art of Understanding Yourself* **(Grand Rapids, MI: Zondervan, 1987)**

2. **Arnold Schwarzenegger und Douglas Kent Hall:** *Karriere eines Body Builders* **(Heyne Verlag, 1994)**

3. **Laurence Leamer:** *Fantastic: The Life of Arnold Schwarzenegger* **(New York: St. Martin's, 2005)**

4. Schwarzenegger und Hall: *Karriere eines Body Builders*

5. Schwarzenegger und Hall: *Karriere eines Body Builders*

6. Schwarzenegger und Hall: *Karriere eines Body Builders*

7. Leamer, *Fantastic: The Life of Arnold Schwarzenegger*

8. Arnold Schwarzenegger, Box Office Mojo. http://www.boxofficemojo.com/people/chart/?id=arnoldschwarzenegger.htm (abgerufen am 4. Januar 2008)

9. Mark Matthews, „Gov. Schwarzenegger's Tax Returns Released", 15. April 2006. http://abclocal.go.com/kgo/story?section=politics&id=4085877 (abgerufen am 4. Januar 2008)

10. Schwarzenegger und Hall: *Karriere eines Body Builders*

11. Joseph Brodsky, The Nobel Prize in Literature 1987, Nobel Lecture 8. Dezember 1987. http://nobelprize.org/nobel_prizes/literature/laureates/1987/brodsky-lecture-e.html (abgerufen am 10. Oktober 2008)

12. Rodney Dangerfield, *It's Not Easy Bein' Me* (New York: HarperCollins, 2004)

13. Das Zitat, welches Akeelah an der Wand liest, stammt aus dem Buch *A Return To Love: Reflections on the Principles of a Course in Miracles* von Marianne Williamson (New York: HarperCollins, 1996)

14. *Akeelah ist die Größte*, geschrieben von Doug Atchinson © 2006, Spelling Bee Productions, Inc./Lions Gate Films.

15. Don Freeman, „Irving Berlin Brought Us Blue Skies for 8 Decades", *The San Diego Union*, 22. Mai 2004

16. Po Bronson, *What Should I Do with My Life* (New York: Ballantine Books, a division of Random House, 2005)

17. Bemerkungen aus der Abschlussrede am MIT von Carelton „Carly" Fiorina, 2. Juni 2000

18. *Webster's New World Dicitionary of American English, Third College Edition* (Cleveland: Webster's New World, 1991)

19. Aus Anna Quindlen's Abschlussrede, Mount Holyoke College, 23. Mai 1999, www.mtholyoke.edu/offices/comm/oped/Quindlen.shtml (abgerufen am 14. August 2008)

20. Robert Kriegel und Louis Patler: *If It Ain't Broke... Break it!* (New York: Warner Books, 1992)

Kapitel 2

1. Joseph McBride: *Steven Spielberg* (Faber and Faber, 1997)

2. *Mental Floss*, März-April 2007

3. „Diamond Jewelry: Famous Diamonds: The Star of South Africa" http://www.adiamondisforever.com/jewelry/famous_starsa.html (abgerufen am 24. Januar 2008)

4. „De Beers History", http://www.debeersgroup.com/debeersweb/About+De+Beers/De+Beers+History/ (abgerufen am 24. Januar 2008)

Kapitel 3

1. John Wooden und Steve Jamison: *The Essential Wooden* (Columbus, OH: McGraw-Hill, 2006)

2. Catherine Ahles, „The Dynamics of Discovery: Creating Your Own Opportunities", Delivered to Phi Theta Kappa, Macomb Community College, Center Campus, Warren, Michigan, December 11, 1992. http://scilib.univ.kiev.ua/doc.php?7198252 (abgerufen am 15. Oktober 2008)

3. Jack Canfield, Gay Hendricks und Carol Kline: *You've Got to Read This Book!*, Kindle Edition (New York: HarperCollins e-books, 2006)

4. „Timeline", http://www.drfarrahgray.com/timeline.html (abgerufen am 31. Januar 2008)

5. „Michael Jordan: The Stats", http://www.infoplease.com/ipsa/A0779388.html (abgerufen am 25. Februar 2008)

6. Robert Ringer: *Million Dollar Habits* (New York: Fawcett, 1990)

Kapitel 4

1. William Arthur Ward: „Believe While Others Are Doubting" Mit Erlaubnis zitiert. Alle Rechte vorbehalten.

2. Richard Edler: *If I Knew Then What I Know Now CEOs and Other Smart Executives Share Wisdom They Wish They'd Been Told 25 Years Ago* (New York: G.P. Putnam's Sons, 1996)

3. Logan Pearsall Smith: *Afterthoughts* (London: Constable, 1931)

4. **Michael John Simmons:** *Taylor Guitars: 30 Years of a New American Classic* **(Bergkirchen, Germany: PPV Medien, 2003)**

5. **Michael John Simmons:** *Taylor Guitars: 30 Years of a New American Classic*

6. **Michael John Simmons:** *Taylor Guitars: 30 Years of a New American Classic*

7. **Michael John Simmons:** *Taylor Guitars: 30 Years of a New American Classic*

8. **Michael John Simmons:** *Taylor Guitars: 30 Years of a New American Classic*

9. **Michael John Simmons:** *Taylor Guitars: 30 Years of a New American Classic*

10. **Michael John Simmons:** *Taylor Guitars: 30 Years of a New American Classic*

11. **Michael John Simmons:** *Taylor Guitars: 30 Years of a New American Classic*

12. **Michael John Simmons:** *Taylor Guitars: 30 Years of a New American Classic*

13. **James Kouzes und Barry Posner:** *Leadership Callenge* **(Wiley-VCH Verlag GmbH & Co. KGaA, 2008)**

14. **Michael John Simmons:** *Taylor Guitars: 30 Years of a New American Classic*

Kapitel 5

1. „Lab Overview", Media Lab. http://www.media.mit.edu/?page_id=13 (abgerufen am 12. Februar 2008)

2. „About Nicholas Negroponte, the Author of Being Digital". http://archives.obs-us.com/obs/english/books/nn/nnbio.htm (abgerufen am 12. Februar 2008)

3. „Mission: Provide Children Around the World with New Opportunities to Explore". http://www.laptop.org/en/vision/mission/index.shtml (abgerufen am 7. Februar 2008)

4. Peter Apps: "World's Poorest Don't Want '$100 Laptop'-Intel". http://web.archive.org/web/20051212065117/http://www.alertnet.org/thenews/newsdesk/SP263515.htm, 9. Dezember 2005 (abgerufen am 11. Februar 2008)

5. „Nicholas Negroponte: The Vision Behind One Laptop Per Child". http://www.ted.com/index.php/talks/view/id/41 (abgerufen am 12. Februar 2008)

6. Wade Roush: „Nicholas Negroponte: The Interview", *Xconomy*, **28. Januar 2008. http://www.xconomy.com/2008/01/28/nicholas-negroponte-the-interview/ (abgerufen am 7. Februar 2008)**

7. Robert Buderi: „The Little Laptop That Could … One Way or Another", Xconomy, 26. November 2007. http://www.xconomy.com/2007/11/26/the-little-

laptop-that-couldone-way-or-another/2/ (abgerufen am 11. Februar 2008)

8. Hiawatha Bray: „One Laptop Per Child Orders Surge", Boston Globe, 1. Dezember 2007. http://www.boston.com/business/globe/articles/2007/12/01/one_laptop_per_child_orders_surge/ (abgerufen am 13. Februar 2008)

9. ThinkTQ.com entnommen; aktuellere Statistiken unter http://www.thinktq.com/training/articles/tqs_article.cfm?id=1364A81D073DBABF7C59DCFA476B864B zeigten, dass die momentanen Zahlen sogar noch niedriger sind als die am 14. Februar 2008 abgerufenen.

10. „Interview with George Lucas", Academy of Achievement, 19. Juni 1999. www.achievement.org/autodoc/page/luc0int-1 (abgerufen am 15. August 2008)

11. Abschlusskommentar von Christopher Matthews am 16. Mai 2004. www.hws.edu/news/transcripts/matthewscomm2004.aspx (abgerufen am 15. August 2008)

12. Peter F. Drucker: *Management: Tasks, Responsibilities, Practices* (Piscataway, NJ: Transaction Publishers, 2008)

13. Sam Walton und John Huey: *Wal-Mart – Die Geschichte von Sam Walton und seiner erfolgreichen Handelskette* (Moderne Industrie, 2001)

14. Sprüche 27,12

15. Wesley K. Clark: *Waging Modern War* (New York: PublicAffairs, 2001)

Kapitel 6

1. Stephen R. Covey, Roger Merrill und Rebecca Merrill: *Der Weg zum Wesentlichen* (Campus Verlag, 1997)

2. Roger B. Stein: *John Ruskin and Aesthetic Thought in America, 1840-1900* (Cambridge, MA: 1967)

3. Studs Terkel: *Working* (New York: Simon & Schuster, 1974)

4. John Wooden und Steve Jamison: *The Essential Wooden: A Lifetime of Lessons on Leaders and Leadership* (Columbus, OH: McGraw-Hill Professional, 2007)

5. Diese Rede hielt Sir Winston Churchill zuvor vor dem Britischen Unterhaus am 18. Juni 1940

Kapitel 7

1. Kevin Myers, 12Stone™. Mit freundlicher Genehmigung. Alle Rechte vorbehalten.

2. Kevin Myers, 12Stone™. Mit freundlicher Genehmigung. Alle Rechte vorbehalten.

3. „The Importance of Starting Early", Investment Company Institute. http://www.ici.org/i4s/bro_i4s_early.html (abgerufen am 7. Mai 2008). Im Beispiel wird von 7% Gewinn pro Jahr ausgegangen, Steuern und Inflation wurden nicht berücksichtigt.

4. Max Lucado: *Er versetzt immer noch Berge* (Gerth Medien, 2007)

5. *Houston Chronic*le, 3. Mai 1996

6. Jack Canfield: *The Success Principles: How to Get from Where You Are to Where You Want to Be* (New York: Collins Living, 2004)

7. Abschlussrede von David Mamet, University of Vermont, Mai 2004. www.uvm.edu/~cmncmnt/commencement2004/?Page=mamet_commencementspeech04.html (abgerufen am 21. August 2008)

8. Michael Ignatieff, Rede 2004: „Living Fearlessly in a Fearful World" www.whitman.edu/content/news/LivingFearlesslyinaFearfulWorld (abgerufen am 21. August 2008)

9. William Arthur Ward: „I Will do More." Mit freundlicher Genehmigung. Alle Rechte vorbehalten.

10. „About Terry Fox", Terry Fox Run. http://www.terryfoxrun.org/english/about%20terry%20fox/default.asp?s=1 (abgerufen am 11. März 2008)

11. „Top Ten Greatest Canadians: Terry Fox", the Greatest Canadian, http://www.cbc.ca/greatest/top_ten/nominee/fox-terry.html (abgerufen am 11. März 2008)

12. „Top Ten Greatest Canadians: Terry Fox", the Greatest Canadian, http://www.cbc.ca/greatest/top_ten/nominee/fox-terry.html (abgerufen am 11. März 2008)

13. „Top Ten Greatest Canadians: Terry Fox", the Greatest Canadian, http://www.cbc.ca/greatest/top_ten/nominee/fox-terry.html (abgerufen am 11. März 2008)

14. „About Terry Fox", Terry Fox Run.

Kapitel 8

1. **Elizabeth Keckley:** *Behind the Scenes: Or, Thirty Years a Slave, and Four Years in the White House* **(New York: Penguin, 2005)**

2. **Jennifer Fleischner:** *Mrs. Lincoln and Mrs. Keckley: The Remarkable Story of the Friendship Between a First Lady and a Former Slave* **(New York: Broadway, 2004)**

3. **Jennifer Fleischner:** *Mrs. Lincoln and Mrs. Keckley*

4. **Elizabeth Keckley:** *Behind the Scenes*

5. **Elizabeth Keckley:** *Behind the Scenes*

6. **Elizabeth Keckley:** *Behind the Scenes*

7. **Elizabeth Keckley:** *Behind the Scenes*

8. **Elizabeth Keckley:** *Behind the Scenes*

9. **Elizabeth Keckley:** *Behind the Scenes*

10. **Jennifer Fleischner:** *Mrs. Lincoln and Mrs. Keckley*

11. **Jennifer Fleischner:** *Mrs. Lincoln and Mrs. Keckley*

12. **Jennifer Minar, „Oprah Pick Author Tawni O'Dell on Writing & the Importance of Perseverence", Writer's Break, 2003. www.writersbreak.com/interview_tawniodell.htm (abgerufen am 21. August 2008)**

13. **Jack Canfield mit Janet Switzer:** *The Success Principles: How to Get from Where You Are to Where You Want to Be* **(Collins Living, 2006)**

14. **Jonas Salk Interview, „The Calling to Find a Cure",** *Academy of Achievement*, **16. Mai 1991. www.achievement.org/autodoc/page/sal0int-1 (abgerufen am 21. August 2008)**

15. **George Sweeting:** *Great Quotes and Illustrations* **(Waco: Word, 1985)**

16. **Jack Canfield mit Janet Switzer:** *The Success Principles*

17. **„The History of Chicken Soup for the Soul" http://www.chickensoup.com/cs.asp?cip=about (abgerufen am 17. Mai 2008)**

Kapitel 9

1. Henry David Thoreau: *Walden: oder Leben in den Wäldern* (Diogenes Verlag, 2007)

2. Seth Godin: *The Dip*, Kindle Edition (New York: Penguin, 2007)

3. „Forbes' List of the World's Richest Billionaires", 8. März 2007. http://www.usatoday.com/money/2007-03-08-forbes-billionaire-list_N.htm (abgerufen am 18. März 2008)

4. Patrick James, „GOOD Q&A: Jacqueline Novogratz", 27. November 2007. http://www.goodmagazine.com/blog/acumen (abgerufen am 17. März 2008)

5. Patrick James, „GOOD Q&A: Jacqueline Novogratz", 27. November 2007. http://www.goodmagazine.com/blog/acumen (abgerufen am 17. März 2008)

6. Anne Field, „Investor in the World's Poor", Standford Graduate School of Business, Mai 2007. http://gsb.standford.edu/news/bmag/sbsm0705/feature_novogratz.html (abgerufen am 17. März 2008)

7. Jacqueline Novogratz, „Tackling Poverty with 'Patient Capital'", Juni 2007. http://www.ted.com/talks/view/id/157 (abgerufen am 18. März 2008)

8. *The Next Garde*, video. http://www.sundancechannel.com/nextgarde/ (abgerufen am 18. März 2008)

9. „About Us", Acumen Fund. http://www.acumenfund.org/about-us.html (abgerufen am 17. März 2008)

10. „Acumen Fund Honored with Social Capitalist Award by Fast Company & Monitor Group", PR Web Press Release Newswire. http://prweb.com/releases/2007/12/prweb573845.htm (abgerufen am 17. März 2008)

11. *The Next Garde*, video. http://www.sundancechannel.com/nextgarde/ (abgerufen am 18. März 2008)

12. Dan Sullivan, „The Gap", audio message. (The strategic coach, inc., 2000)

13. John Steinbeck: *Journal of a Novel: The East of Eden Letters* (London: Penguin, 2001)

14. John Wooden und Steve Jamison: *The Essential Wooden: A Lifetime of Lessons on Leaders and Leadership* (Columbus, OH: McGraw-Hill Professional, 2007)

15. Nelson Mandela: *Der lange Weg zur Freiheit* (Fischer, 1997)

Kapitel 10

1. Bob Buford: *Halbzeit. Sie können nicht alles machen, aber alles könnte mehr Sinn haben!*

2. Eric Metaxas: *Amazing Grace: William Wilberforce and the Heroic Campaign to End Slavery* **(New York: Harper One, 2007)**

3. Eric Metaxas: *Amazing Grace: William Wilberforce and the Heroic Campaign to End Slavery* **(New York: Harper One, 2007)**

4. John Piper: *Amazing Grace in the Life of William Wilberforce* **(Wheaton, Ill.: Crossway, 2006)**

5. Eric Metaxas: *Amazing Grace: William Wilberforce and the Heroic Campaign to End Slavery* **(New York: Harper One, 2007)**

6. Eric Metaxas: *Amazing Grace: William Wilberforce and the Heroic Campaign to End Slavery* **(New York: Harper One, 2007)**

7. „Wilberforce and Wesley", Religion and Ethics: Christianity. http://www.bbc.co.uk/religion/religions/christianity/people/williamwilberforce_7.shtml (abgerufen am 21. März 2008)

8. Eric Metaxas: *Amazing Grace: William Wilberforce and the Heroic Campaign to End Slavery* **(New York: Harper One, 2007)**

9. Eric Metaxas: *Amazing Grace: William Wilberforce and the Heroic Campaign to End Slavery* **(New York: Harper One, 2007)**

10. Brian Kolodiejchuk: *Komm, sei mein Licht: Die geheimen Aufzeichnungen der Heiligen von Kalkutta* **(Droemer/Knaur, 2010)**

11. Nelson Mandela: *Der lange Weg zur Freiheit* **(Fischer, 1997)**

12. Bob Buford: *Halbzeit. Sie können nicht alles machen, aber alles könnte mehr Sinn haben!*